2016年度司法部国家法治与法学理论研究项目
“环境民事公益诉讼证明责任分配研究”
（项目编号：16SFB3048）

中南民族大学法学文库

环境民事公益诉讼证明责任分配研究

刘显鹏◎著

中国社会科学出版社

图书在版编目(CIP)数据

环境民事公益诉讼证明责任分配研究/刘显鹏著. —北京:中国社会科学出版社, 2019.6

ISBN 978-7-5203-5223-9

Ⅰ.①环… Ⅱ.①刘… Ⅲ.①环境保护法-民事诉讼-研究-中国 Ⅳ.①D922.684

中国版本图书馆 CIP 数据核字(2019)第 216501 号

出 版 人 赵剑英
责任编辑 任 明
责任校对 闫 萃
责任印制 郝美娜

出 版 中国社会科学出版社
社 址 北京鼓楼西大街甲 158 号
邮 编 100720
网 址 http://www.csspw.cn
发 行 部 010-84083685
门 市 部 010-84029450
经 销 新华书店及其他书店

印刷装订 北京君升印刷有限公司
版 次 2019 年 6 月第 1 版
印 次 2019 年 6 月第 1 次印刷

开 本 710×1000 1/16
印 张 15
插 页 2
字 数 246 千字
定 价 85.00 元

凡购买中国社会科学出版社图书,如有质量问题请与本社营销中心联系调换
电话:010-84083683

前　　言

就当前而言，人类对环境的重视已达到了前所未有的程度——环境民事公益诉讼机制的确立便是这一趋势的集中体现。当环境公共利益因特定主体的违法行为遭受侵害或即将遭受侵害时，法律规定的机关或有关组织可以自己的名义向司法机关提起环境公益民事诉讼，以此来追究相关主体的民事责任，从而达到经由诉讼保护环境公共利益的目的。就我国目前来看，作为制度顶层设计的现行《民事诉讼法》第 55 条和《环境保护法》第 58 条已经解决了开启环境民事公益诉讼机制的原告资格界定问题，下一步的工作重心即应该放在证明责任这一诉讼过程的核心问题上，而其关键之处，便在于如何将证明责任在当事人之间合理地进行分配。

环境民事公益诉讼的证明责任分配虽已引起我国理论和实务界的一定关注，但截至目前，尚未在制度层面对其展开予以具体设置，这就直接影响到司法实践的顺利开展。环境民事公益诉讼的特殊性，使得以法律要件分类说为构建基础的传统证明责任分配规则对其不宜直接适用。为实现环境民事公益诉讼的诸项应有价值追求，填补环境民事公益诉讼中证明责任分配领域的空白，亟须对环境民事公益诉讼证明责任的相关特质进行精准把握。进而借鉴国外可取的证明责任分配相关学说和规定，梳理我国现有的分配规则并缕析其不足之处，以不同诉讼类型、不同起诉主体为出发点，构建详细的证明责任分配规则，并辅之以相应配套制度的完善，从而构筑起完备的环境民事公益诉讼证明责任分配规则体系。

法律文件缩略语

法律文件全称	缩略语
中华人民共和国宪法（1982 年 12 月 4 日通过，根据 1988 年 4 月 12 日《中华人民共和国宪法修正案》第一次修正，根据 1993 年 3 月 29 日《中华人民共和国宪法修正案》第二次修正，根据 1999 年 3 月 15 日《中华人民共和国宪法修正案》第三次修正，根据 2004 年 3 月 14 日《中华人民共和国宪法修正案》第四次修正）	《宪法》
中华人民共和国民事诉讼法（1991 年 4 月 9 日第七届全国人民代表大会第四次会议通过，根据 2007 年 10 月 28 日《关于修改〈中华人民共和国民事诉讼法〉的决定》第一次修正，根据 2012 年 8 月 31 日《关于修改〈中华人民共和国民事诉讼法〉的决定》第二次修正，根据 2017 年 6 月 27 日《关于修改〈中华人民共和国民事诉讼法〉和〈中华人民共和国行政诉讼法〉的决定》第三次修正）	《民事诉讼法》
中华人民共和国民事诉讼法（试行）（1982 年 3 月 8 日通过，1982 年 10 月 1 日起施行。已废止）	《民事诉讼法》（试行）
中华人民共和国行政诉讼法（1989 年 4 月 4 日通过，根据 2014 年 11 月 1 日《关于修改〈中华人民共和国行政诉讼法〉的决定》第一次修正，根据 2017 年 6 月 27 日《关于修改〈中华人民共和国民事诉讼法〉和〈中华人民共和国行政诉讼法〉的决定》第二次修正）	《行政诉讼法》
中华人民共和国海事诉讼特别程序法（1999 年 12 月 25 日通过，2000 年 7 月 1 日起施行）	《海事诉讼法》
中华人民共和国民法总则（2017 年 3 月 15 日通过，2017 年 10 月 1 日起施行）	《民法总则》
中华人民共和国民法通则（1986 年 4 月 12 日通过，1987 年 1 月 1 日起施行，根据 2009 年 8 月 27 日《关于修改部分法律的决定》修正）	《民法通则》
中华人民共和国物权法（2007 年 3 月 16 日通过，2007 年 10 月 1 日起施行）	《物权法》
中华人民共和国合同法（1999 年 3 月 15 日通过，1999 年 10 月 1 日起施行）	《合同法》
中华人民共和国婚姻法（1980 年 9 月 10 日通过，2001 年 4 月 28 日修正，2001 年 4 月 28 日起施行）	《婚姻法》
中华人民共和国继承法（1985 年 4 月 10 日通过，1985 年 10 月 1 日起施行）	《继承法》

续表

法律文件全称	缩略语
中华人民共和国公司法（1993年12月29日通过，根据1999年12月25日《关于修改〈中华人民共和国公司法〉的决定》第一次修正，根据2004年8月28日《关于修改〈中华人民共和国公司法〉的决定》第二次修正，2005年10月27日修正，根据2013年12月28日《关于修改〈中华人民共和国海洋环境保护法〉等七部法律的决定》修正）	《公司法》
中华人民共和国侵权责任法（2009年12月26日通过，2010年7月1日起施行）	《侵权责任法》
中华人民共和国环境保护法（1989年12月26日通过，2014年4月24日修正）	《环境保护法》
中华人民共和国海洋环境保护法（1982年8月23日通过，1999年12月25日第一次修正，根据2013年12月28日《关于修改〈中华人民共和国海洋环境保护法〉等七部法律的决定》第二次修正，根据2016年11月7日《关于修改〈中华人民共和国海洋环境保护法〉的决定》第三次修正）	《海洋环境保护法》
中华人民共和国消费者权益保护法（1993年10月31日通过，根据2009年8月27日《关于修改部分法律的决定》第一次修正，根据2013年10月25日《关于修改〈中华人民共和国消费者权益保护法〉的决定》第二次修正）	《消费者权益保护法》
中华人民共和国商标法（1982年8月23日通过，根据1993年2月22日《关于修改〈中华人民共和国商标法〉的决定》第一次修正，根据2001年10月27日《关于修改〈中华人民共和国商标法〉的决定》第二次修正，根据2013年8月30日《关于修改〈中华人民共和国商标法〉的决定》第三次修正）	《商标法》
中华人民共和国专利法（1984年3月12日通过，根据1992年9月4日，《关于修改〈中华人民共和国专利法〉的决定》第一次修正，根据2000年8月25日，《关于修改〈中华人民共和国专利法〉的决定》第二次修正，根据2008年12月27日，《关于修改〈中华人民共和国专利法〉的决定》第三次修正）	《专利法》
中华人民共和国著作权法（1990年9月7日通过，根据2001年10月27日《关于修改〈中华人民共和国著作权法〉的决定》第一次修正，根据2010年2月26日《关于修改〈中华人民共和国著作权法〉的决定》第二次修正）	《著作权法》
中华人民共和国电子签名法（2004年8月28日通过，2005年4月1日起施行）	《电子签名法》
中华人民共和国公证法（2005年8月28日通过，2006年3月1日起施行）	《公证法》
全国人民代表大会常务委员会关于授权最高人民检察院在部分地区开展公益诉讼试点工作的决定（2015年7月1日通过，自公布之日起施行）	《授权决定》
中华人民共和国公证暂行条例（1982年4月13日通过，1982年4月13日起施行）	《公证暂行条例》
最高人民法院关于适用《中华人民共和国民事诉讼法》若干问题的意见（1992年7月14日通过，1992年7月14日起施行）	《民诉适用意见》

续表

法律文件全称	缩略语
最高人民法院关于民事经济审判方式改革问题的若干规定（1998 年 7 月 6 日通过，1998 年 7 月 11 日起施行）	《民事审改规定》
最高人民法院关于民事诉讼证据的若干规定（2001 年 12 月 21 日通过，2002 年 4 月 1 日起施行）	《民事证据规定》
最高人民法院关于适用《中华人民共和国民事诉讼法》的解释（2015 年 1 月 30 日通过，2015 年 2 月 4 日起施行）	《民诉法解释》
最高人民法院关于行政诉讼证据若干问题的规定（2002 年 6 月 4 日通过，2002 年 10 月 1 日起施行）	《行政证据规定》
最高人民法院关于执行《中华人民共和国行政诉讼法》若干问题的解释（1999 年 11 月 24 日通过，2000 年 3 月 10 日起施行）	《行诉法解释》
最高人民法院关于适用《中华人民共和国物权法》若干问题的解释（一）（2015 年 12 月 10 日通过，2016 年 3 月 1 日起施行）	《物权法解释（一）》
最高人民法院关于未经对方当事人同意私自录制其谈话取得的资料不能作为证据使用的批复（1995 年 3 月 6 日通过，1995 年 3 月 6 日起施行）	《关于未经对方当事人同意私自录制其谈话取得的资料不能作为证据使用的批复》
最高人民法院关于对诉前停止侵犯专利权行为适用法律问题的若干规定（2001 年 6 月 7 日通过，2001 年 7 月 1 日起施行）	《专利诉前禁令》
最高人民法院关于诉前停止侵犯注册商标专用权行为和保全证据适用法律问题的解释（2001 年 12 月 25 日通过，2002 年 1 月 22 日起施行）	《商标诉前禁令》
最高人民法院关于审理著作权民事纠纷案件适用法律若干问题的解释（2002 年 10 月 12 日通过，2002 年 10 月 15 日起施行）	《著作权解释》
最高人民法院关于审理涉及计算机网络著作权纠纷案件适用法律若干问题的解释（2006 年 11 月 20 日通过，2006 年 12 月 8 日起施行）	《计算机网络著作权解释》
最高人民法院关于适用《中华人民共和国海事诉讼特别程序法》若干问题的解释（2003 年 1 月 6 日通过，2003 年 2 月 1 日起施行）	《海诉法解释》
最高人民法院关于审理民事案件适用诉讼时效制度若干问题的规定（2008 年 8 月 11 日通过，2008 年 9 月 1 日起施行）	《诉讼时效规定》
最高人民法院关于适用《关于民事诉讼证据的若干规定》中有关举证时限规定的通知（2008 年 12 月 11 日通过，2008 年 12 月 11 日起施行）	《举证时限通知》
人民检察院民事诉讼监督规则（试行）（2013 年 9 月 23 日通过，自发布之日起施行）	《检察院民事诉讼监督规则》（试行）
最高人民法院关于人民法院办理财产保全案件若干问题的规定（2016 年 10 月 17 日通过，2016 年 12 月 1 日起施行）	《财产保全规定》
最高人民法院关于审理消费民事公益诉讼案件适用法律若干问题的解释（2016 年 2 月 1 日通过，2016 年 5 月 1 日起施行）	《消费民事公益诉讼解释》
最高人民法院关于审理环境民事公益诉讼案件适用法律若干问题的解释（2014 年 12 月 8 日通过，2015 年 1 月 7 日起施行）	《环境民事公益诉讼解释》
最高人民法院关于审理环境侵权责任纠纷案件适用法律若干问题的解释（2015 年 2 月 9 日通过，2015 年 6 月 3 日起施行）	《环境侵权责任纠纷解释》
最高人民法院关于审理涉及公证活动相关民事案件的若干规定（2014 年 4 月 28 日通过，2014 年 6 月 6 日起施行）	《涉及公证民事案件规定》

续表

法律文件全称	缩略语
最高人民法院关于审理船舶油污损害赔偿纠纷案件若干问题的规定（2011 年 1 月 10 日通过，2011 年 7 月 1 日起施行）	《船舶油污损害赔偿纠纷规定》
检察机关提起公益诉讼改革试点方案（2015 年 7 月 2 日公布）	《试点方案》
人民检察院提起公益诉讼试点工作实施办法（2015 年 12 月 16 日通过，自公布之日起施行）	《试点办法》
人民法院审理人民检察院提起公益诉讼案件试点工作实施办法（2016 年 2 月 22 日通过，2016 年 3 月 1 日起施行）	《法院审理公益诉讼案件试点工作实施办法》
土壤污染防治行动计划（2016 年 5 月 28 日印发，2016 年 5 月 28 日起实施）	《土壤污染防治行动计划》
最高人民法院关于充分发挥审判职能作用为推进生态文明建设与绿色发展提供司法服务和保障的意见（2016 年 5 月 26 日公布）	《推进生态文明建设与绿色发展意见》

目　　录

第一章　环境民事公益诉讼的基本理论

第一节　环境民事公益诉讼的内涵

一　环境民事公益诉讼的含义

（一）环境民事公益诉讼的概念

所谓公益诉讼，乃是指以保护社会公共利益为目的的诉讼。[①] 详言之，公益诉讼乃是非以维护原告民事权益，由特定的机关、社会团体或个人提起的旨在维护社会公共利益为目的的追究其责任的诉讼。[②] 自 20 世纪中后期开始，随着公共利益保护思潮的日益彰显，两大法系主要国家和地区相继在程序法领域引入了以维护社会公共利益为宗旨的诉讼机制，如英美法系的公民诉讼、大陆法系的团体诉讼等。2012 年 8 月 31 日《民事诉讼法》的全面修改首次在我国民事诉讼领域确立了公益诉讼机制。[③]

公益诉讼是相对于私益诉讼而言的，所谓环境民事公益诉讼，包含在环境公益诉讼之中，其与一般环境侵权诉讼最大的区别就是诉讼目的的公益性，可以将其定义为：法定的组织和个人根据法律规定，为了保护社会

---

① 参见江伟、肖建国主编《民事诉讼法》，中国人民大学出版社 2013 年版，第 150 页。

② 参见张卫平《民事诉讼法》，法律出版社 2013 年版，第 327 页。

③ 我国对公益诉讼的研究发端于 20 世纪末、21 世纪初（参见韩志红《公益诉讼制度：公民参加国家事务管理的新途径——从重庆綦江“彩虹桥”倒塌案说开去》，载《中国律师》1999 年第 11 期；苏家成、明军《公益诉讼制度初探》，载《法律适用》2000 年第 10 期；何乃刚《试论我国建立民事行政公益诉讼制度的必要性和可行性》，载《华东政法学院学报》2002 年第 6 期；董伟威《民事公益诉讼人的法律问题》，载《人民司法》2002 年第 12 期；张明华《环境公益诉讼制度刍议》，载《法学论坛》2002 年第 6 期；冯敬尧《环境公益诉讼的理论与实践探析》，载《湖北社会科学》2003 年第 10 期），在 2012 年《民事诉讼法》修改前后达到高峰。

公共环境权益，对违反环境法律、侵害公共环境权益者，向人民法院提起并要求其承担民事责任，由法院按照民事诉讼程序依法审判的诉讼。[①] 环境侵权的受害者可能是不特定、不具体、不确定的人群，构建环境民事公益诉讼制度能使处于弱势地位、缺乏举证能力的民众获得社会正义和对环境公益的司法救济。

（二）环境公益诉讼的调整对象

判断某一法律是否属于特定的法律部门，其关键在于认定作为法律部门构成要素的法律规范性质的同一性以及该法律部门自身是否具有独特的调整对象。作为民事诉讼法的调整对象，民事诉讼法律关系是民事诉讼法所调整的，发生在法院、当事人以及其他诉讼参与人之间的以诉讼权利与义务为内容的社会关系。一般认为，民事诉讼法律关系具体包括法院与当事人之间形成的审判法律关系和当事人与当事人之间形成的争讼法律关系两类。而参与民事诉讼的当事人必定是处于平等地位的民事主体，包括自然人、法人及其他组织等。而环境公益诉讼规则即规范法院、当事人及其他诉讼参与人之间在环境公益案件审理过程中产生的诉讼活动及由这些诉讼活动所产生的诉讼关系的法律规范的总称。环境公益诉讼规则的调整对象乃是环境公益诉讼法律关系。环境公益诉讼法律关系的关键问题，便是其所涉及的权利和义务关系的基础是环境公共利益，这是民事诉讼法律关系所不具备的，亦是环境公益诉讼与民事诉讼的核心差异。

对于公共利益的界定，历来众说纷纭。就普遍的认识而言，是将公共利益视为不特定多数人的利益。但如若简单地将公共利益看作若干个体利益的机械相加，那么所谓的不特定多数主体的利益就会变成特定多数的个体利益之和，也就不存在所谓的公共利益。故对公共利益界定的关键乃在于对利益主体的正确把握。

在当今社会科学研究领域，学者普遍以方法论整体主义对社会及社会现象进行研究。方法论整体主义认为，社会整体大于其部分之和，社会整体显著地影响和制约其部分的行为，社会现象应按照其本身的独立性去对其进行整体性研究，社会整体并非仅是构成整体的诸个人的集合，而是真

---

① 参见别涛主编《环境公益诉讼》，法律出版社 2007 年版，第 52—53 页。

正的历史性的整体。[①] 马克思主义认为，社会是一个相互联系的有机整体。马克思社会有机体理论体现最为充分的是系统方法论，即社会的整体是大于社会各部分简单地相加的，社会是由要素与部分构成的一个相互联系、相互作用和相互影响的有机系统。[②] 社会法学派的代表人物孔德与斯宾塞亦认为，社会是一个超乎个人的、有机的、统一的，由各部分相互依存而组成的，发展进化的历史主体。[③]

基于以上观点，应当将公共社会视为一个独立存在的，由个体以及个体相互之间的关系构成的抽象的有机体。作为个体的人，虽然必须承认其作为自然属性的"人"的独立性，但更无法否认其具有社会构成要素意义上的"人"的社会性。即每个"社会人"的独立性都是相对的，都会处在公共社会的社会关系与联系之中，人的欲求亦要受到客观的社会环境所影响，是随着社会的发展而变化的。易言之，作为公共利益构成要素的个体利益亦是社会的、历史的，是由利益主体所处的客观社会环境所决定的。作为每一个个体的代表，构成公共利益的个体利益亦是按照人构成社会的联系方式而联系着。处于社会有机体内部的各个主体，其欲求都会随着主体的主观偏好和公共社会的客观环境所主导，虽然人的主观偏好有很大的主观性与不确定性，但是社会属性的人仍处在共同的社会客观历史条件下以及相同的社会交往关系下，这就决定了在公共社会中，人的欲求会出现由客观条件决定的利益取向一致化。而这种利益取向一致化经过公共社会的一般化、抽象化以及价值化，便成为公共社会的一般利益，即公共利益。

有鉴于此，可以发现，作为环境公共利益的有机主体——公共社会具有独特的抽象人格，而处于民事纠纷中的个体利益其主体则是平等地位的自然人、法人或其他组织，这两种利益主体是整体与部分、有机体与功能个体的关系，前者绝非后者利益的简单叠加。故由这两类主体参与的诉讼法律关系，即环境公益诉讼法律关系与民事诉讼法律关系有着本质的区别，环境公益诉讼规则存在自身独特的调整对象。

---

① 参见卢风《西方社会科学方法论中的个人主义与整体主义之争》，载《哲学动态》1993年第8期。

② 参见《马克思恩格斯选集》，人民出版社1995年版，第142—143页。

③ 参见管斌、王全兴《社会法在中国的界定与意义》，载《经济法论丛》2005年第2卷。

二 环境公益诉讼的权源

现行《民事诉讼法》第 3 条规定:“人民法院受理公民之间、法人之间、其他组织之间以及他们相互之间因财产关系和人身关系提起的民事诉讼,适用本法的规定。”据此,民事诉讼乃是对处于平等地位的当事人之间的私人利益进行救济的程序规范。而环境公益诉讼所处理的则是因公民、法人或其他组织侵害环境公共利益或有侵害之虞所引起的纠纷,其与民事诉讼的性质截然不同。虽然依照现行《民事诉讼法》第 55 条第 1 款之规定,有权向法院提起环境公益诉讼的主体为法律规定的机关和有关组织,表面上看环境公益诉讼是处理平等主体之间的纠纷,但实质上该纠纷是发生在公共社会这个有机体与损害环境公共利益的主体之间的,提起环境公益诉讼的主体并非是利益受到损害的直接主体。依照现行《民事诉讼法》第 119 条第 1 项之规定,民事诉讼中的原告必须是与本案有直接利害关系的公民、法人和其他组织。如若按照目前将环境公益诉讼放置在民事诉讼中的立法体例,无疑没有适格主体能够提起环境公益诉讼。从我国现行《民事诉讼法》第 119 条的规定来看,如何认定当事人的理论学说仍为利害关系人学说。该学说认为,“当事人是指因民事的权利和义务关系发生争议,以自己的名义进行诉讼,并受人民法院裁判约束的直接利害关系人”①。该观点对当事人的界定具体包含两项基本特征:其一,当事人须以自己的名义进行诉讼;其二,当事人与案件中的民事纠纷存在直接的利害关系。而公益诉讼原告的资格与现行《民事诉讼法》对当事人资格的认定存在明显的差异,这也说明了将公益诉讼规定于《民事诉讼法》中的现有立法体例不甚合理,实有必要来探究提起公益诉讼的主体的诉权来源。

诉权,是指当事人基于纠纷的发生(即权益受到侵犯或与他人发生争议),请求法院行使审判权解决纠纷或保护权益的权利。② 易言之,“当将个人提起诉讼、接受裁判之关系视为个人权能时,这种权能被称为诉权”③。诉权的行使贯穿诉讼全过程,是连接当事人权利与审判权的桥梁,

---

① 齐树洁主编:《民事诉讼法》,厦门大学出版社 2012 年版,第 130 页。

② 参见赵钢、占善刚、刘学在《民事诉讼法》,武汉大学出版社 2010 年版,第 11 页。

③ [日] 新堂幸司:《新民事诉讼法》,林剑锋译,法律出版社 2008 年版,第 175 页。

亦是由宪法规定的对公民各项基本权利进行救济的基本的程序性权利。理论上一般从实体和程序两个层面来认识诉权的具体内涵。从实体角度来说，诉权可称之为实体意义上的诉权，乃是指原告向法院提出的要求支持其实体请求并解决纠纷的权利；从程序角度来说，诉权可称之为程序意义上的诉权，乃是指原告向法院提出各项主张并要求法院行使审判权的权利。诉权并非民事诉讼机制特有的概念，在其他诉讼领域也同样存在诉权的问题，公益诉讼自然亦不例外。在构建公益诉讼规则时，其核心内容之一便是准确界定行使公益诉权的主体的资格。

当事人乃行使诉权的主体，此乃当事人参加诉讼之根据。实体请求权是诉权的出发点，亦是诉权的归宿，诉权建立于实体权利基础之上，是当事人的实体请求权在诉讼程序中的转化。在民事诉讼中，民事诉讼当事人是基于其与对方当事人之间的民事权利义务关系而享有诉权。作为公共利益的主体，公共社会即是公益诉讼法律关系的适格主体，而作为一个抽象体，其没有行为能力通过司法途径来主张其权利。所以在其利益受到侵害时，相应的诉权应交由能够启动诉讼程序的具体实体来提起。不言而喻，作为抽象主体的公共社会当然地将其公益诉权交由代表公民意志的国家来行使，进而由国家通过相关法律之规定赋予特定的主体以开启公益诉讼的权利。

这种权利绝非空穴来风。社会权利不仅是一项真实存在的权利，而且是一个对整个法学领域都非常必要的概念。这一概念第一次使社会整体利益成为一种思维方式并进入法学领域。[①] 提起公益诉讼的主体并非基于其本身固有的实体权利，而是源于公共利益的抽象主体即公共社会通过国家赋予的启动公益诉讼程序的权利。从这一意义上说，公益诉权与国家赋予检察机关在刑事诉讼领域的公诉权具有一定相似之处。而作为可以提起环境公益诉讼的适格原告，该特定主体与公共利益的损害可以并无直接利害关系，这与将“无利益即无诉权”规则以及“利害关系人”学说奉为圭臬的民事诉讼法领域截然不同：即针对某一私人权益纠纷，有权提起民事诉讼的主体是特定的；而对于某一涉及环境公共利益的纷争，多个与该争议无利害关系的主体均有权提起环境公益诉讼。

① 参见刘茂林《也谈宪法学体系的重构——评社会权利分析理论之争》，载《法学研究》1995 年第 5 期。

三 环境公益诉讼规则的专设

（一）环境公益诉讼规则专设的依据

2012年《民事诉讼法》的修改拉开了我国公益诉讼机制构建的帷幕，对污染环境、侵害众多环境者合法权益等损害社会公共利益的行为的诉讼法规制有了总括性的规定。随后，2014年4月24日修改后的《环境保护法》第58条第1款“对污染环境、破坏生态，损害社会公共利益的行为，符合下列条件的社会组织可以向人民法院提起诉讼：（一）依法在设区的市级以上人民政府民政部门登记；（二）专门从事环境保护公益活动连续五年以上且无违法记录”之规定则界定了环境污染公益诉讼领域起诉主体的资格。尔后，2014年12月8日，最高人民法院颁布了《关于审理环境民事公益诉讼案件适用法律若干问题的解释》（以下简称《环境公益诉讼解释》），就环境民事公益诉讼的开展制定了实施方案；2015年1月30日最高人民法院《关于适用中华人民共和国民事诉讼法的解释》（以下简称《民诉法解释》）亦列专章对公益诉讼的适用设定了细则。

然而，在以化解私权纠纷为宗旨的民事诉讼法中设立以处理环境公益纠纷为目的的公益诉讼机制，其生硬与不和谐显而易见。某一部法律的制定与完善均需与该法律所调整的特定领域及相应对象的特殊性相契合，同时，亦需符合规则制定者对该法律的定位和定性且应与一国法律体系的整体框架相协调。不同性质的程序在处理各自领域内问题的方式和方法上必定迥然相异，这在客观上就要求设立不同的规则从而来保证法律体系的科学性与合理性。

在当代社会化大生产趋势日益明显的背景下，重大食品安全事件频发、环境污染事故屡现、垄断与不正当竞争等扰乱市场秩序行为亦日渐增大。这类损害公共利益事件的频繁发生暴露出传统法律领域对于损害公益事件的规制存在明显的短板和不足。一方面，从传统手段来看，公共利益的维护主要依靠行政力量来实现。行政手段虽然具有及时高效的优点，但从实际情况来看，仅依靠行政力量来保护公共利益的效果着实有限。实践中，部分案件虽然可以凭借行政主体通过行政处罚等手段来予以管制，但在相关主体违法所得远超出违法成本时，其自然可以罔顾行政规制而继续从事破坏公益的活动；另一方面，在某些案件中，破坏公共利益的行为并没有明显违反法律、法规的规定，也并未损害特定相对人的利益，这使得行政手段与传统司法手段均无法对其加以处治。此外，部分涉及公共利益的案件往往不同程度地涉及地方利益或部门利益，这就导致即便通过传统民事诉讼程序来予以处理，司法机关亦不得不考虑特定行政主体或其他相关主体的态度，从而使得审理之效果差强人意。这便要求在传统民事诉讼之外，应专设对公共利益予以救济的诉讼程序。民事纠纷是平等主体之间产生的以民事权利义务争议为内容的社会纠纷。作为处理民事私权纠纷的公力救济程序，民事诉讼机制的所有内容都应当为实现该职能而定，民事诉讼法中的每一项制度都应围绕该宗旨而具体布设。作为解决因公共利益所引起的纠纷的程序，公益诉讼之本旨便是对公共利益进行保障和维护，其整个程序都应围绕公共利益的保护及其相关具体问题的处理来进行构建，这就决定了公益诉讼相关规则不仅在程序构造与诉讼机理上有别于民事诉讼法，在目的、性质以及法理等方面亦存在本质区别。故将环境公益诉讼相关规则纳入解决私益纠纷的民事诉讼程序中很难在相关问题的规制上符合理论及实践上的内在逻辑联系。

与民事争议的处理相比，环境公益诉讼不仅在所处理纠纷的性质上截然不同，在解决纠纷所依据的实体法上亦存在本质的区别。目前，我国法院裁判所适用的实体法主要是社会法与经济法部门中的《环境保护法》和《海洋环境保护法》等。从此类法律立法的出发点来看，乃是立足社会本位，即以社会公共利益的维护为重心，持整体主义社会观；而民事诉讼裁判的基础则是以个人本位为基石的民商法规范。可见，两者在所适用的实体规则上的差异亦决定了两种程序所处理纠纷性质的不同。

（二）环境公益诉讼规则专设的展开

正由于环境公益诉讼处理的是对环境公共利益的侵害，提起环境公益诉讼的主体并非是环境公共利益的完全的实体的代表，而诉讼的效果则攸关环境公共利益之救济效果能否实现，此决定了环境公益诉讼程序构造亦有其特殊之处，此即彰显出其单独立法的必要性与合理性。而将其作为独立法律部门予以规设，当务之急不仅要处理其独立的内部构架问题，更需妥善处理其与民事诉讼规则的协调。

其一，需协调因同一事件而同时提起的环境公益诉讼与民事诉讼的关系。譬如，依据我国现行《海洋环境保护法》第 90 条第 2 款之规定，对破坏海洋生态、海洋水产资源、海洋保护区，给国家造成重大损失的，由依照行使海洋环境监督管理权的部门（即海监部门）代表国家对责任者提出损害赔偿要求。据此，在某一破坏海洋生态或海洋水产资源事件中，可以由海监部门以破坏海洋生态或海洋水产资源的行为向损害主体提起公益诉讼要求赔偿；同时，当地从事海产养殖或捕捞的渔民亦可以损害渔区经济利益为由依据《侵权责任法》提起民事诉讼主张赔偿。在海监部门与渔民同时向同一法院提起公益诉讼与民事诉讼时，该如何去妥善协调两种诉讼程序的关系乃是不可回避的突出问题。依笔者拙见，可以建立“环境公益附带民事诉讼”的机制将两者合并处理，以环境公益诉讼的审理为主，由提起民事诉讼的当事人在环境公益诉讼法庭辩论终结前提出具体的民事主张。这种情况下的环境公益诉讼与民事诉讼都是基于同一事实、同一被告且向同一法院提起的诉讼，通过合并审理无疑可以提高审判效率，亦有利于实现裁判结果的一致性。

其二，需协调环境公益诉讼与民事诉讼中共同诉讼的关系。从外观上来看，环境公益诉讼与民事诉讼中共同诉讼的相同点在于，均是受侵害者人数众多且不少情况下非由全体受侵害者直接参与诉讼之中，同时，环境公益诉讼的提起者与民事诉讼中共同诉讼的代表人之诉权均会受到一定限制。但不可否认的是，两者之本质区别亦显而易见：环境公益诉讼是对环境公共利益进行的救济，其提起的主体一般与受损害的环境公益事件无直接利害关系；而民事诉讼中的共同诉讼虽然是救济多数人的利益，但究其本质仍是对多个私益的救济，直接参与诉讼的代表人与全体共同诉讼人均须与本案有直接的利害关系。虽然按照现有之规定，通过诉讼主体资格的限制可以在一定程度上区分环境公益诉讼与民事共同诉讼，但在实务中仍需注意对诉讼标的的甄别，从而厘清究竟该适用环境公益诉讼程序抑或民事诉讼程序。

其三，需处理环境公益诉讼判决效力的扩张。在判决效力体系中，既判力乃居于核心地位，其是指“确定判决之判断被赋予的共有性或拘束力”①。理论界一般认为，在传统民事诉讼中，判决的效力仅对诉讼的双方当事人产生既判力。② 而对于环境公益诉讼而言，对于在环境公益诉讼

① ［日］高桥宏志：《民事诉讼法——制度与理论的深层分析》，林剑锋译，法律出版社2003年版，第477页。

② 参见［德］奥特马·尧厄尼希《民事诉讼法》，周翠译，法律出版社2003年版，第330页。

审判完结后基于同一原因提起的民事诉讼案件中的事实认定，环境公益诉讼的判决对其具有当然的证明效力，提起民事诉讼的主体通过援引环境公益诉讼的判决即可证明损害行为存在且具有违法性。而对于环境公益诉讼判决的既判力是否及于与损害事实有关的第三人。有学者认为，“如果在对诉讼标的的权利关系具有利害关系的第三人与一方当事人之间不产生既判力，那么在当事人之间的诉讼解决就没有实际意义，或者为了保持在所有相关之间做出统一的处理，就要求将判决的既判力及于该相关的一般第三人”①。笔者深以为然。对于环境公益诉讼而言，应当承认其判决的效力可以及于与损害事实有关的第三人，否则之前对环境公益纠纷的处理即无实质意义，其效果自然会大打折扣。

第二节　环境民事公益诉讼的原告资格

一　民事公益诉讼原告资格的理论基础

环境民事公益诉讼的原告资格问题，是指何种主体有权以自己的名义提起该诉讼。因环境民事公益诉讼保护的是不特定环境者的已经上升到公共层面的利益，故传统的民事诉讼原告资格界定的理论基础就难以直接适用于该领域。故作为界定环境民事公益诉讼原告资格的前提，实需先厘清其相应理论依据。

（一）当事人适格理论的演进

所谓当事人适格，是指“在具体的诉讼中，有资格以自己的名义成为原告或者被告，且受本案判决拘束的当事人，也称正当当事人”②。该理论在形成之初认为，只有当特定主体可以证明其本身享有的某项权利，且该项权利已经遭受侵害时，该主体才能被认定为是民事诉讼的适格原告。此即为德国普通法时期的“实体当事人”标准。

然而，随着社会经济的飞速发展和社会生活的日趋多元，各类纠纷也逐渐呈现出复杂化和新型化的态势。传统当事人适格理论的停滞不前与司法实践的急剧发展之间的抵牾日益突出，若继续固守实体当事人的标准，

① 张卫平：《民事公益诉讼原则的制度化及实施研究》，载《清华法学》2013 年第 4 期。

② 江伟、肖建国主编：《民事诉讼法》，中国人民大学出版社 2013 年版，第 75 页。

将会使某些权益遭到侵害的主体无法切实得到司法的有效救济。鉴于此，对传统当事人适格理论的改造势在必行，形式当事人的理论即应运而生。形式当事人理论不再要求当事人必须与本案系争标的有实体法上的直接利害关系，而是从程序法的角度出发，只要该主体能以自己的名义提起诉讼，其即为该案件的适格原告。[①] 演进后的当事人适格理论赋予了更宽泛的主体可以为维护他人或公共利益而向法院起诉的权利，为环境民事公益诉讼原告资格的确立提供了一定的正当性法理基础。

（二）诉权理论的发展

诉权是国家赋予公民请求司法机关维护自己受侵害的合法权益的一种权利。[②] 关于诉权的理论经历了几个发展阶段。德国普通法时代以“私法诉权说”为主，认为诉权是私权的产物，其依附于实体权利而存在；19世纪之后，“公法诉权说”开始兴起，诉权被认为是针对国家的公法上的请求权，而非当事人实体法上的请求权，是一种独立于实体权利而存在的程序性权利。[③] 公法诉权说又经历了从抽象诉权说到具体诉权说的演变，前者认为诉权与民事权利无关，是个人对国家的一种自由权，是一种人民请求国家提供司法保护的抽象的权利；后者则主张诉权是在个案中原告要求法院作出有利于自己的胜诉判决的权利。[④] 第二次世界大战以后，国际社会开始重视人权的保障以及推崇宪法的权威性地位，主张将本国宪法上所规定的任何人享有接受审判的这一公法性质的权利与诉权相结合，此即为“宪法诉权说”[⑤]。此后，许多国家逐渐认可诉权是一项由宪法所保障的、一切国民平等享有的司法裁判权，诉权宪法化成为各国诉权理论的普遍发展方向。

可见，随着诉权理论的发展，诉权不再单纯与民事实体权利相联系，其已演变为一项任何公民和组织都享有的向国家请求司法保护的程序性权利。在公法诉权说和宪法诉权说的理论引领下，公民和组织因得到了国家公法和宪法的保障而享有诉权，不再以民事实体权利的归属作为起诉的必

---

① 参见肖建华《民事诉讼当事人研究》，中国政法大学出版社 2002 年版，第 92 页。

② 参见赵钢、占善刚、刘学在《民事诉讼法》，武汉大学出版社 2010 年版，第 11 页。

③ 参见江伟主编《中国民事诉讼法专论》，中国人民大学出版社 2005 年版，第 20 页。

④ 参见江伟、邵明、陈刚《民事诉权研究》，法律出版社 2002 年版，第 18 页。

⑤ 参见齐树洁《诉权保障与当事人适格之扩张》，载《西南民族大学学报》（人文社会科学版）2006 年第 12 期。

要条件。而公益诉权作为诉权的下位概念，具备普通诉权的特征和属性，具体到环境民事公益诉讼领域，即使自身权益没有受到直接侵害，相应主体也应享有向法院提起公益诉讼的权利。

（三）诉讼信托理论的引入

诉讼信托指的是依据法律的规定，非实体权利义务的主体被享有实体权利以及诉讼权利的主体同时移交了实体权利和诉讼权利，从而拥有了合法的诉讼当事人地位，能够以自己的名义提起诉讼的一种机制。[①] 20 世纪以来，公民权利意识逐渐觉醒，民间组织日益兴起，许多私益纠纷因具有类型上的同一性而最终成为公众问题被诉至法院，公益诉讼信托机制随之产生。[②] 公益诉讼信托机制下，法律赋予具有公益性质的社会团体以当事人资格，当特定领域的公共利益遭受侵害或有遭受侵害的可能性时，该公益团体有权以自己的名义提起诉讼。[③] 这些公益团体主要包括工商行业协会、环境者权益保护组织以及其他一些法律规定的公益性社会团体，且提起诉讼的公益团体获得的法院判决对该团体的内部成员均有效。具体到环境民事公益诉讼领域，各类符合条件的社会组织依据法律的授权获得了向法院提起公益诉讼的权利，从而使单个环境者难以起诉或不便于起诉的困境得以救济。

二　我国环境民事公益诉讼原告资格的现有规定

如前所述，我国现行《环境保护法》确定了符合相应条件的环保协会具有提起环境民事公益诉讼的主体资格；《授权决定》则赋予了检察机关提起环境民事公益诉讼的权力；《环境民事公益诉讼解释》则为全国人大及其常委会授权特定主体提起环境民事公益诉讼预留了制度空间。但不可否认的是，现有关于环境民事公益诉讼原告资格的规定之不足亦十分明显，举其荦荦大者，概有如下数端：

2012 年 8 月，我国《民事诉讼法》的全面修改将该机制引入了我国的基本法领域；2014 年 4 月 24 日修改后的《环境保护法》进一步明

---

① 参见徐卫《论诉讼信托》，载《河北法学》2007 年第 1 期。

② 参见齐树洁《我国公益诉讼主体之界定——兼论公益诉讼当事人适格之扩张》，载《河南财经政法大学学报》2013 年第 1 期。

③ 参见单峰《公益诉权论》，载《河北法学》2007 年第 3 期。

确了各类符合条件的社会组织可以自己的名义就侵害环境公共利益的行为向法院提起诉讼。但这两部法律对环境民事公益诉讼原告资格的规定都过于原则和抽象，难以在实践中有效展开。2015 年 7 月 1 日第十二届全国人民代表大会常务委员会第十五次会议通过了《关于授权最高人民检察院在部分地区开展公益诉讼试点工作的决定》（以下简称《授权决定》）；2015 年 7 月 2 日最高人民检察院发布了《检察机关提起公益诉讼试点方案》（以下简称《试点方案》），该两项文件明确了检察机关有权在试点地区以自己名义对侵害环境公益的行为提起环境民事公益诉讼。2014 年 12 月 8 日最高人民法院发布的《关于审理环境民事公益诉讼案件适用法律若干问题的解释》（以下简称《环境民事公益诉讼解释》）在因循《民事诉讼法》和《环境保护法》关于环境民事公益诉讼原告资格的规定的基础上，开放性地将原告资格扩大到了全国人大及其常委会授权的机关和社会组织。2017 年 6 月 27 日，第十二届全国人民代表大会常务委员会第二十八次会议又对《民事诉讼法》进行了修改，规定人民检察院在履行职责中发现破坏生态环境和资源保护、食品药品安全领域侵害众多环境者合法权益等损害社会公共利益的行为，在没有法律规定的机关和组织或者法律规定的机关和组织不提起诉讼的情况下，可以向人民法院提起诉讼。法律规定的机关或者组织提起诉讼的，人民检察院可以支持起诉。但必须看到，现有的规定仍然高度抽象，缺乏可操作性，主体范围仍旧不够科学，主体之间关系的协调亦属空白。

（一）法定社会组织的原告资格限制过苛

将法定的社会组织确定为提起环境民事公益诉讼的适格原告，不仅可以有效维护受害者的合法权益、减少群体性环境侵权事件的发生，还可以降低单个受害者的维权成本，从而提高维权的效率。

依据《环境保护法》第 58 条第 1 款的规定，我国目前可以提起环境民事公益诉讼的社会组织必须符合依法在设区的市级以上人民政府民政部门登记和专门从事环境保护公益活动连续五年以上且无违法记录等条件。而《环境民事公益诉讼解释》对这些条件做了进一步的界定。这些条件从准入资格、成立年限以及活动历史等几方面对相关主体的资格提出了要求。但应该意识到，由于历史等各方面的原因，目前我国同时符合该几项条件的社会组织的数量是不多的；且由于种种因素的考虑，社会组织提起环境民事公益诉讼亦是顾虑重重。

现实生活中，较之于社会组织主动去调查侵害环境公共利益的情况，由受污染行为直接侵害的特定主体主动向其反映侵权事实并请求其采取相应措施的情形更为多见。在现有规则框架下，因可予起诉的社会组织的数量偏少，可能导致诸多直接受害者难以就近向相关组织反映问题，只能舍近求远，到此类社会组织较为集中的省会城市甚至是首都北京去寻求公益司法救助，这明显加重了维权的负担，拖延了维权的效率。

可见，作为原告的社会组织范围界定的逼仄显然与群体性环境侵权事件频发的现状难相匹配，极易出现有权起诉的社会组织疲于奔命而无权起诉的社会组织无所事事的尴尬局面。

（二）“法律规定的机关”解释过窄

2012 年修改后的《民事诉讼法》亦规定“法律规定的机关”可提起环境民事公益诉讼。在我国，“机关”的范围很宽泛，总体上可分为党政机关和国家机关，而后者又可细分为立法机关、司法机关（检察机关和审判机关）、行政机关以及军事机关。在这些机关中，党政机关、立法机关、审判机关和军事机关显然都不宜成为环境民事公益诉讼的主体，而最有可能取得原告资格的是检察机关和行政机关。一般认为，应对《民事诉讼法》上的“机关”做目的性限缩解释，将其界定为检察机关和行政机关。[①] 作为我国《宪法》规定的法律监督机关，若允许检察机关提起环境民事公益诉讼，则无论是在合法性和公正性等法理因素的考量上，还是人、财、物力等现实资源的配置上，其具有其他普通诉讼主体无可比拟的优势。鉴于此，《授权决定》确立了检察机关保护环境公共利益的公益诉讼人的身份；2017 年 6 月《民事诉讼法》的进一步修改更是明确了这一点。但 2017 年修改后的《民事诉讼法》规定，检察机关只有在没有法定的机关和组织或者法定的机关和组织不起诉的情况下，方可向法院提起公益诉讼。此处的“法律规定的机关”显然不可能是检察机关本身，而更应该指的是特定的行政管理机关。然而，我国现行法律尚未对行政机关是否具备提起民事公益诉讼的原告资格作出规定，全国人大及其常委会亦未

---

① 参见刘学在《民事公益诉讼原告资格解析》，载《国家检察官学院学报》2013 年第 2 期。

对行政机关进行相关的授权。如果对“法律规定的机关”的范围不予明确，则《民事诉讼法》的这一规定便形同虚设，亦不利于对环境公共利益的全面保护。

（三）公民个人无权起诉

我国现有规定将公民个人排斥在提起环境民事公益诉讼的原告范围之外，主要是基于防止滥诉以及提升公益诉讼质量等因素的考量。但从法律层面来看，我国《宪法》第 2 条明确了人民是国家的主人，享有中华人民共和国的一切权利。如若不赋予普通公民提起环境民事公益诉讼的资格，无疑不利于人民亲自参与社会管理以维护国家和社会公共利益，从而使宪法的上述规定在诉讼领域难以得到切实贯彻，同时也与建设以人为本的社会主义法治国家、维护司法公正的基本法治理念相悖。

从实践层面来看，环境侵权案件日益增多，身为受害者的公民个人是分布范围最广、最易遭受侵害、最具有维权意愿的主体。公民作为污染行为的直接或间接受害者以及最终损失的承担者，往往更加了解案件事实，具有恢复受损利益的迫切愿望。若只赋予特定国家机关和社会组织提起环境民事公益诉讼的资格，而排斥公民个人的公益诉权，则可能带来两方面突出的问题：一方面，检察机关传统任务繁重，行政机关难免为自身利益所牵涉，而社会组织提起环境公益诉讼的机制尚不健全；另一方面，当特定国家机关或社会组织同时处理多件环境公益诉讼案件时，在侧重点和关注度上难免会有所取舍，比如通常会先处理影响较大或牵涉较广的案件，这样会使一些所谓的普通案件难以得到及时的推进。相比之下，公民个人对影响自身利益的侵权案件更为关注，更有精力专注于该特定案件而无论其所谓大小。可见，赋予公民个人公益起诉权可以弥补特定国家机关或社会组织怠于起诉或起诉不力的缺陷。

三　我国环境民事公益诉讼原告资格的完善

（一）主体范围的厘清

1. 扩大有权起诉的社会组织的范围

基于各方面的利弊分析，结合我国实际情况，笔者认为可将有权提起环境民事公益诉讼的社会组织的资格适度放宽：一方面，降低其成立年限的要求，可将现在规定的五年降至两年或三年，从而顺应实践急速发展的需要；另一方面，对无违法记录作限缩解释，将因实践中政策调整或情势变化导致的所谓违法情形排除在此类违法记录的范围之外，从而使社会组织免遭此类“无妄之灾”。

2. 赋予特定行政机关以原告资格

目前，检察机关已由修改后的《民事诉讼法》赋予了提起环境民事公益诉讼的原告资格，然而，同样应被赋予原告资格的行政机关却尚无法律的明确授权。依笔者拙见，赋予各级环保部门等与环境保护攸关的特定行政机关提起环境民事公益诉讼的原告资格颇具合理性。一方面，这些行政机关的主要职能范围涵盖了与环境保护密切相关的领域。对于发生在这些领域的环境侵权纠纷的处理，它们比检察机关的执法经验更丰富，比社会组织的人员和设备更专业，比公民个人的实力更雄厚；另一方面，行政机关代表国家行使行政职权，管理公共事务，在维护公共利益上，具有天然的优势。侵犯公共利益的主体往往实力强大，普通民众和社会组织实难与之较量，而行政机关却具备与之抗衡的实力，且其作为原告提起环境民事公益诉讼可以减小法院处理此类案件的压力和阻力，从而确保诉讼双方地位的实质平等。

3. 赋予公民个人以原告资格

从确立了较成熟的民事公益诉讼机制的域外相关做法来看，其都不同程度地赋予了公民个人提起环境民事公益诉讼的权利；且如前所述，公民个人作为提起环境民事公益诉讼的原告具有其他主体不可比拟的优势。为了鼓励公民个人积极维权，可以对符合条件的提起环境民事公益诉讼的公民个人采取一定的奖励措施。譬如，设立专门的环境公益诉讼基金会，基金会的资金可以来源于国家财政的支持、社会各界人士的资助以及败诉的环境侵害者所付的惩罚赔偿金等。当公民个人提起公益诉讼时，可以由该基金代缴诉讼费用；当公民个人提起的公益诉讼胜诉时，可从该基金中提取一部分资金奖励给公民个人，从而鼓励更多的公民个人维护社会公共利益。

当然，为防止滥诉现象的出现，应对公民个人提起环境民事公益诉讼设置必要的限制条件。当合法权益遭受不法生产者或经营者的侵害或有被侵害之虞时，公民个人应先选择启动下列两种之一的救济方式：其一，向当地的符合法律规定的社会组织投诉；其二，向对案件有起诉权的检察院或行政机关提出审查申请。若审查符合要求或者向社会组织投诉有结果，就由检察院、行政机关或社会组织向法院提起环境公益诉讼；若检察院或行政机关逾期未作出答复又未作任何处理，或者向社会组织投诉无果时，则允许公民个人提起环境公益诉讼。同时，当公民为了谋取私利故意捏造事实、提供虚假证据以逃避前置程序提起环境公益诉讼时，应对所造成的被诉者的经济损失承担损害赔偿责任；且针对个人滥诉或恶意诉讼情节的轻重，处以警告、罚款等惩罚措施。

（二）起诉规则的构建

如前所述，可以提起环境民事公益诉讼的主体各具所长，但也各有短板，应立足我国国情并结合各类主体的特点，对各自起诉范围和起诉顺序做出合理的安排。

1. 起诉范围的安排

案件可予起诉的范围是各类主体提起环境民事公益诉讼时须考虑的首要问题。在环境民事公益诉讼案件中，根据公共利益的受损程度，可大致分为重大案件和一般案件。

环境侵权领域的重大案件应由检察院或行政机关向法院提起。审酌各种因素，此处的重大案件应涵盖以下几类：其一，受侵害的主体人数众多、受影响的地域范围广泛或社会反响强烈的案件；其二，被告实力雄厚、背景复杂，由其他主体起诉难度较高的案件；其三，社会组织没有提起或不宜起诉的案件；其四，专业性较高或取证难度较大的案件。

对于前述除重大案件之外的案件，可归入一般案件之列，可以由公民个人或法定的社会组织作为原告提起环境公益诉讼。当然，检察院对侵害环境公共利益的一般性案件并非完全放任不管，只是说检察院不宜主动介入，而是优先由其他主体起诉。当公民个人或社会组织因各种困难提出需要检察院支持起诉时，检察院可以自己的名义向法院提起环境民事公益诉讼。

2. 起诉顺序的安排

在对各类主体提起环境民事公益诉讼的案件类型予以明确之后，还需对各类主体的起诉顺序做出安排。依笔者拙见，似按以下顺序起诉较为妥当：

第一，将公民个人和社会组织作为第一顺位的起诉主体。权益受损的公民个人欲通过诉讼维护自身利益的意愿最为强烈。从实际情况来看，公民个人往往因自身力量的弱小会选择向相关社会组织寻求帮助，并愿意积极配合相关组织提起公益诉讼。一方面，社会组织方便与公民个人进行沟通和互动；另一方面，社会组织较之于公民个人具有更专业的法律知识和更强的诉讼实力，进而优化诉讼的效果，故将其作为第一顺位的起诉主体是合适的。

第二，将法律规定的行政机关作为第二顺位的起诉主体。行政机关不宜作为第一顺位的起诉主体。行政机关日常行政管理事务繁忙，先由第一顺位的公民个人和社会组织提起公益诉讼有利于节约行政资源，提高诉讼效率；且侵害公共利益的行为常伴随着行政机关的不作为，由行政机关首先提起公益诉讼可能会有通过诉讼逃避责任之嫌。

第三，将检察机关作为第三顺位的起诉主体。检察机关作为法律监督机关，提起环境民事公益诉讼并非其“专利”，检察监督权的保障性和辅助性决定了检察机关行使职权时要遵循谦抑性原则。检察机关对环境民事诉讼活动的法律监督更多地体现在被损害的环境公共利益未被救济或怠于被救济时进行下一步的弥补，而非直接取代其他主体成为公益诉讼的第一主体。当环境类公共利益受到侵害时，应先由公民个人、社会组织以及行政机关向法院提起公益诉讼，检察机关对上述主体的起诉行为进行监督。只有在没有适格主体或适格主体不愿提起公益诉讼而公共利益仍处于受损害状态的情形下，检察机关方能以自己的名义提起此类公益诉讼。

第三节　环境民事公益诉讼的责任方式

一　环境民事公益诉讼责任方式的定性

（一）责任方式的界定

在法律责任的含义界定以及责任方式的构成认定上一直众说纷纭。从研究方式来看，学者多是从部门法的逼仄视角来对法律责任以及责任方式进行探讨，这不仅导致了对法律责任以及责任方式普遍缺乏全面、准确的认知，亦给相关司法实践的开展带来了不少负面的影响。鉴于此，对法律责任含义的精准把握是对环境民事公益诉讼责任方式进行探索所不可逾越的前提性工作。

从目前的主要观点来看，对法律责任含义的界定主要有后果说、[①] 责任说、[②] 手段说、[③] 状态说[④]和义务说[⑤]几种认识。在综合分析及深度考量的基础之上，笔者较为认同义务说的观点，即认为法律责任是因特定法律关系主体侵犯某种法定权利或违反某种法定义务而引起的、由专门国家机关认定并归结于该责任主体的、带有一定直接强制性的义务。[⑥] 此种将法律责任定性为特定法律义务的观点在厘清两者区别的基础上亦准确把握了两者的联系，进而为法律责任中具体问题的探索预设了良好的基础性铺垫，尤其是为责任方式的精准定位铺平了道路。

法律责任乃是由责任关系和责任方式构成的有机体。其中，责任关系表现为因，即两个或两个以上法律主体之间产生的特定社会联系是法律责任产生的前提；责任方式表现为果，即法律责任中特定关系的实现有赖于特定方式的界定。可见，对责任方式的把握首先要对责任关系的内容予以明确。在义务说框架下，责任关系乃是法律主体违反初始义务而产生的一定社会联系。法律对初始义务设置的目的乃是基于人们社会生活的一般价值观念，即功利与道义。所有主体的一切行为之评价均是从功利与道义两方面予以考量的。由此为基础，即可将违反初始义务的行为所产生的责任关系也可划分为功利关系和道义关系。[⑦] 功利关系乃是利益关系而产生，破坏功利关系即应补偿对方的利益损失；而道义关系不仅考量利益关系，主体对利益的主观认识、主体行为的客观社会评价亦是其影响因素，破坏道义关系不仅应承担对利益的补偿还应进一步承受来自社会的否定性评价。由功利关系和道义关系之界分为基准，随之而生的责任方式即表现为两种形态，即补偿性责任方式和惩罚性责任方式。

---

① 参见林仁栋主编《马克思主义法学的一般理论》，南京大学出版社 1990 年版，第 186 页。

② 参见孙国华主编《法理学教程》，中国人民大学出版社 1994 年版，第 509 页。

③ 参见赵震江、付子堂主编《现代法理学》，北京大学出版社 1999 年版，第 481 页。

④ 参见周永坤《法理学——全球视野》，法律出版社 2000 年版，第 264 页。

⑤ 参见张文显《法哲学范畴研究》（修订版），中国政法大学出版社 2001 年版，第 119 页。

⑥ 参见张文显主编《法理学》（第四版），高等教育出版社、北京大学出版社 2011 年版，第 122 页。

⑦ 参见孙笑侠《公、私法责任分析——论功利性补偿与道义性惩罚》，载《法学研究》1994 年第 6 期。

根据受害人的实际损失，由侵害人对其进行相应的补偿，由此而生的补偿性责任方式乃是最易为人所接受的责任方式，在两大法系国家立法及司法中均源远流长。而发端于18世纪英美法系判例法上的惩罚性责任方式则经历了一定的演进和发展。在惩罚性责任方式出现之初，其主要适用于受害人遭受名誉损失及精神痛苦的案件。自19世纪以来，为制裁和遏制不法行为，惩罚性责任方式适用的范围不断扩大。截至目前，其不仅适用于侵权案件，亦适用于合同案件。[①] 惩罚性责任方式创设之目的，乃是为补强传统补偿性责任方式对受害人权益维护之不足及警示和教育社会大众审慎地行为处事。可见，惩罚性责任方式的适用，一方面可使受害人获得充分的赔偿；另一方面可使恶意侵害者受到相当程度的惩罚，从而遏制侵害行为的再次发生。可见，惩罚性责任方式的适用亦有着严格的要求，要么侵害人具有相当程度的主观恶意，要么实际损害难以确定而按传统责任方式无法完全弥补受害者的损失，要么侵害人的侵权收益大于侵权成本。

而在高度恪守公法与私法之界的大陆法系国家，补偿性责任方式和惩罚性责任方式适用的领域在相当长时间内乃泾渭分明。具体而言，补偿性责任方式和惩罚性责任方式分别调整私法与公法领域，仅在公法领域才能规定惩罚性责任方式的适用，即此处属于公法上的“自留地”；而在私法领域，因其所调整的社会关系主体地位平等的特质，一方无权对另一方施以惩罚，故法律责任承担的目的在于补救被害人受损的权益，使之能够尽量恢复到受损前的状态，故严格禁止被害人从中获取额外的利益。

在欧陆文明肇始之初，生产力的低下与社会关系的简单决定了公、私法的划分与当时的社会发展阶段是相适应的。但经过数千年的演进和发展，生产力的发达和社会分工的多元以及社会关系的复杂绝非古罗马时期可比。而最明显的表征，便是在晚近时期，市民社会与政治国家之间的界线已非如以往那般泾渭分明，相互交融的趋势日益明显。譬如，现代型法人及社会组织的急遽发展打破了私法领域法律关系主体双方实力大致对等的传统格局。部分现代型法人和社会组织的实力甚至已达到了富可敌国的惊人程度。这种实质不平等的主体之间的关系如若完全遵循传统私法当事人意思自治的原则，则必会导致实质的不公，甚至会出现优势主体滥用其

---

① 参见王利明《惩罚性赔偿研究》，载《中国社会科学》2000年第4期。

强势地位进而损害社会公共利益的情形。此时，国家公权力即有必要在某种程度上介入相关纠纷，通过特定机制来维护社会公共利益。由此，在市民社会与政治国家之间，逐渐出现了对公共社会这一新型领域中的社会关系进行调整、对公共利益进行保护的相关规范，如反垄断法、消费者权益保护法以及环境保护法等。对于此类规范，因其数量与规模的不断扩张，已有成为介于公法与私法之间的“第三法域”之势。因该领域调整对象有别于传统公法及私法领域，如若相关责任方式仍径行适用传统两大法域的处理模式，则不仅会使该领域内部门法的调整目的难以达成，亦会造成该领域规范之间关系的不协调。

（二）环境民事公益诉讼责任方式的性质

2015 年 1 月最高人民法院发布的《环境民事公益诉讼解释》第 18 条规定：“对污染环境、破坏生态，已经损害社会公共利益或者具有损害社会公共利益重大风险的行为，原告可以请求被告承担停止侵害、排除妨碍、消除危险、恢复原状、赔偿损失、赔礼道歉等民事责任。”该条从规则层面明确了环境民事公益诉讼责任方式的具体类型。同时，可以明确的是，该司法解释所规定的六种形态均为补偿性责任方式。必须承认，责任方式设置的终极目的，在于对责任主体课以不利后果，从而保障规则所确立的权利与义务的实现。可见，责任方式直接决定了特定规范对适用对象的调整效果。作为“第三法域”调整对象的环境公益，如果只有补偿性的责任方式来规制责任主体，则在追责力度上显然是远远不够的，进而难以对环境公益发挥切实有效的保护作用。因此，加大对环境公益侵权人的追责力度，最有效方式，便是在优化现有补偿性责任方式的同时，亦增加特定种类的惩罚性责任方式。易言之，当生态环境遭到破坏后，所产生的侵害人与环境公益主体之间的责任关系表现为两个方面，即基于利益损害应予以补救或补偿的功利关系和基于损害环境公共利益及其主观恶意所应遭受的道义非难的道义关系。此亦决定了环境民事公益诉讼的责任方式应当兼具补偿性与惩罚性。

此外，补偿性责任方式与惩罚性责任方式归根结底是在传统法域框架下创设的责任方式，而该传统的法域框架以及相应的理论基础早已不能满足日新月异的社会发展需求。在生产力迅速发展、社会分工日趋细化、社会个体的联系愈加紧密的当今现实下，某一损害事件的发生可能会产生远大于往的波及效应，“蝴蝶效应”的频发绝非危言耸听。鉴于此，当今世界各国和地区越来越意识到风险防控、危害防范的重要性。如何在发现危害与产生损害的中间环节设计相应的预防性措施或方案，从而既应对危害，更避免损害的现实发生，成为现代法律责任制度的重要任务。① 环境损害的不可逆性与恢复的长期性要求相应规则的设计应重在预防危害的发生。作为规则调整的重要手段之一，环境民事公益诉讼责任方式的构建自然应考虑到这一目的的实现，即预防性责任方式亦应属环境民事公益诉讼责任方式体系的有机组成部分。

二　环境民事公益诉讼责任方式的体系化

在对环境民事公益诉讼责任方式进行精准定性之后，可以明确的是，环境民事公益诉讼应包括预防性责任方式、补偿性责任方式和惩罚性责任方式三种。通过构建积极的预防性责任方式，在环境侵害尚未发生或尚未完全发生之时就允许原告运用司法手段加以排除，进而将补偿性责任方式与惩罚性责任方式作为环境公共利益救济的第二道和第三道防线，从而形成科学化、层次化的环境民事公益诉讼责任方式体系。

（一）预防性责任方式

居安思危、防患未然乃是降低损失的最佳良方，预防乃是环境民事公益诉讼责任方式的首要之义。随着人类社会的飞速发展和科学技术的日新月异，传统的法律调整方法对此现状已明显力不从心。具体到责任方式而言，传统“补偿+惩罚”的二元法律责任机制在面对现今以风险防控为本位的社会发展需求时已力有不逮，在环境保护领域则表现得尤为突出。2015 年修订后的我国《环境保护法》第 5 条规定，环境保护应坚持预防为主的基本原则。该条从框架层面将预防性环境治理理念引入我国的环境保护领域，但在具体制度的落实上尚无因应。这就需要我们突破传统责任方式的窠臼，在补偿性责任方式与惩罚性责任方式之外建立起环境民事公益诉讼的预防性责任机制。

从性质上来看，该预防性责任有别于法律责任的预防功能。预防性责任并非是通过对违法者施以不利后果的警示或预告从而压制其实施侵害环境行为的欲望，进而惮于具体实施，而是通过构建明确的预防性责任方

① 参见李友根《论产品召回制度的法律责任属性——兼论预防性法律责任的生成》，载《法商研究》2011 年第 6 期。

式，明示在尚未有实质损害发生而仅有危害之虞时，即可由特定主体通过环境民事公益诉讼这一机制对引起危害的主体施以该责任，从而排除该危害。即预防性责任乃是因危害主体违反环境法所设定的保护环境的初始性义务而将环境公共利益置于危险状态下所产生的延伸性义务。

（二）补偿性责任方式

在健康舒适的生态环境中生活乃是社会大众的基本公共需求，是人权的基本内容之一。当然，每个社会成员对环境行使享受和使用之权利的同时，亦要承担不对其他社会成员所享有的环境权利造成妨害的义务。因此，当某一成员的行为对生态环境造成破坏后，其自然应承担一定的责任，以此来排除其行为对其他成员行使环境权利造成的妨碍。同时，当代人在享有和行使环境权利的同时，亦要承担代际公平的义务，即当代人应当保障后代人享有不逊于当代人的健康的生态环境和必要的自然资源，从而为后代人预留生存与发展的足够余地。

有损害即有补偿，补偿乃是环境民事公益诉讼责任方式的应有之义。如前所述，补偿性责任方式是基于功利关系而产生的责任形式。具体而言，其又包含两层含义：一是通过一定的作为对不利情形予以弥补和挽救，即当生态环境所遭受的损害有修复的可能时，首先应当令侵害者尽可能地将其恢复至受损害前的状态；二是以财产的形式抵消所造成的损耗，即在恢复不能的情形下，对受损的环境价值进行评估，由侵害者赔偿与该价值相当的财产。可见，环境民事公益诉讼的补偿性责任方式乃是通过向环境侵害者施以一定的作为义务或财产性责任来救济环境侵害事件中遭受侵害的环境公益，以此来保障社会成员及后代人的环境利益。

（三）惩罚性责任方式

惩罚乃是基于道义上的否定评价而施予行为人以不利的后果。人类社会早期，并未有一个代表社会成员合意的专门机构来对特定主体施以惩罚。最常见的惩罚形式便是“以牙还牙，以眼还眼”式的“同态复仇”。随着文明的发展和社会的演进，专门行使惩罚权的公权力部门出现且相应制度亦不断完善，从而保证了社会的有序运转。

惩罚性责任即责令责任人承担其侵害行为所造成的实际损害之外的额外的责任。就环境民事公益诉讼而言，惩罚性责任方式的主要功能有二：其一为惩罚，即侵害者侵害环境的行为损害了社会公益，罔顾法律预设的保护环境不受损害的注意义务，其行为具有主观恶意性与公益危害性，故应受道义之惩罚；其二为遏制，即通过对侵害者课以额外的惩罚，在惩罚大于其通过违法所获收益之时，则侵害者会因忌惮于高额的违法成本而避免做出侵害环境的行为。同时，对侵害者加以惩罚亦会对社会中的其他主体产生警示作用，使得其他主体亦不敢随意破坏环境，以此达到保护环境的目的。

除此之外，惩罚性责任方式的设置在环境民事公益诉讼领域还有两项补充功能：其一为补救。前述对环境公共利益的补偿性责任方式乃是对受损环境的商品价值及修复成本进行补偿，这些价值通过评估核算能够确定大致准确范围进而可以便利地适用财产性补偿。然而，环境公共利益还包括诸如服务价值、美学价值、代际遗赠价值等隐形价值，而当这些隐形价值受损时，则难以通过计算来固定其准确范围，故不能通过补偿性责任方式使之得以受偿。而通过确立惩罚性责任方式，对侵害者施以惩罚性赔偿制裁则可有效的弥补此类隐性价值的损失。其二为激励。环境民事公益诉讼的公益性决定了原告的起诉乃是为维护与其无直接利害关系的环境公共利益。此处，诉讼利益乃归属于抽象的社会整体，本案的具体原告无法从中直接获利，这显然与“经济人”的本能相违背。实践中，在实际利益缺位下，具备原告资格的主体在很多情形下难免会因种种考量和重重顾虑而怠于行使该公益诉权，从而导致环境民事公益诉讼机制形如虚设。因此，惩罚性责任方式的确立可以通过合理的惩罚来促进激励机制的建立，通过对提起该诉的原告予以一定合理的经济奖励，从而切实使环境民事公益诉讼机制能够落到实处。

三 环境民事公益诉讼责任方式的展开

由前述可知，在设计环境民事公益诉讼的责任方式时，应秉承“预防为先、补偿为主、惩罚为辅”的基本理念，在出现侵害环境行为之端倪时，即开启程序进而施以排除危害这一预防性的责任方式；当环境损害实际发生后，则首先应当对受损的环境进行修复，当修复不能时即责令侵害人赔偿相应损失，如若损害在合理范围内，则可适用损害忍受补偿的责任方式，同时令其公开道歉，与上述三类补偿性责任方式择一并行适用；如若侵害人的主观恶性较重或造成了严重损害，则可适用声誉型惩罚及罚款等惩罚性责任方式。

（一）排除危害

排除危害，是指因行为人尚未实施或正在实施的行为可能或已经违反了环境法上规定的注意义务，从而将环境可能或已经置于某种危险状态，则可令其排除可能或已经存在的危害。在现行《环境保护法》确定的“保护优先、预防为主”的环保基本原则框架下，排除危害这一责任方式确立的目的即在于，可以通过该机制将可能发生的环境损害状态扼杀在萌芽状态。环境损害事件一旦发生，其所造成的后果往往是长期性的（如英国伦敦烟雾事件、苏联切尔诺贝利事件等），且因遭受侵害的环境要素处于不断变动当中，使该损害无法固定在一个稳定的区域内，[①] 即其波及面难测且不可逆转，即便能够通过一定方式进行修复，亦要花费相当可观甚至难以估量的各项成本。此外，不可逆转的环境损害中所包含的服务价值、美学价值等隐性损失皆非为金钱所能衡量，嗣后的各类补偿及惩罚归根结底均是替代性的补救，往往难以真正填补环境损害的无穷“黑洞”。从域外的相关做法来看，排除危害类的责任方式乃是环境民事公益诉讼中的主导责任方式。如在美国，其体现排除危害之意的乃是禁止令（injunction）。在立法者看来，禁止令最能反映环境民事公益诉讼的公益性质。[②]

较之于作为普通环境侵权民事诉讼中预防性责任方式的停止侵害、排除妨碍和消除危险，环境民事公益诉讼中的排除危害在涵盖此三种责任方式的应有之意之外，在功能上有所延伸，即将适用的对象从正在实施的环境侵权行为扩展至尚未实施的行为，即只要特定主体有可能实施环境侵权行为之虞时，法定的机关或组织即可将其诉诸法院，要求排除可能发生的危害，从而最大化地发挥预防性的作用。

（二）环境修复

如若未能通过排除危害的方式来达到防止环境损害实际发生的目的，则从责任方式序列来看，可考虑是否可采取一定措施来对受损的环境进行修复。修复生态环境的责任方式乃是指当侵害者的行为造成了实际的环境损害时，可要求其通过一定方式来将受损的环境修复至损害发生前的状态。环境修复的方式乃是“就地修复优先、异地修复为辅”：前者是指在环境受损地原址上通过特定的方式和方法使之恢复至受损前的生态环境质

---

① 参见吕忠梅等《环境法原理》，复旦大学出版社 2007 年版，第 180 页。

② 参见陈冬《美国环境公民诉讼研究》，中国人民大学出版社 2014 年版，第 175 页。

量水平；后者则是指当就地恢复有困难或显然不可能时，通过系统工程的考量和配适，在异地达到受损地受损前的生态环境质量各项指标和标准。当然，不管采取何种修复方式，相关费用无疑是完全由侵害者来承担。

与普通侵权诉讼中恢复原状这一责任方式相比，环境修复当然地包含了恢复原状的应有之义，“从某种意义上来说，环境修复是‘恢复原状’责任方式在环境侵权领域的具体化和延伸”①。但严格来讲，环境修复与恢复原状还是存在明显差异的。因环境污染的不可逆性和单向性，在绝大多数情况下，一旦环境遭到污染，则不管采取何种方法，亦不管这些方法的技术含量有多高，均只是可能将环境修复至最大化地接近受损前的各项人为设置的数据指标，很难真正、完全还原至初始状态。可见，与恢复原状相比，环境修复更能准确地表达和反映环境侵权领域的特质，亦更符合环境民事公益诉讼的实际状况。

从环境修复的费用确定来看，《环境民事公益诉讼解释》第 23 条之规定的合理性可资赞同，即法院可以结合污染环境、破坏生态的范围和程度、生态环境的稀缺性、生态环境恢复的难易程度、防治污染设备的运行成本、被告因侵害行为所获得的利益以及过错程度等因素，并可以参考负有环境保护监督管理职责的部门的意见、专家意见等，合理确定生态环境修复费用的具体数额。

需要明确的是，法院在环境民事公益诉讼案件审理过程中对环境修复责任方式的适用应考虑被破坏的环境在现有技术条件下是否有修复的可能，并参考环境保护部门或有关专业人士的专业意见。如若不能复原或修复的代价过于高昂，则修复生态环境责任的判令即无多大实义，此时即应考虑以其他补偿性责任方式来替代，从而保障受损的环境公共利益能切实得到补偿。

（三）赔偿损失

当受损生态环境无修复的可能时，则应通过判令侵害者给付特定数额金钱的方式来赔偿相应的环境损失。赔偿损失这一责任方式适用效果的实现维系于一个前提条件的准确界定，即如何评估受损环境的价值。一般来讲，环境公益的价值可分为两类，一类为比较实的物质性的商品价值，一

① 沈德咏主编：《最高人民法院环境侵权责任纠纷司法解释理解与适用》，人民法院出版社 2016 年版，第 31 页。

类为比较虚的舒适性的服务价值,[①] 二者辩证统一于承载人类社会生活的生态环境。在目前已发生的大部分环境损害案件中，因技术、实力、资源及外因介入等多种主、客观原因，对侵害者的损害赔偿责任仅计算了受损环境的直接的商品价值，而忽略了对其隐性服务价值、美学价值的计算。这一方面使得受损的环境公共利益没能得到完全的补偿，且会加重第三方的环境修复成本；另一方面亦减轻了侵害者的责任负担，从而降低了其违法成本，进而削弱了该机制对其侵权行为的抑制效果。故赔偿环境损失这一责任方式在适用时还应充分评估受损环境的服务价值和美学价值等。

（四）损害忍受之补偿

现代企业的生产经营活动，或多或少会对环境造成不同程度的影响。在这些活动中，有些违反了法律规定，超过规定的排污标准且对环境造成了明显的损害，此时自然应适用恢复原状或赔偿环境损失等责任方式。然而，对于企业的某些生产经营活动没有违法却依然会对环境造成一定消极影响的情形，则需对相应责任方式进行审慎考量。

此时便涉及对环境侵害的容忍度问题。企业乃是支撑社会经济发展的支柱，如若对其符合法定标准但仍有损环境的排污行为施以不利责任，无疑会对企业的正常生产经营带来消极影响，进而影响经济的可持续性发展。但如若对企业合法排污但有损环境公益的情形无条件地予以容忍，亦不符合权利保护的基本要求。因此，应在生态保护与经济发展之间寻求一个妥帖的平衡点，以期在受损环境公益得以合理受偿且社会大众能够续享环境福祉的同时，亦能保障经济的可持续性发展。

鉴于此，损害忍受之补偿未尝不是一种可资认同的环境民事公益诉讼责任方式。当企业的排污符合法律规定的标准但环境的损害超过一定限度时，可以判定企业承担一定的补偿责任，以此来补偿受损的环境公益，使相关主体获得修复环境的相应资金，此乃企业作为社会运转之功能个体所应承担的义务，亦是可持续发展与生态文明之当然要求。但需要明确的是，此种损害忍受之补偿的金额亦不应过高，毕竟此时企业的行为并未违反法律的禁止性规定，课以其较重的责任于法理不符，亦会削弱企业的运营能力与积极性，进而制约社会经济的正常发展。依笔者拙见，该损害忍

① 参见李金昌等《生态价值论》，重庆大学出版社 1999 年版，第 373 页。

受之补偿责任应以不超过受损环境商品价值与服务价值之和为宜，具体数额由法官根据地方发展水平、企业经济实力以及环境受损状况等因素来综合考量。

（五）公开道歉

公开道歉，是指通过环境民事公益诉讼之判决由法院责令侵害者以一定形式向社会公众公开表示歉意。该责任方式源于赔礼道歉这一处理民事私权纠纷的责任方式。作为民事侵权损害责任方式的一种，赔礼道歉这种责任方式与人身性密不可分，具体表现为侵害者依一定方式向人格权遭受非法侵害的受害者进行道歉，以获得其谅解。[①] 即该责任方式指向的对象为特定的受侵害的民事法律关系主体。与赔礼道歉这一责任方式针对的对象是明确的特定的主体所不同的是，因侵害环境公益的行为针对的对象不明确、不特定，道歉所指向的对象即为不确定的社会公众，故作为环境民事公益诉讼责任方式的道歉必须强调其公开性，在道歉的方式、方法以及范围上都须达到一定的程度，从而保证该道歉能够为相当范围内的公众所知晓，此方能产生道歉的实效。公开道歉具备两方面的积极意义：一方面，该责任方式对于侵害者具有一定的惩罚与教育功能；另一方面，对社会具有一定宣示法律权威、安抚社会大众的作用。公开道歉的具体途径应当是由行为人在省级及省级以上媒体（包括报纸、电视及互联网媒体等）向社会道歉，并需将道歉内容具体明确且保持一定时间。

（六）声誉型惩罚

声誉型惩罚，乃是法律授权机关对违反法律规定的主体的告诫与否定性评价。其与公开道歉的区别在于，声誉型惩罚是由法律授权机关直接在公共媒体上对环境侵害者进行的道义责难，其本质上属于惩罚性责任方式，而公开道歉则属于基于功利关系而设的补偿性责任方式。

在当前激烈的市场竞争环境下，企业的声誉乃是其生存之基、立足之本，是一个企业得以生存和发展的最重要的隐性资产和核心竞争力。如若某企业的违法行为受到惩罚且因媒体曝光而公之于众，那么所引发的声誉下降会导致该企业产品被消费者购买的可能下降以及其他商业主体选择其进行商业合作的几率变小，进而给其带来切实的财产损失，即其在一定意义上是“没有罚款的财产罚”。声誉型惩罚所带来的影响乃是以营利为目

---

① 参见张新宝《侵权责任法》，中国人民大学出版社 2006 年版，第 157 页。

的的企业所不能不考虑的，此即声誉型惩罚责任方式设立的缘由。在环境民事公益诉讼责任方式体系中确立声誉型惩罚，其目的即在于营造对违法企业不利的社会舆论氛围，使其认识到其行为对环境公共利益的危害性，同时迫于声誉受损带来的盈利降低的压力，主动改正进而避免相应的环境侵害行为。

声誉型惩罚在行政执法领域仅表现为警告，并未通过特定渠道向社会公开，难以对侵害环境的主体产生实质性的声誉上的压力，其侵害人很容易选择熟视无睹而继续侵害环境。有鉴于此，在将声誉型惩罚引入环境民事公益诉讼责任方式体系中时，需要确实建立起声誉型惩罚的社会公开机制，在对违法企业的破坏环境行为施以该责任后，应当在省级及省级以上媒体（包括报纸、电视及互联网媒体等）向社会公开此信息，并保持一定的持续性，从而保证该方式惩罚与遏制功能的落实。

（七）罚款

影响企业是否履行环保义务的最关键因素，便是其对违法成本与违法收益的比较。通常认为，“违法成本=违法责任×违法行为被查处的概率”。就当前而言，我国的环境违法成本普遍偏低。从责任内容来看，通常只是对受损环境的商品价值进行财产性赔偿。从被查处的概率来看，地方行政执法部门基于地方经济发展的考量，对实施环境侵权的主体（主要是企业）普遍是视而不见，“运动式”“选择性”执法乃是普遍做法，而相应的行政处罚程度也普遍偏低。此种情况下，违法成本显然远远小于违法收益，故一个“理性”的经营主体自然会选择对现有作为行政处罚措施的罚款视若无睹。

鉴于此，将罚款这一最具惩罚性特质的责任方式引入环境民事公益诉讼责任方式体系洵属必要。就环境民事公益诉讼而言，罚款的适用与否以及具体幅度的高低取决于环境公益受损的情况和侵害者的主观恶性程度。环境公益受损的情况通过勘验与评估等手段能够确定大致范围，而侵害者的主观恶性程度则实难认定，这必会影响到罚款措施的有效适用。依笔者拙见，此时可以通过逆向思维，从罚款的功能及环境民事公益诉讼的目的切入，评估应当施以多少罚款金额方足以遏制侵害者的主观恶性。一般认为，当“罚款>企业违法收益/违法行为被查处的概率”时，方可遏制企业的破坏环境行为。企业在这样的罚款力度下，即无法通过以破坏环境为代价的生产经营来获取利益。同时，环境民事公益诉讼的罚款方式应当参照《环境保护法》第 59 条所规定的作为行政处罚措施的罚款的“按日处罚”模式，对逾期不改的违法主体课以重罚，从而以儆效尤。

此外，从罚款的去向来看，其应上缴国库。由国家设立专门的基金，这些罚款应充实进该基金，且实行专款专用，致力于减轻环境损害的各类专项计划的实施。

第二章　民事诉讼证明责任分配的基本理论

第一节　证明责任的内涵

一　证明责任的含义

现代法治国家均将对证据进行调查所获悉的结果作为案件审理的主要依据,[①] 即采取证据裁判主义的审理模式。在案件实际审理过程中，经由当事人的举证和质证等一系列环节，案件的系争事实可能表现为三种情形：一是法官对系争事实的存在形成内心确信；二是法官对系争事实的不存在形成内心确信；三是法官对系争事实的存在或不存在均未能形成内心确信，即系争事实真伪不明。[②] 在前两种情形下，因为法官已对系争事实

① 证据调查的结果，即法官从证据方法中获取的证据资料无疑是法官自由心证最重要的内容和对象，是案件事实认定的主要依据。但应注意的是，除证据调查的结果之外，证据调查过程中出现的特定情形也可能成为法官自由心证时斟酌的对象，进而成为案件事实认定的依据，有些国家和地区的证据法理论中将其称为“全辩论意旨”（刑事诉讼与民事诉讼不同，因其实行证据裁判主义原则，认定事实必须全部依据证据资料，而不能依据全部辩论意旨）。比如当事人或其诉讼代理人在诉讼中的态度、当事人对主张的变更、当事人的自认及撤回、当事人提出特定攻防手段的时机、证人的状况及勘验或鉴定所遇到的情况等。这些情形虽并非证据调查的结果本身，但可能对证据调查的结果产生某种程度上的影响，进而影响法官心证的形成，故也将其列入心证的内容之列。

② 事实“真伪不明”包括五项构成要件：（1）原告方针对该事实提出了实质性的主张；（2）被告方则针对该事实提出了实质性的相反主张；（3）对争议事实真伪与否确有证明的必要；（4）双方用尽合法、可能的手段仍无法使法院获得足够心证；（5）口头辩论已经结束，而法官心证不足的情况仍无法改变。参见［德］汉斯·普维庭《现代证明责任问题》，吴越译，法律出版社2000年版，第26页。

的存在与否形成了明确的认知，故即可据此对案件作出明确的认定。唯在第三种情形下，因系争事实真伪不明，故一方面，按照事实认定的标准，法官不能当然地认定其为真实；另一方面，依据司法不得拒绝裁判的原则，法官亦必须对案件作出处理。此两难情形下，如若不设置相关的裁判规则供法官适用，则司法之窘迫可想而知——证明责任分配之规则应运而生。证明责任分配的相关规则专门用于处理法庭言辞辩论终结后系争事实仍然处于真伪不明的状态，使得此种情形下法官的裁判有理有据。

证明责任的历史源远流长。从源头上来看，“证明责任”一词在古巴比伦的《汉谟拉比法典》中即已出现，其后古罗马学者针对诉讼中证明责任的运用总结出诸如“原告不举证证明，被告即获胜诉”，“为主张之人有证明义务，为否定之人则无之”，“事物之性质上，否定之人无须证明”，“原告对于其诉，以及以其诉请求之权利，须举证证明之”，以及“若提出抗辩，则就其抗辩有举证之必要”等基本规则。[①] 但是，直到后续的德国普通法时代，证明责任在内涵上仍指当事人提出主张后必须向法院提供相应的证据，即特指提供证据的责任。[②] 而当案件的系争事实在审判终结时仍然真伪不明的，法院裁判的依据要么是对不提供证据一方当事人的惩罚，要么是看当事人在平时的口碑或者庭审时的表现，要么干脆回避判决等，不一而论。

在证明责任理论发展的相当长的时间段内，学者们也多是从提供证据责任的角度来把握证明责任的内涵，对证明责任概念的解释就一直界定为证据提供责任（或称为主观证明责任、行为责任及形式上的证明责任）。对这种传统观念最先提出挑战的是德国法学家尤理乌斯·格拉查（Julius Glaser）。他在1883年率先提出了证明责任（Beweislast）概念的分层理论。格拉查认为，系争事实真伪不明是案件审理过程中客观存在的一种状态，它与当事人提供证据的活动没有必然联系，是由案件本身的各种情况综合决定的。在系争事实真伪不明的情况下，依据司法不得

---

① 参见骆永家《民事举证责任论》，台湾商务印书馆1987年版，第69页；陈计男《民事诉讼法论》（上），台湾三民书局2002年版，第437页；王甲乙、杨建华、郑健才《民事诉讼法新论》，台湾三民书局2002年版，第349页。

② 参见骆永家《民事举证责任论》，台湾商务印书馆1987年版，第70页；陈荣宗《举证责任分配与民事程序法》（第二册），台湾三民书局1984年版，第6页。

拒绝裁判的原则，法官仍然要对案件进行处理，此时必须由相应规则来明确究竟应由何方当事人最终负担特定事实真伪不明的不利后果。鉴此，在承认证据提出责任（Beweisführungslast）的同时，证明责任还应包含第二层意思，即在法庭辩论终结后，因特定的主要事实没有得到证明，法院不认可发生以该事实为要件的法律效力，从而应由特定一方当事人承担的诉讼上的不利后果。① 由于第二层含义与诉讼的结果有关，所以可将其称之为结果责任、客观证明责任、实质上的证明责任或确定责任（Festsellungslast）。② 继格拉查提出证明责任的双层概念之后，罗森贝克和莱昂哈德两位德国学者相继著书立说，进一步完善和发展了这一理论，使之很快成为德国证据理论界的通说，并逐渐在大陆法系其他国家和地区的证据法上得以确立。③

英美法系证据法理论上对证明责任（the burden of proof）也作两层理解。④ 一为提供证据的责任或举证负担（the burden of producing evidence 或 production burden），是指当事人向法官提供足以使案件交予陪审团评议的证据的行为责任，未履行提供证据责任的案件不得交予陪审团评议，由法官通过指示评议进行判决。易言之，不管是哪一方当事人对争执的事实负证明责任，双方在诉讼过程中均应当根据诉讼进行的状态，就其主张或者反驳的事实提供证据予以证明。如果主张的事实提出后，主张者不提供相应证据加以证明，法官则应拒绝将该事实提交陪审团审理，对方当事人也没有反驳的义务，此时法官便将该事实作为法律问题加以处理，直接认定主张者负担败诉后果；如果主张者就事实主张提供证据加以证明，对方

---

① 早期日本学者也从提供证据责任层面理解证明责任的内涵。如松冈义正先生即认为，证明责任是指当事人为避免败诉之结果，而有证明特定事实的必要。参见［日］松冈义正《民事证据论》，张知本译，中国政法大学出版社 2004 年版，第 30 页。

② 参见 Rosenberg，Die Beweislast 5. Aufl. S. 18 ff. 转引自陈荣宗《举证责任分配与民事程序法》（第二册），台湾三民书局 1984 年版，第 6 页。

③ 参见骆永家《民事举证责任论》，台湾商务印书馆 1987 年版，第 46 页。

④ 摩根教授认为，从事审判的法官，对于每一系争的命题，必须决定：（1）若在证据之质与量的方面，如未充分提供使足以发见该命题为真实的证据时，何造当事人将告败诉；（2）若于举证程序终结时，陪审团尤无法决定该命题是否真实，则何造当事人将告败诉。易言之，法官必须决定何造当事人应负担未提供充分证据，足使陪审团为特定发见的危险，以及何造当事人应负担未说服陪审团的危险。参见［美］Edmund M. Morgan《证据法之基本问题》，李学灯译，台湾世界书局 1982 年版，第 45 页。

当事人就产生了提供证据加以反驳的义务，若对方当事人不提供证据，就表明他对所争执的事实没有争议，此时法官把这种没有争议的事实作为法律问题，可以对不提供证据的一方当事人作出败诉的判决。二为说服责任或说服负担（the burden of persuasion 或 persuasion burden），是指当事人若能提供相应的证据来证明其主张，且能够据此说服事实认定者（陪审团或没有陪审团审判时的法官），法官即应对该责任的负担者作出有利的认定；如果需加以证明的事实处于真伪不明的状态，对该事实具有说服负担的当事人则承担由此而生的败诉后果。

两大法系的证明责任理论虽然在形式上有所差异，但在本质上是一致的。两者都承认在证明责任的双层含义中，客观证明责任或说服负担为其本质，其存在的价值在于防止法官拒绝裁判现象的发生，在具体的诉讼过程中不发生任何的转换或转移；而提供证据的责任则是形式意义上的责任，其可以在具体的诉讼过程中发生转换或转移。从规则层面来看，除《美国联邦证据规则》第 301 条“在所有民事诉讼中，除国会制定法或本证据规则另有规定外，一项推定赋予其针对的当事人举证反驳或满足该推定的责任，但未向该当事人转移未履行说服责任即需承担风险意义上的证明责任。该证明责任仍由在审判过程中原先承担的当事人承担”的规定以制定法的形式将上述两层含义作了概念上的区分之外，其他各国和地区均未从制度层面对该双重含义作出明确划分。大陆法系国家和地区通常是在法的解释和判例中来阐释两者的区别。

总而言之，在现代证据法理论上，从狭义上讲，证明责任仅指结果责任，即在案件的法庭辩论终结之后，当事人因系争的要件事实未得到证明，法院不认可相当于该事实的构成要件的法律效力而承担的诉讼上的不利后果；从广义上讲，除结果责任之外，证明责任还包括提供证据的责任，即当事人在具体的诉讼过程中，为避免承担败诉的风险而向法院提供证据的必要性。本书在以下的论述中均在狭义上使用“证明责任”，与之相对应的提供证据的必要性则使用“提供证据责任”。

二　证明责任的本质

世界各国的法官在裁判案件时均是以事实为依据、以法律为准绳。在这一“三段论”推理过程中，法官对事实的认定乃是推理的小前提，对法律的适用则是推理的大前提。事实认定问题乃是具体案件审理的第一步，在此基础之上会有进一步的法律适用问题。如果作为推理小前提的案件事实真伪不明，推理就无法进行。对于职业法官而言，法律应是其自当知晓的内容，故法律问题非多数案件争议之所在；而具体案件中的事实问题则非法官所能当然知晓，故需通过一定的调查方能为法官所悉。一如前述，在实际案件的审理过程中，对系争事实的认定在法庭辩论终结之后会出现“真”“假”和“真伪不明”三种情形。必须承认，因人类认知水平的局限和诉讼机制的固囿，实际案件的审理过程中系争事实真伪不明情形的出现在所难免，而导致的最终后果便是由此产生的法律后果亦是难以确定，[①] 由此给不得拒绝裁判的主审法官所带来的压力与窘迫可想而知。

但作为争端解决的终极机制，诉讼是纷争主体穷尽了其他一切合法解纷手段之后所能选择的最后渠道，故其必须给纠纷主体“一个说法”，而不得以任何理由拒绝处理，其中自然包括事实真伪不明的情形。针对此种情形，曾经出现过强制自由心证和作出驳回起诉判决两种做法。[②] 前者要求法官在无合理依据的基础上根据自由心证强制性地认定所谓案件事实，此显然与自由心证的应有之义大相径庭，是对自由心证本旨的曲解，亦无助于案件妥适地被解决；后者则要求法官在事实真伪不明时直接驳回当事人的起诉，此则是一种典型的视而不见的“鸵鸟思维”，与司法最终解纷的本意相悖，亦不能打消纠纷主体再诉的意念，且会空耗有限的司法资源，无疑是一种得不偿失的两面不讨好。

由此可见，传统的诉讼规则仅适用于系争事实存在与否已然明确的情形，而对于事实真伪不明的情况则是无能为力，这就需要探寻专门的裁判规则来对此种情形予以处理。而证明责任相关规范的出现正是因应了此种需求，其通过对事实真伪不明时一些共性问题的总结和归纳，理出现象背后规律性的内容，并借助一定的技术和方法，将其凝结为抽象的可予通用

① 罗森贝克教授指出，鉴于认识手段的不足及认识能力的局限性，在每一个争讼中均可能发生当事人对案件事实过程的阐述不可能达到使法官获得心证的情况。因为不管将判决所依据的资料交由当事人提供，还是委托给法院调查，当事人或法院均必须对在诉讼中引用的事实情况的真实性进行认定，并对此负责，认定程序最终会受制于所谓的形式真实或所谓的实体真实的原则——常常会出现这样的情况，即作为争讼基础的事实不可能在每个细节上均能得到澄清，对于法官的裁决具有重要意义的事实，既不能被查明已经发生，也不能被查明尚未发生。参见［德］罗森贝克《证明责任论》，庄敬华译，中国法制出版社 2002 年版，第 1—2 页。

② 参见李浩《事实真伪不明处置办法之比较》，载《法商研究》2005 年第 3 期。

的一般性规则，且随着时代的演进而不断地予以完善和补充，从而契合审判实践发展的需要。

从某种意义上来讲，规则的适用不完全是一个真伪与否的判断问题，其更是一个合适与否的价值判定问题。证明责任规则确立的合理性基础在于，其对事实真伪不明情形的处理符合事物发展的客观规律，能够在诸多可供选择的方法中找到令人信服（尤其是承担不利后果的一方主体）的路径，且处理的结果经得起各方的检验，其中彰显的是规则制定者深厚的法律素养以及规则适用者熟练的法律技巧，而非简单粗暴地以势压人、以暴制人。

三　证明责任的属性

从证明责任的概念产生伊始，学界便对其属性进行了不同程度的探究。对证明责任属性的看法向来众说纷纭。举其荦荦大者，主要有以下三种见解。

（一）权利说

此种观点认为，证明责任乃是当事人的一项诉讼权利，而因举证不力所致使的要件事实真伪不明被法院认定承担的不利后果只不过是当事人行使该权利时所承受的相应的负担。[①] 此种观点在对责任和权利两者的本质的认识上存在一定误区。权利之所以可称之为权利，其核心要素便是权利的主体可以根据自己的自主意愿对该权利进行自由处分，既可选择行使，亦可选择放弃，而选择的具体方式、时间和程度等在不违法的前提之下均可任性为之。而证明责任之所以被冠之以责任，即包含有被动承受且不可随性之意，其与权利之本旨相距甚远，风马牛不相及。

（二）义务说

此种观点认为，证明责任乃是当事人的一项诉讼义务，诉讼中因当事人不及时提供相应证据证明系争事实从而致使真伪不明而被法院判决承担不利后果就是违反该义务所致的法律后果的体现。[②] 与权利说相比，此观点在一定程度上反映出了证明责任所包含的强制之意，但将“义务”和

① 参见樊崇义主编《证据法学》（第三版），法律出版社 2004 年版，第 280 页。

② 参见毕玉谦《民事证明责任研究》，法律出版社 2007 年版，第 20 页。

"责任"予以等同未免失之绝对。一般来讲，违反义务一定会导致遭受法律预设的相应制裁；而未负法定责任却并非一定会招致直接的惩罚，只是会对责任主体产生一定的不利影响（此种影响可能是间接的）。而法官依证明责任分配规则对特定一方主体所做出的不利裁判并非一种针对该主体不提供证据的行为本身所进行直接的制裁，而是从案件整体审理的角度所采取的一种裁判的方法。

（三）败诉危险负担说

此种观点认为，证明责任乃是一种因一方当事人对特定要件事实举证不能而使之真伪不明时法官所施以其的一种败诉的风险。① 与上述两种观点相比，此观点已与证明责任的属性最为接近，但仍存在些许不妥之处。因为通常所说的风险乃是一种可能发生但不一定必然发生的不利后果，其发生的概率因时因地而异；而当事人因举证不力所导致的由证明责任规则施以的败诉后果乃是实实在在的，不存在可能与否，即其已非盖然性的问题，而是必然性的结果。

可见，权利说、义务说和败诉危险负担说均存在不足之处，证明责任的根本属性在于，其是一种当事人因举证不力而会导致败诉的现实的负担，即当事实在案件审理最终仍真伪不明时，就该事实承担证明责任的一方当事人所应负担的不利后果。

四　证明责任和相关概念的关系

（一）证明责任和提供证据责任

提供证据责任与证明责任之间存在密切的联系。对负担证明责任的当事人来说，承担提供证据责任是为了避免因举证不能或不力而导致证明责任在诉讼终结时实际地发生；同时，当案件事实存在与否发生争议时，就该事实之成立承担证明责任的一方当事人在诉讼中首先即应承担提供证据的责任。

但是，二者之间存在本质上的差异：其一，性质不同。证明责任乃为实体法所预设，与程序法无关，与诉讼证明的过程本身也无关涉。当然，证明责任并非直接写在实体法的条文之中，而是需要通过法官在具体适用中通过对规则的解释和阐明去发现和确定。而提供证据的责任则

① 参见张永泉《民事诉讼证据原理研究》，厦门大学出版社 2005 年版，第 167 页。

并非规则所预设，而是在具体诉讼中随着案件审理的需要而产生并发生变化。[①] 可见，证明责任在当事人之间的实体法律关系产生之时即已生成；而提供证据的责任则是在当事人之间就实体法律关系发生争议进而诉诸法院且进入诉讼系属之后产生诉讼法律关系之时方才产生。其二，责任主体不同。证明责任只能根据实体法规则确立的请求权基础而由特定的一方当事人承担，且该主题下的证明责任始终固定于该方当事人，不会随着诉讼的进行而转移至对方当事人；而提供证据的责任却可在具体案件的审理过程中随着法官心证的变化而在双方当事人之间转移。其三，功能不同。提供证据的责任因其具备的随诉讼进程而动的特质反过来可以推动诉讼的进程；而证明责任则因其恒定不移的特质而难对诉讼程序的节奏产生实质性的影响。其四，适用不同。证明责任反映的是诉讼的共同规律，即举凡采取证据裁判主义的国家和地区，在案件真实处于真伪不明状态时，皆须依据证明责任规则所确立的不利后果的归属对系争案件作出裁判；而提供证据的责任则无法反映诉讼中的规律性内容，不同国家和地区的司法机关基于种种考量会在具体案件的处理中对此存在显著的差异。其五，后果不同。证明责任直接和诉讼的结果相挂钩，当系争事实真伪不明时，法官可直接据此判决就此事实承担证明责任的一方当事人败诉；而就某一事实承担提供证据责任的一方当事人如若不能有效的举证，则后续的进程虽会对其产生一定的不利影响，但并不必然导致其败诉后果的产生。

---

① 当然，对于提供证据责任也并非没有任何法律规定。如《德国民事诉讼》法第 445 条第 1 款规定："一方当事人对于应该由他证明的事项，不能通过其他的证据方法得到完全的证明，或者未提出其他证据方法时，可以申请就应证明的事实询问对方当事人。"该条文表明，只有负担提供证据责任的当事人才可以申请询问对方当事人，而此时的询问，显然是履行提供证据责任的行为。第 597 条第 2 款关于在书证程序中，原告必须用法定的证明手段对其主张进行有效的证明，否则将驳回起诉的规定，更凸显提供证据责任的独立存在。因为这里法律严格要求以（未履行）提供证据责任来判决，即使案件事实尚未出现真伪不明的状态。此外，《德国民事诉讼法》第 139 条、《日本民事诉讼法》第 149 条第 4 款和我国台湾地区"民事诉讼法"第 199 条第 2 款关于法院行使阐明权促使当事人举证的规定，以及在相关条款中关于当事人双方应以准备书状记载攻击或防御方法的规定，均从立法上承认了提供证据责任的存在。

（二）证明责任和举证责任

我国证据法理论上长期并无“证明责任”这一术语，与之相关的是“举证责任”这一提法。“举证责任”这一术语最初引入我国时指的是提供证据的责任，并非包含证明责任的意思。这可以用当时曾参与起草《大清民事诉讼律草案》的日本学者松岗义正的观点予以佐证。他在其代表性专著《民事证据论》中将“举证责任”定义为“举证责任者，简言之，即当事人为避免败诉之结果，而有证明特定事实之必要也”①。该观点成为旧中国证据法学界关于“举证责任”含义的支配性学说。②

中华人民共和国成立后的相当长的一段时期内，证明责任被视作证据法理论研究的禁区。改革开放后，尤其是以1982年颁布《民事诉讼法》（试行）为契机，证明责任理论才开始日益受到法学界的关注。但此时的证据法理论乃是以苏联的证据法理论为蓝本，而苏联的证明责任理论则是以德国旧举证责任概念（即将证明责任界定为提供证据责任）为核心建立起来的。所以此时我国关于证明责任的权威观点仍然是将证明责任表述为“举证责任”③，并将其理解为“当事人在诉讼中，对自己提出的主张，有责任提出证据，加以证明”④。《民事诉讼法》（试行）第56条“当事人对自己提出的主张，有责任提供证据”的规定也表明了这一认识，并

① ［日］松冈义正：《民事证据论》，张知本译，中国政法大学出版社2004年版，第30页。

② 虽然在20世纪初也有学者将德国学者提出的证明责任双层含义说介绍到日本（如1917年雉本朗造发表的《举证责任的分配》），但直到20世纪60年代之前，日本关于证明责任的主流观点仍然是将其解释为提供证据的责任。在日本，举证责任、证明责任和立证责任三个用语是可以互换的，其含义也一致。此后，为了防止使用中产生混乱及无谓的争议，逐渐约定俗成地将客观的举证责任称为证明责任，逐渐减少举证责任和立证责任这两个术语的使用。参见［日］高桥宏志《民事诉讼法制度与理论的深层分析》，林剑锋译，法律出版社2003年版，第423页。

③ 此时学者在研究中基本都用的是“举证责任”的表述。参见段春生《对民事诉讼举证责任的探讨》，载《法学》1989年第11期；姜亚行《民事诉讼举证责任理论研究综述》，载《政治与法律》1990年第5期；魏江涛《民事诉讼举证责任分配原则》，载《现代法学》1990年第4期；王锡三《试论举证责任的转换》，载《现代法学》1990年第4期；李祥琴《论民事诉讼中的举证责任》，载《法学研究》1990年第4期；韩海东《亦谈举证责任》，载《当代法学》1990年第2期。从目前能够收集到的资料来看，最早使用“证明责任”这一表述的是田平安教授1985年发表的论文。参见田平安《论民事诉讼中的证明责任》，载《政治与法律》1985年第6期。

④ 柴发邦主编：《民事诉讼法教程》，法律出版社1983年版，第213页。

为 1991 年颁布的现行《民事诉讼法》第 64 条第 1 款所完全继承。[①]

20 世纪 90 年代中后期至 21 世纪初的近十余年时间里，随着对证明责任研究的不断深入，我国证据法学界开始认识到以往对举证责任认识的局限性和片面性，逐渐将结果意义上即真正意义上的证明责任引入我国证据领域。[②] 所以，在当今证据法理论中，举证责任和证明责任是同一意

---

① 《民事诉讼法》颁行前后，我国学者对证明责任问题有过一段时间的集中关注。参见许康定、康均心《论证明责任》，载《法学评论》1991 年第 4 期；江伟、尹小亭《民事诉讼举证责任若干问题的思考》，载《政法论坛》1991 年第 2 期；单云涛《举证责任的免除、举证命题的变更与举证责任的不可转移性》，载《法学研究》1991 年第 5 期；隆崇东《浅谈举证责任与证明责任》，载《政法学刊》1991 年第 4 期；朱云《浅谈举证责任与证明责任异同问题》，载《法学杂志》1992 年第 1 期；汤维建《论民事举证责任的法律性质》，载《法学研究》1992 年第 3 期；孔德然《简评民事诉讼中的“举证责任倒置”原则》，载《政治与法律》1992 年第 1 期；秦拓《也谈举证责任倒置》，载《政治与法律》1992 年第 6 期；李浩《英国证据法中的证明责任》，载《比较法研究》1992 年第 4 期；刘海东、徐伟群、尤海东《举证责任和证明责任》，载《法学》1993 年第 3 期；汤维建《英美法上的证明责任概念》，载《环球法律评论》1993 年第 2 期；邓代红、王映辉《民事诉讼举证责任倒置的若干问题》，载《法学评论》1993 年第 6 期；杨秀清、安永茂《举证责任的分担及转换》，载《河北法学》1993 年第 5 期；柴发邦、李浩《两种含义举证责任之比较》，载《中国法学》1993 年第 4 期。

② 参见张梓太《环境侵权诉讼中原告举证责任减轻原则》，载《法学杂志》1995 年第 2 期；李浩《民事举证责任分配的法哲学思考》，载《政法论坛》1996 年第 1 期；陈刚《证明责任概念辨析》，载《现代法学》1997 年第 2 期；陈刚《证明责任问题散论》，载《法商研究》1999 年第 5 期；毕玉谦《举证责任分配体系之构建》，载《法学研究》1999 年第 2 期；李浩《证明责任：民事诉讼的脊椎》，载《中国律师》1999 年第 12 期；章武生、张其山《论证明责任分配规则》，载《河南省政法管理干部学院学报》2000 年第 6 期；陈刚《证明责任理论中若干误区之反思》，载《中央政法管理干部学院学报》2000 年第 2 期；张卫平《证明责任概念解析》，载《郑州大学学报》（社会科学版）2000 年第 6 期；陈刚《抗辩与否认在证明责任法学领域中的意义》，载《政法论坛》2001 年第 3 期；张卫平《证明责任倒置辨析》，载《人民司法》2001 年第 8 期；叶自强《英美证明责任分层理论与我国证明责任概念》，载《环球法律评论》2001 年第 3 期；叶自强《举证责任的确定性》，载《法学研究》2001 年第 3 期；单国军《民事举证责任倒置研究——兼谈民事举证责任的“正置”》，载《法律适用》2002 年第 2 期；肖建国《论民事举证责任分配的价值蕴涵》，载《法律科学》2002 年第 3 期；叶峰、叶自强《推定对举证责任分担的影响》，载《法学研究》2002 年第 3 期；翁里、王晓《环境法的民事侵权归责原则和举证责任——兼论环境法民事责任的公平适用》，载《法学评论》2002 年第 4 期；周团结、张建军《论民事诉讼举证责任分配与民事责任归责制度的衔接》，载《当代法学》2003 年第 2 期；王丹锋《证明责任分配的价值取向》，载《当代法学》2003 年第 9 期；霍海红《证明责任：一个“功能”的分析》，载《华东政法学院学报》2003 年第 5 期；翁晓斌《论我国民事诉讼证明责任分配的一般原则》，载《现代法学》2003 年第 4 期；（转下页）

思，是作为与提供证据责任内容相异的形态出现的。如《民事证据规定》第2条即规定："（第1款）当事人对自己提出的诉讼请求所依据的事实或者反驳对方诉讼请求所依据的事实有责任提供证据加以证明。（第2款）没有证据或者证据不足以证明当事人的事实主张的，由负有举证责任的当事人承担不利后果。"

（三）证明责任和主张责任

主张责任，是指当事人为了获得对自己有利的裁判，需要向法院主张对自己有利的案件事实的责任。其存在的价值在于"回答每一方当事人必须提出哪些主张的问题，如果他想避免诉讼上的不利、万不得已时的败诉"[①]。实际上，主张责任也是一种后果，是指当事人如果没有向法院提出对自己有利的事实将可能承担的不利后果。

我国向来是以《民事诉讼法》第64条第1款"当事人对自己提出的主张，有责任提供证据"的规定来界定主张责任和证明责任之间的关系的。该款的规定向来被俗称为"谁主张，谁举证"，即证明责任是根据当事人的主张责任所确定的，即当事人先主张特定事实，然后对该事实承担证明责任。此种理解流于浮泛，实则颠倒了主张责任和证明责任之间的逻辑关系。从表面上看，确实是先主张，后证明，但实际上是证明责任决定主张责任而非主张责任决定证明责任。因为证明责任是按一定的标准预先由实体法规则所设置明确，而具体诉讼中当事人双方主张责任的分配乃是

(接上页) 李浩《证明责任与不适用规范说——罗森贝克的学说及其意义》，载《现代法学》2003年第4期；李浩《举证责任倒置：学理分析与问题研究》，载《法商研究》2003年第4期；黄永、蒋丽华《论证明责任在程序上的顺序性》，载《法制与社会发展》2003年第4期；包冰锋《证明责任之经济分析》，载《西南政法大学学报》2003年第4期；周国均《证明责任与举证责任及其适用》，载《山西大学学报》(哲学社会科学版) 2003年第3期；翁晓斌、王宓《论我国民事诉讼中根据证明责任规范判决的前提》，载《法律适用》2004年第11期；张永泉《递进主张事实的证明责任分配——从个案分析入手》，载《法律适用》2005年第8期；肖建华、王德新《证明责任判决的裁判方法论意义——兼评传统证明责任观之谬误》，载《北京科技大学学报》(社会科学版) 2005年第2期；霍海红《证明责任：一个功能的视角》，载《北大法律评论》2005年第1期；马栩生、吕忠梅《环境侵权诉讼中的举证责任分配》，载《法律科学》2005年第2期；张弢、王小林《论我国证明责任理论与制度之重构——评英美证明责任理论和制度的借鉴价值》，载《现代法学》2005年第2期；卢申玲《对民事诉讼证明责任分配的实证分析》，载《政治与法律》2005年第1期。

① ［德］奥特马·尧厄尼希：《民事诉讼法》(第27版)，周翠译，法律出版社2003年版，第267页。

按照证明责任分配的同一标准而进行的，即双方对其各自负有证明责任的特定事实同时也均负有主张责任。

第二节　证明责任的分配

一　关于证明责任分配的学说

如前所述，证明责任是指事实真伪不明时，法官因不得拒绝裁判原则的要求而采用的处理案件的方法。如果仅让一方当事人负担所有的证明责任显然有悖于当事人诉讼地位的平等和程序的公正，故有必要将证明责任在双方当事人之间进行合理的分配——由此便产生了证明责任的分配问题。所谓证明责任的分配，是指按照一定的标准，将事实真伪不明的风险在双方当事人之间进行合理的配置，从而使事实真伪不明所可能导致的风险分担能够在双方当事人之间达到基本的平衡。

证明责任的核心问题即在于证明责任的分配，而证明责任分配的关键问题则是分配的具体标准和尺度，即如何分配方能既符合公平和正义的基本理念，亦能契合纠纷解决效率和速度上的要求。证明责任分配和证明责任分配标准是两个内容不同的概念，前者是指法官在作为裁判依据的系争事实处于真伪不明的状态时，依据证明责任的相关规则将不利的诉讼后果判给特定的一方当事人承担；后者则是指规则制定者将不利的后果分配给特定一方当事人承担的具体理由。

关于证明责任分配的标准历来见仁见智，概括来讲，主要有以下几种代表性的观点。

（一）待证事实分类说

待证事实分类说是根据待证事实的性质和内容来决定证明责任的分配，即将待证事实按某种标准进行分类，明确哪些需要承担证明责任，哪些不需要承担证明责任。依划分的标准不同，可分为消极事实说、推定说和外界事实说。

1. 消极事实说

该学说将待证事实划分为积极事实和消极事实，认为主张积极事实的人应承担证明责任，主张消极事实的人则不承担证明责任。此说源自罗马法上否定者无须举证原则，由于一些罗马法学者将该原则中的“否定”

解释为“消极”，以致变成了在诉讼中主张消极事实的当事人无须举证。[①]该学说认为，一方面，积极事实容易证明，也能够证明，消极事实则不容易证明，也难以证明，所以凡主张消极事实者均不负证明责任；另一方面，积极事实可以发生某种结果，而消极事实则不发生，所以未发生的消极事实不能成为发生某种结果的原因。[②]

从该学说成立的依据来看，其确有一定存在的合理性。一般而言，消极事实的证明都采用排除可能性的方法，即通过大量间接证据的提供来排除某段时间各个时间点均未发生某种事实。然而，这一学说的缺陷也十分明显。一方面，该学说的运用建立在将待证事实划分为消极事实与积极事实的基础之上，故能否正确划分决定了该学说的运用效果。而实践中往往会因当事人对同一事实主张的方式不同，导致两者的界线难以辨别。就正反相对的两个事实而言，倘若仅否定其中一个事实，就是肯定另一事实，从主张或陈述的方式上来分辨积极事实和消极事实之间的区别非常困难。同时，当事人还可通过将其主张或陈述由肯定变为否定，由积极变为消极的方式来规避证明责任，从而使其难以发挥应有的作用；另一方面，消极事实说的出发点是根据证明的难易程度来决定证明责任的分配，但消极事实并非绝对不能被证明，而且在某些情况下，对消极事实进行证明比对积极事实进行证明还容易些。而不考虑具体情形，均规定消极事实不负证明责任，显然有失公允。

2. 推定说

推定说实际上是消极事实说的进一步补充，该学说主张，不能只按照消极事实与积极事实的划分来确定证明责任，作为证明责任分配的例外，应当以经验为根据，即应以是否可以对待证事实进行推定为根据来确定证明责任分配的标准。因为由不断变化着的状态转变成一种个别状态的可能性，远比持续不变的状态要发生变化的可能性大，其中不断发生着的变化状态属于积极事实，而持续不变的状态属于消极事实。主张前者的人须举

---

① 罗马法规定，当原告承认证明不了自己的主张时，不得要求被告作与其立场相反的证明，因为按照事物的本性来说，否认某一事实的人所给予的证明是无效的。参见［意］桑德罗·斯奇巴尼选编《司法管辖权·审判·诉讼》，黄风译，中国政法大学出版社 1992 年版，第 57 页。

② 参见骆永家《民事举证责任论》，台湾商务印书馆 1987 年版，第 72 页。

证，而主张后者的人无须举证。[1] 就一般情况而言，根据日常生活经验推定为存在的事实基本上是正确的，即该学说具有存在上的合理性，但其与消极事实说一样，存在着因人而异的因素，从而很难保证证明责任分配规则的确定性，难以形成稳定的证明责任分配秩序。

3. 外界事实说

该说依据事物能否从外部加以观察，把待证事实分为外界事实与内界事实。外界事实，是指那些可以借助人的五官感知到的事实，如物的大小、味道、体积、色彩和运动方式等。内界事实，是指人的心理状态，如知与不知、故意与否和善恶与否等。主张外界事实的人应承担证明责任，主张内界事实的人不承担证明责任。[2] 该学说实质上考虑的是举证的难易。由于五官难以体察到内心的状态，故当然地应免去对内界事实的证明责任。该学说的不足也相当明显。一方面，外界事实与内界事实之间并无严格的区分标准，从而使得证明责任分配的确定性无从体现；另一方面，对一些不能体察到的内界事实，如果当事人均予以主张，证明责任如何分担则并未为其回答。

（二）法律要件分类说

法律要件分类说是在德国学者韦贝尔、贝特曼和赫尔维格等人对待证事实说进行彻底批判后建立起来的。其仍然源于罗马法注释法学家和德国普通法时代所承认的“原告应对诉的原因举证，被告应对抗辩事实举证”这一基本法则。待证事实说是以事实本身的内容与性质作为分配证明责任的标准，而法律要件分类说则着眼于事实与实体法的关系，以事实与实体法要件的关系及其在实体法上引起的不同效果作为分配证明责任的标准。法律要件分类说又有多数说和少数说之分，在多数说中，被誉为通说的是以德国学者罗森贝克的规范说，少数说是德国学者莱昂哈德的全备说。

1. 罗森贝克的规范说[3]

罗森贝克认为，证明责任分配的根据具有两层意义：一层意义就是弄

① 参见张永泉《民事诉讼证据原理研究》，厦门大学出版社 2005 年版，第 182 页。

② 参见骆永家《民事举证责任论》，台湾商务印书馆 1987 年版，第 73 页。

③ 在证明责任分配问题上，最重要的也是最著名的观点，当属罗森贝克的规范说。该学说在德国法上稳居绝对的统治地位。参见［德］汉斯·普维庭《现代证明责任问题》，吴越译，法律出版社 2000 年版，第 262 页。

清证明责任分配的根据，另一层意义就是弄清具体情况下证明责任分配的根据。前者人们称之为证明责任的解释原则，后者人们称之为证明责任的分配原则。① 罗森贝克的规范说的总的指导思想是，如果没有一定的法规可以适用，则无法获得诉讼上请求效果的当事人，应该就该法规要件在实际上已经存在的事实予以主张和举证，即各当事人应对其有利自己的规范要件加以主张和举证。② 具体来说，包括五方面的内容：

第一，要件事实处于真伪不明状态时，法官将不适用当事人请求适用的对其有利的法律规范。法官在诉讼中的任务是将法律适用于具体的案件，证明责任则是适用法律中产生的问题。然而案件事实却有可能真伪不明，但即便在这种情况下，法官也不得拒绝裁判，同要件事实不存在形成的心证一样，要件事实真伪不明同样不会适用对该方当事人有利的法律规范。

第二，当事人对有利于其的法律规范所规定的要件事实负证明责任。即当事人在于己有利的法律要件事实处于真伪不明时，将要承受不适用该法律所产生的不利后果。

第三，通过对法律规范进行分类来区分有利还是不利。从性质上出发，实体法律可以被分为作为权利发生根据的权利根据规范（权利产生规范）、妨碍根据规定法律效果发生的权利障碍规范以及一旦形成就会使权利消灭的权利消灭规范三个种类。③ 对于作为基础性规范的权利根据规

① 参见［德］罗森贝克《证明责任论》，庄敬华译，中国法制出版社 2002 年版，第 96 页。

② 同上书，第 1—3 页；［德］汉斯·普维庭《现代证明责任问题》，吴越译，法律出版社 2000 年版，第 262—263 页；［日］新堂幸司《新民事诉讼法》，林剑锋译，法律出版社 2008 年版，第 398—399 页；［日］高桥宏志《民事诉讼法制度与理论的深层分析》，林剑锋译，法律出版社 2003 年版，第 439—441 页；陈荣宗《举证责任分配与民事程序法》（第二册），台湾三民书局 1984 年版，第 16—17 页；骆永家《民事举证责任论》，台湾商务印书馆 1987 年版，第 74 页；王甲乙、杨建华、郑健才《民事诉讼法新论》，台湾三民书局 2002 年版，第 350 页；陈计男《民事诉讼法论》（上），台湾三民书局 2002 年版，第 440 页；雷万来等《论票据诉讼之举证责任的分配》，载民事诉讼法研究基金会《民事诉讼法之研讨》（六），台湾三民书局 1997 年版，第 101 页。

③ 除此三类实体法规定外，罗森贝克还设置了一种权利受制规范，即赋予被请求方以形成权的规定，如消灭时效的抗辩权、解除权和抵销权等，但后来罗森贝克又将权利受制规范并入权利妨碍规范。参见［德］罗森贝克《证明责任论》，庄敬华译，中国法制出版社 2002 年版，第 104 页；［德］汉斯·普维庭《现代证明责任问题》，吴越译，法律出版社 2000 年版，第 165 页；［日］高桥宏志《民事诉讼法制度与理论的深层分析》，林剑锋译，法律出版社 2003 年版，第 420 页。

范予以主张的人就是权利人；而主张性质相反的权利障碍规范与权利消灭规范的人就是义务人，两者分别对各自主张的实体规范的要件事实负担证明责任，因为对于权利人和义务人而言，这两种性质相反的规范分别是于其有利的规范。

第四，通过实体法形式上的结构、条文上的关系识别不同实体法规范。实体法本身便包含着识别不同规范的机制。从权利的产生与变动的时间顺序看，总是产生权利在先，障碍或消灭权利在后，因而可以从时间发生的先后区分权利发生规范与权利消灭规范。对于几乎在同一时刻发生作用的权利产生规范与权利妨碍规范，可以用原则与例外的关系来予以说明。

第五，证明责任分配应由立法予以规定。应排除每个法官的实质性考虑，否则容易造成不同法官作出不同的证明责任分配的结果。

从对实体法律规范的分析上去寻找证明责任分配的原则，就方法论上来讲并非罗森贝克的首创，但从法律规范相互之间的关系中去发现分配的原则，应当说是罗森贝克的独创。规范说的内容具有高度的内在逻辑性，具有很强的说理性，更重要的是其符合法的安定性和形式正义的要求。规范说以法律条文为证明责任的分配依据，从法律规范之间的逻辑关系中找寻证明责任分配的原则之做法具有极强的操作性，强调法条之间的内在逻辑，很快在注重理论体系严密化的大陆法系国家中占据了证明责任分配理论的统治地位。

规范说尽管在证明责任分配领域影响巨大，但也并非尽善尽美，从其诞生之日起，该学说固有的缺陷便遭到来自各方的批判，主要集中在两个方面：第一，对当事人之间的实质正义以及诉讼效率关注不够。① 规范说过于注重法律规定的形式构成，完全不考虑现实的举证难易，使得证明责任制度的适用走入教条，从而影响证明责任分配的实质公平与公正。如当待证事实为消极事实时，主张消极事实的一方往往难以提供证据证明其关于事实不存在或未发生的主张，或者当主张事实的全部证据材料均在对方的控制和支配之下时，如果按照规范说分配证明责任，则当事人很难有效

① 参见陈荣宗《举证责任分配与民事程序法》（第二册），台湾三民书局1984年版，第18页。

地维护自己的合法权益。第二，证明责任分配标准在某些方面并不明确。① 规范说的前提是所有的实体规范都能进行划分，但实际上，如果对于权利发生规范与权利消灭规范根据“权利是发生还是消灭”这一标准还能在实体法上予以区分的话，对于权利发生规范和权利妨碍规范却难以找出明确的区分标准。如关于行为能力，按照规范说的观点，有行为能力为权利发生事实，无行为能力为权利妨碍事实，但显然有行为能力者对自己的行为负责与无行为能力者不对自己的行为负责是同一意思。

2. 莱昂哈德的全备说（完全说）

莱昂哈德的全备说也是从对实体法律规范的分析上去寻找证明责任分配的原则。与规范说不同的是，全备说认为引起权利发生的一切法律要件事实都是权利产生所必需的，人为地将它们分为一般要件事实与特别要件事实是错误的。权利规范仅分为权利发生规范与权利消灭规范两类，规范说下的权利妨碍规范应归入权利发生规范，权利受制规范应归入权利消灭规范。主张法律效果成立的当事人就发生该法律效果所必需的一切有关事实负证明责任；对方就该法律效果变化或消灭所必需的一切有关事实负证明责任。②

全备说最大的特点是将权利妨碍规范归入到权利发生规范，从而克服了在规范说中权利发生规范与权利妨碍规范难以区分的不利局面。但是，该学说也存在明显的不足，即如果在诉讼中要求主张权利的一方对产生权利的全部法律要件事实主张并证明，诉讼将变得异常复杂，诉讼效率也会大为降低；而且，原告、被告双方作为平等的诉讼主体理应承担对等的义务，但在这里负担的天平却严重向原告倾斜，其胜诉的希望会大大降低，有悖公平和正义的要求。

（三）危险领域说

危险领域说是一种区别于法律要件分类说的新理论，由德国学者普霍斯首倡。该学说认为，应依据待证事实属于哪一方当事人控制的危险领域为标准，决定证明责任的分配，即当事人应当对其所能控制

① 参见［日］新堂幸司《新民事诉讼法》，林剑锋译，法律出版社 2008 年版，第 399 页。

② 参见骆永家《民事举证责任论》，台湾商务印书馆 1987 年版，第 76 页；毕玉谦《民事证明责任研究》，法律出版社 2007 年版，第 78—79 页。

的危险领域中的事实负证明责任。① 危险领域说不是主张在整个诉讼领域全部适用新的证明责任分配标准，而是主张在特定领域，应当以危险领域作为证明责任分配的标准，以修正法律要件分类说的不足。危险领域说的立论根据有如下三点：第一，被害人在处于加害人控制下的危险领域内受到损害，要求被害人就其所提出的事实主张提供相关证据不具有可期待性；第二，由于危险领域受加害人控制，其相较于被害人更容易提出证据证明自己的清白，双方在举证能力上差距悬殊；第三，将危险领域内发生的事实的证明责任分配给加害人增加了其遭受败诉风险的可能性，从而激励其预防损害的发生，以免其举证不能或不够充分时承担不利益的裁判后果。如在损害赔偿的场合，根据法律要件分类说的证明责任分配原则，损害赔偿请求权能够成立，受害人必须证明以下法律要件事实：（1）存在损害事实；（2）加害人有过错；（3）加害行为与损害事实有因果关系；（4）加害行为是侵权行为。而对加害行为与损害事实的因果关系的证明，对于被害人来讲往往相当困难，特别是在现代化工业和技术领域中，因果关系常常不能以人们一般所具备的知识去判断和识别，这就给受害人的权利救济设置了障碍。此时必须考量举证难易和损害救济预防等因素，而不能局限于法律要件分类说的教条。

法律要件分类说注重的是形式上的分配方法，作为对其进行修正的学说，危险领域说更多地体现了对实质性分配的考量。现代型诉讼的出现使得规范说在适用上出现了新的难题，科学性证明难题和证据偏在等难以克服的困难极大加重了原告的证明负担，在这些领域若仍以规范说的分配标准分配证明责任，则难以使受害人权益得到救济。首先，被害人难以知晓处于加害人控制之下的危险领域里所发生的事件过程，故难于提出证据；相反，由于该危险领域在加害人的控制之下，加害人更容易了解有关案件的情况，故容易提出证据加以证明。其次，该学说能更好地预防损害的发生。证明责任分配给谁，就是将其置于不利地位，由加害方对危险领域内的事实负证明责任无异于一种惩罚，而对被害人而言，其权益便相应地获

① 参见毕玉谦《民事证明责任研究》，法律出版社 2007 年版，第 89 页；肖建华主编《民事证据法理念与实践》，法律出版社 2005 年版，第 48 页。

得了更好的保护。[①] 因此，加害人或潜在的加害人必定会更为自觉地预防、控制自己的损害行为，从而使既定的社会秩序更少的遭到破坏。

然而，该学说的欠缺之处也相当明显，即何谓危险领域并不明确，如几乎债务人的所有行为都被囊括在其中；同时，让加害方就因果关系负证明责任未必总是公平，让债权人总是证明损害原因处于债务人的危险领域未必总是合理。所以不能将衡量证明责任分配的所有因素都笼统地用危险领域说来代替。

（四）盖然性说

盖然性说为德国学者莱讷克和瓦亨道夫所倡导。与危险领域说不同，盖然性说并非是对法律要件分类说的修正，而是对其的彻底否定。[②]

该学说认为，如果法官对一个要件事实真伪不明不能确认时，应当由某个要件事实成立的可能性较小，因而对其不利的一方当事人承担不利后果。[③] 而这里的要件事实成立的可能性，就是指根据人们生活经验统计出该要件事实发生的概率，即事实发生率高的，主张该事实的人不需要举证加以证明，反之则需要。[④]

该学说最大的缺陷在于寻找盖然性以及确定盖然性的整体价值方面的困难会损害法的可预测性，从而给诉讼带来极大的不安定性，最终会导致作为法定风险分配的证明责任误入歧途，并进一步导致证明评价有名无实。所以抽象盖然性充其量不过是立法者的动机之一，而不可能成为法定的证明责任分配规则。

二 民事诉讼中的证明责任分配

（一）民事诉讼中的证明责任分配概述

1. 民事诉讼中证明责任分配的原则

在注重理论体系精密化和严整化的大陆法系，以规范说为核心的法

---

① 参见［德］汉斯·约阿希姆·穆泽拉克、科隆《危险领域分配证明责任——对联邦最高法院危险范围理论的批判考察》，载［德］米夏埃尔·施蒂尔纳编《德国民事诉讼法学文萃》，赵秀举译，中国政法大学出版社2005年版，第289—290页。

② 参见陈荣宗《举证责任分配与民事程序法》（第二册），台湾三民书局1984年版，第30页。

③ ［德］汉斯·普维庭：《现代证明责任问题》，吴越译，法律出版社2000年版，第332页。

④ 参见毕玉谦《民事证明责任研究》，法律出版社2007年版，第89页；肖建华主编《民事证据法理念与实践》，法律出版社2005年版，第47—48页。

律要件分类说仍在证明责任分配诸学说里占据着统治地位。尽管有不少新的学说[①]诞生，且也有一定的生命力，但与法律要件分类说相比，毕竟缺乏系统性且操作性不强，故顶多只是在部分领域对法律要件分类说进行的补充，未能完全取而代之。法律要件分类说以其严密的逻辑性、体系性以及便于操作的优点仍然占据着大陆法系证明责任分配标准的通说地位，也是实践中法官分配证明责任的主要方法。在可以预见到的未来，对法律要件分类说予以修正仍然是证明责任分配标准发展的基本趋势。

在我国民事诉讼领域，长期占据证明责任分配主导地位的观点是所谓的“谁主张，谁举证”原则。1982 年颁布的《民事诉讼法》（试行）第 56 条“当事人对自己提出的主张，有责任提供证据”的规定体现了这一原则，1991 年颁布的现行《民事诉讼法》第 64 条第 1 款将其完全继承。此原则貌似合理，但若对其深入进行推理，便可发现其乃非逻辑性思维的产物。因为依此原则，在对同一事实存在与否发生争议时，一方当事人应就其关于该事实存在之主张负证明责任，而对方当事人则应对其关于该事实不存在之主张负证明责任，此时就出现了当事人双方必须同时对该事实承担举证责任的情况。若双方均未能通过有效的举证达到证明标准的要求，就出现了事实存否不明的情况，此时依逻辑推理双方都应承担证明责任，因而法官无法判定到底哪一方败诉。如甲请求法院确认其与乙之间存在买卖合同关系，乙予以否认。依“谁主张，谁举证”的原则，甲要就合同成立承担证明责任；而乙则应就合同不成立承担证明责任。当合同成立之事实真伪不明时，法院既可以基于合同成立之事实真伪不明而作出对甲不利的驳回诉讼请求的判决，也可以因合同不成立之事实真伪不明而作出对被告不利的承认请求判决，这显然与诉讼制度的基本原理是相悖的。可以说，“谁主张，谁举证”的证明责任分配原则等于未就诉讼中双方当事人的证明责任分配作出实质性的规定，因为任何一种证明责任分配原则

---

① 以上各学说均为大陆法系学者所创，而当代英美法系的通说认为，证明责任分配不存在一般性的标准，只能在综合若干要素的基础上就具体案件进行具体性分配。在对具体案件分配时要考虑政策、公平、证据所持、方便、盖然性和经验规则等诸多因素。其中最重要的要素是政策、公平和盖然性。由于英美法系实际上是综合各种诉讼利益，以实证方式分配证明责任，所以这种分配理论被称为“利益衡量说”。

都不能让当事人就同一事实从正、反两方面对其承担证明责任，这是一项最基本的证明常识。

《民事证据规定》首次在我国民事诉讼领域确立了现代意义上的证明责任制度。其第 2 条规定：“（第 1 款）当事人对自己提出的诉讼请求所依据的事实或者反驳对方诉讼请求所依据的事实有责任提供证据加以证明。（第 2 款）没有证据或者证据不足以证明当事人的事实主张的，由负有举证责任的当事人承担不利后果。”可见，我国在证明责任分配原则问题上基本采纳了法律要件分类说的理论。这主要是由于该学说在理论上已较为成熟，在我国已为学界所广泛认同，并且也具有广泛的实践基础。但不能否认的是，因对证明责任分配本质的认识不清，该规定存在着明显的缺陷。一方面，错误地界定了证明责任适用的前提条件。如上所述，在法律要件分类说下，证明责任得以发生的前提条件是作为当事人主张的法律构成要件的法律事实处于真伪不明的状态。而本条第二款却对该已达成共识的结论置若罔闻，将“没有证据或证据不足以证明当事人的事实主张”作为证明责任发生的前提条件。虽然在整个案件没有证据或证据不足以证明争议事实时，由负有证明责任的当事人承担不利后果在表述上好像顺理成章，但却是经不起逻辑检验的。我国《民事诉讼法》第 119 条第（3）项规定，起诉时必须有事实和理由，此即意味着没有任何证据不可能开启诉讼程序，故不存在“没有证据证明当事人的事实主张”的案件；而“证据不足以证明当事人的事实主张”也不等于争议事实真伪不明，因为其本身无法排除证据可以证明争议事实为虚伪这一可能性。另一方面，错误地界定了证明责任的客体。证明责任源于对当事人法律主张的否定，尽管这种否定以对作为当事人主张的构成要件的法律事实的否定为中介，但这不表明这些法律事实即为证明责任的客体，二者之间没有合乎逻辑的对应关系。对一项法律事实的否定本身也没有“有利”与“不利”的区分。所以，将“负举证责任的当事人承担的不利后果”界定在“当事人的事实主张”之上，在逻辑上犯了将间接关系简约为直接关系的错误。而 2015 年《民诉法解释》第 91 条“人民法院应当依照下列原则确定举证证明责任的承担，但法律另有规定的除外：（一）主张法律关系存在的当事人，应当对产生该法律关系的基本事实承担举证证明责任；（二）主张法律关系变更、消灭或者权利受到妨害的当事人，应当对该法律关系变更、消灭或者权利受到妨害的基本事实承担举证证明责任”则更为明确地将法律要件分类说确立为我国民事诉讼领域证明责任分配的基本原则，适用于除特殊类型案件之外的所有民事案件的处理。

还值得注意的是，《民事证据规定》第 7 条“在法律没有具体规定，依本规定及其他司法解释无法确定举证责任承担时，人民法院可以根据公平原则和诚实信用原则，综合当事人举证能力等因素确定举证责任的承担”的规定还赋予了法官在一定条件下的证明责任分配的自由裁量权。从表面上看来，赋予法官自由裁量权似乎能够有效地对法律要件分类说予以补充，但不得不承认的是，若依此规定操作有可能使证明责任在诉讼终结前即被适用。即于诉讼终结之前就已确定了败诉者，从而使得其后继的程序流于形式；同时，还可能会在实践中造成对提供证据责任和证明责任的再次混淆。

2. 民事诉讼中证明责任分配的例外

（1）民事诉讼中证明责任分配例外的缘起

民事诉讼中证明责任分配原则的例外，在我国常被冠以“证明责任倒置”（或“举证责任倒置”）之名。[①] 证明责任倒置首先由德国学者于 20 世纪 50 年代提出，并随之由德国在判例解释中予以确立，使之具有法律效力。其后，这种做法在大陆法系国家普遍得以确认，成为修正法律要件分类说的重要方法。

一般认为，只有在成文法至上的大陆法系国家和地区才存在“证明责任倒置”的概念；而对证明责任分配实行个案决定的英美法系国家和地区则无证明责任分配规则的一般与例外之分。即大陆法系采取的是一般加例外的证明责任分配方式；英美法系则采用价值衡量的分配方式。这种认识显然失之偏颇。因为，作为大陆法系国家证明责任倒置前提和基础的法律要件分类说是建立在对民事实体法律规范进行分析基础之上的，而实

---

① 参见孔德然《简评民事诉讼中的“举证责任倒置”原则》，载《政治与法律》1992 年第 1 期；秦拓《也谈举证责任倒置》，载《政治与法律》1992 年第 6 期；邓代红、王映辉《民事诉讼举证责任倒置的若干问题》，载《法学评论》1993 年第 6 期；张卫平《证明责任倒置辨析》，载《人民司法》2001 年第 8 期；单国军《民事举证责任倒置研究——兼谈民事举证责任的“正置”》，载《法律适用》2002 年第 2 期；李浩《举证责任倒置：学理分析与问题研究》，载《法商研究》2003 年第 4 期；叶名怡《过错及因果关系推定与证明责任倒置——从事实到价值的思考》，载《北方法学》2007 年第 4 期；宋朝武《证明责任倒置新论》，载《证据科学》2007 年第 1 期。

体法乃是从无数个案中得出的共同点的集合，是无数次具体价值衡量上升到法律层面的结晶。可见，实体法本身就蕴含着一定的价值，故以此为基础所进行的证明责任分配无疑也理所当然地体现有价值衡量的理念。

近代民法所要求体现的核心价值理念便是追求法的安定性，即对于同一法律事实类型适用同一法律规则，得出同样的判决结果；同时由于此时民事主体的平等性和互换性,[①] 这就对民法提出了定型化的要求，使得作为民法理念的社会正义体现为着重强调形式正义，人格抽象、契约绝对自由和过失责任等均为其表现。分析法律要件分类说的实质，可发现其显然是近代民法的产物：其一，以成文法为基础，用法律条文的形式对证明责任分配的标准分类加以确定；其二，认为一切案件均可按成文法确定的标准进行证明责任分配，无需法官发挥主观能动性；其三，注重形式正义，从形式上进行分配，充分考虑体系上的完整性和逻辑上的严密性。随着资本主义进入垄断阶段，近代民法也发展成为现代民法。随着科技的突飞猛进，在物质文明高度发展的同时，也导致了两极分化严重、交通事故频发、环境污染层出、缺陷产品致损及商业秘密盗用等各种社会问题的出现。此时民事主体的平等性和互换性在很大程度上已丧失。这些都导致民法的价值观念由追求法的安定性转向侧重于追求法的社会妥当性，这既是维持社会稳定的需要，也是民法自身保持其生命力的需要。民法的理念也由强调形式正义转为着重实质正义,[②] 在民法模式上就表现为人格的具体化、对契约绝对自由的限制和严格责任等。这种民法理念的变化使得证明责任的分配也随之作出相应的调整，即对法律要件分类说予以修正。在某些特定类型的案件，如污染侵权诉讼、产品缺陷损害诉讼、医疗事故诉讼及专利侵权诉讼等中，民事主体双方的平等性和互换性基本上完全丧失，侵权和被侵权的主体在社会结构层次上固定下来，原告、被告的角色几乎没有互换的可能，而且这种互换性的丧失在诉讼中则常常表现为当事人实质地位和掌握武器的不对等。[③] 由于诸多在近代民法时期不可想象的原因

① 参见梁彗星《从现代民法到近代民法》，载梁彗星主编《民商法论丛》（第 7 卷），法律出版社 1997 年版，第 234 页。

② 同上书，第 242 页。

③ 参见王亚新《对抗与判定——日本民事诉讼的基本结构》，清华大学出版社 2002 年版，第 229—230 页。

使原告的举证能力大大弱于被告，如果仍按严格意义上的法律要件分类说进行证明责任分配，则原告就会常常陷入举证困难或举证不能的境地，从而导致败诉的不利后果，这是与现代意义上民法的基本价值理念相悖的。价值衡量的结果要求法律在进行规定时应向受害者倾斜，从而使他们有更大的把握获得赔偿。

在以法律要件分类说为基础、对证明责任进行分配的做法不作根本性改变的前提之下，寻求减轻当事人证明责任负担的途径有两条：一是从立法上免除某些侵权案件过错法律要件的证明责任，实行无过错责任；二是把部分侵权案件的过错及因果关系的证明负担倒置于对方，即将法律要件的一部分从权利发生规范的要件事实中排除，而从反面归入到权利妨害规范、权利受制规范和权利消灭规范的要件事实中去，产生所谓证明责任的倒置。由此可见，所谓证明责任倒置并非指本来由一方当事人承担的举证责任转换给另一方承担，而是指应由“此方当事人承担的证明责任被免除，由彼方当事人对本来的证明对象从相反的方向承担证明责任”①。所以，证明责任倒置仅是对以法律要件分类说进行举证证明责任分配此一般情况下“正置”的补充，也是由法律预先设置好的，并不随具体诉讼的进行而发生改动，因而从实质意义上的证明责任分配角度来讲，并未发生所谓的倒置。

（2）我国现有相关规定及评述

就我国立法来看，最早对证明责任倒置加以规定的是1984年颁布的《专利法》。该法第60条第2款规定：“在发生侵权责任纠纷的时候，如果发明专利是一项新产品的制造方法，制造同样产品的单位或个人应当提供其产品制造方法的证明。”这便是产品制造方法发明专利引起的专利侵权诉讼中有关证明责任倒置的规定。尔后1986年通过的《民法通则》又规定了几种倒置的情况。

1992年的《民诉适用意见》第74条规定了几种特殊侵权诉讼实行证明责任倒置，其内容是：“下列侵权诉讼中，对原告提出的侵权事实，被告否认的，由被告负责举证：（1）因产品制造方法发明专利引起的专利侵权诉讼；（2）高度危险作业致人损害的侵权诉讼；（3）因环境污染引起的损害赔偿诉讼；（4）建筑物或者其他设施以及建筑物上的搁置物、悬挂物发生倒塌、脱落、坠落致人损害的侵权诉讼；（5）饲养动物致人

① 陈刚：《证明责任法研究》，中国人民大学出版社2000年版，第247页。

损害的侵权诉讼；（6）有关法律规定由被告承担举证责任的。”

最新关于证明责任倒置的有关规定是《民事证据规定》中的第4条第1款，其内容是：“下列侵权诉讼，按照以下规定承担举证责任：（一）因新产品制造方法发明专利引起的专利侵权诉讼，由制造同样产品的单位或者个人对其产品制造方法不同于专利方法承担举证责任；（二）高度危险作业致人损害的侵权诉讼，由加害人就受害人故意造成损害的事实承担举证责任；（三）因环境污染引起的损害赔偿诉讼，由加害人就法律规定的免责事由及其行为与损害结果之间不存在因果关系承担举证责任；（四）建筑物或者其他设施以及建筑物上的搁置物、悬挂物发生倒塌、脱落、坠落致人损害的侵权诉讼，由所有人或者管理人对其无过错承担举证责任；（五）饲养动物致人损害的侵权诉讼，由动物饲养人或者管理人就受害人有过错或者第三人有过错承担举证责任；（六）因缺陷产品致人损害的侵权诉讼，由产品的生产者就法律规定的免责事由承担举证责任；（七）因共同危险行为致人损害的侵权诉讼，由实施危险行为的人就其行为与损害结果之间不存在因果关系承担举证责任；（八）因医疗行为引起的侵权诉讼，由医疗机构就医疗行为与损害结果之间不存在因果关系及不存在医疗过错承担举证责任。”

与《民诉适用意见》第74条相比，《民事证据规定》第4条不仅弥补了前者规范的一些缺失，在内容上也更为丰富。其一，《民诉适用意见》第74条对倒置的对象规定的不够明确，究竟应将侵权责任构成要件中的哪些要件倒置给被告，未予以具体规定，只是笼统地规定“对原告提出的侵权事实，被告否认的，由被告负责举证”，这就产生一种被告对不存在侵权责任的全部构成要件事实均应负证明责任的错觉。《民事证据规定》第4条只对过错要件和因果关系要件实行证明责任倒置，并针对各类侵权诉讼逐一具体规定。其二，就《民事证据规定》第4条规定来看，新增了产品缺陷、共同危险及医疗事故三种侵权诉讼的证明责任负担规则，使这三种特殊侵权诉讼的举证有法可依。①

① 《侵权责任法》对医疗事故纠纷的证明责任分配进行了调整。依该法第54条“患者在诊疗活动中受到损害，医疗机构及其医务人员有过错的，由医疗机构承担赔偿责任”之规定，医疗事故纠纷的证明责任分配亦遵循证明责任分配的一般规则，不再将证明无过错和无因果关系的责任归由医疗机构承担。

但《民事证据规定》第 4 条仍然存在明显的缺陷。一方面，该条本意是规定证明责任倒置，但八类案件中，竟有三类（高度危险作业致人损害、饲养动物致人损害及产品缺陷致人损害）并非是证明责任的倒置，而是完全意义上的证明责任一般分配。此三类均属特殊侵权责任中的无过错责任，受害人欲实现损害赔偿，须对损害事实、违法行为及因果关系进行证明；而被告若欲免责，就应对免责事由（即受害人的故意或法律规定的免责事由）加以证明——即否认受害人权利主张的被告，应就其主张的阻碍受害人权利发生的要件事实进行证明——这恰是在按照法律要件分类说正常分配证明责任，无任何倒置之意；另一方面，将实体法已明文规定实行证明责任倒置的情况又做规定，似乎有法条重复之虞。从大陆法系国家和地区关于证明责任的立法模式来看，其主要有两种：（1）德国模式。该模式在民事程序法中不设如何分配证明责任的规定，而是在民事实体法中对其加以规定。（2）法国模式。该模式在民事程序法中对证明责任分配作原则性规定，而在民事实体法中规定证明责任分配的特殊形式作出规定。如《法国民事诉讼法典》第 9 条规定："应当由每一当事人对其诉讼请求之胜局所必要的事实依法证明之。"就我国民事诉讼而言，虽然《民事诉讼法》第 64 条确立的"谁主张，谁举证"的证明责任分配原则存在诸多缺陷，但从立法体例来看，其乃是将证明责任分配的一般原则规定于民事程序法中；同时在《民法通则》《专利法》等民事实体法中规定证明责任分配的特殊情况，故采取的是法国模式。可见，在民事程序法的司法解释中又对证明责任的特殊形式重复加以规定，并无太大的必要性。

还应引起注意的是，由于"证明责任倒置"这一提法的片面性和模糊性，很容易对理论研究的深入和司法实践的发展产生误导；且从大陆法系各国和地区的相关立法，包括我国的立法来看，也从未出现过"倒置"的字眼。因此，在日后的理论研讨中，应逐渐淡化"倒置"的概念，抹去"倒置"的字眼，而以较为科学的"证明责任分配的特殊情况"这一提法取而代之。这样既可保证证明责任分配体系的完整性，又能兼顾证明责任分配的时代性。

（二）合同诉讼中的证明责任分配

按照法律要件分类说，合同法规范可以分为合同权利义务设立规范、合同权利义务变更规范和合同权利义务终止规范。合同法上的证明责任分配就是以这三类合同规范为基础展开的。合同权利设立的事实，由主张合同权利的人负责证明；就他人所主张的合同权利存在有变更或消灭的事实，由主张权利的相对方负责证明；如有争议，有关事实应视为合同权利设立的事实。《民事证据规定》第5条规定：“（第1款）合同纠纷案件中，主张合同关系成立并生效的一方当事人对合同订立和生效的事实承担举证责任；主张合同关系变更、解除、终止、撤销的一方当事人对引起合同关系变动的事实承担举证责任。（第2款）对合同是否履行发生争议的，由负有履行义务的当事人承担举证责任。（第3款）对代理权发生争议的，由主张有代理权一方当事人承担举证责任。”负有证明责任的当事人不能证明自己主张的，应承担不利后果。

如在借贷返还纠纷中，债权人应就借贷合同成立的特别要件即金钱给付和借贷合意有关事实承担证明责任；至于合同成立的一般要件，如订立合同之人具有行为能力及意思表示真实等事实，则应由主张合同关系不成立的债务人就无行为能力及意思表示不真实等事实负证明责任。再如，借贷合同成立后，债务人若主张其已因变更为赠予或已经由债权人免除使得债务消灭，其应对该特别要件事实负证明责任；债权人则应对该债务消灭的一般要件事实的欠缺如存在被欺诈或被胁迫等事实承担证明责任。

《民事证据规定》第6条规定：“在劳动争议纠纷案件中，因用人单位作出开除、除名、辞退、解除劳动合同、减少劳动报酬、计算劳动者工作年限等决定而发生劳动争议的，由用人单位负举证责任。”此条对劳动争议纠纷案件中的证明责任分配作了规定。有观点认为在此类案件中实行的是证明责任倒置，即将本应由劳动者承担的证明责任倒置给用人单位承担，并将此类案件定性为“劳动者不服用人单位决定而产生的劳动争议案件”①。该结论的得出是建立在认为劳动者和用人单位的诉讼地位固定，即劳动者总是原告，用人单位总是被告的基础上的。但实际情形并非总是如此。当遇到因用人单位作出开除、除名、辞退、解除劳动合同、减少劳动报酬、计算劳动者工作年限等决定而发生劳动争议时，多数情况下的确是劳动者诉至法院，但也不排除用人单位诉至法院的情形。此时，用人单位必然要对其主张赖以成立的法律要件事实予以举证，此时便不存在证明责任倒置之趋势。因此，单纯认为因用人单位作出开除、除名、辞退、解

① 李国光主编：《最高人民法院〈关于民事诉讼证据的若干规定〉的理解与适用》，中国法制出版社2002年版，第97页。

除劳动合同、减少劳动报酬、计算劳动者工作年限等决定而发生劳动争议的案件由用人单位承担证明责任为证明责任倒置是欠妥的。

(三) 侵权诉讼中的证明责任分配

构成一般民事侵权行为，必须同时具备四个要件：(1) 损害事实；(2) 侵权行为与损害事实之间存在因果关系；(3) 行为具有违法性；(4) 行为人有过错。按照法律要件分类说，原告主张侵权行为成立时应对该四项要件事实的存在负证明责任。但如前所述，在某些特定类型的案件，如污染侵权诉讼、产品缺陷损害诉讼、医疗事故诉讼及专利侵权诉讼等中，民事主体双方的平等性和互换性基本上完全丧失，侵权和被侵权的主体在社会结构层次上固定下来，原告、被告的角色几乎没有互换的可能，而且这种互换性的丧失在诉讼中则常常表现为当事人实质地位和掌握武器的不对等，这均导致原告的举证能力大大弱于被告，如果仍按严格意义上的法律要件分类说进行证明责任分配，则原告就会常常陷入举证困难或举证不能的境地，从而导致败诉的不利后果，这与民法的基本价值理念是相悖的。前面已对我国《民法通则》《侵权责任法》以及《民事证据规定》关于某些特殊类型侵权案件证明责任分配的规则进行了介绍，下面就我国现有法律框架下侵权领域另外两个值得注意的问题予以分析。

1. 产品缺陷致人损害案件

如前所述，依《民事证据规定》第 4 条第 1 款第（6）项的规定，产品缺陷致人损害案件属于无过错责任案件，但案件的证明责任分配仍按照的是法律要件分类说的一般分配方式进行，即受害人欲实现损害赔偿，须对损害事实、违法行为及因果关系进行证明；而被告若欲免责，就应对免责事由（即受害人的故意或法律规定的免责事由）加以证明，即否认受害人权利主张的被告，应就其主张的阻碍受害人权利发生的要件事实进行证明。要注意的是，该规定并不能覆盖销售者的证明责任。该规定中生产者的“免责事由”是指由 2000 年修改后的《产品质量法》第 41 条第 2 款所规定的未将产品投入流通、投入流通时引起损害的缺陷尚不存在及投入流通时的科学技术水平尚不能发现缺陷存在的三种情况。此三项免责事由只适用于狭义上的生产者，即制造者，对销售者不能予以适用。因此《产品质量法》第 42 条第 1 款规定：“由于销售者的过错使产品存在缺陷，造成人身、他人财产损害的，销售者应当承担赔偿责任。”由此可知，《产品质量法》对销售者的侵权行为采取的是过错责任而非像针对制造者的侵权行为那样实行无过错责任。因此，在目前尚未有具体规定的情况下，只能按照法律要件分类说的一般要求，由受害者来负担销售者有过错的证明责任，但这明显不利于保护受害者（消费者）的利益。因为由居于弱势地位的受害者（消费者）来证明居于强势地位的销售者存在过错，从证明距离的远近、证明实力的大小及证明手段的多寡等各方面来讲均是明显不公的，也有悖于现代民法的常态价值取向。因此，对于销售者过错之证明责任显然应采取倒置的证明责任分配方法，由销售者对其侵权行为不存在过失这一法律要件事实承担证明责任。

2. 道路交通事故损害赔偿案件

道路交通事故损害赔偿分为机动车与机动车之间的事故损害赔偿和机动车与非机动车、行人之间发生的事故损害赔偿两类。从证明责任分配角度观察，机动车与机动车之间的事故损害赔偿与其他普通侵权赔偿并无太多不同，而机动车与非机动车、行人之间发生的事故损害赔偿的证明责任分配则值得关注。

由于机动车自身所固有的特殊危险，世界各国大多将机动车与非机动车人、行人之间发生交通事故的归责原则规定为无过错责任原则，即机动车一方是否承担责任与其是否存在过错没有关联，只要是造成了损害结果，其就应当承担赔偿责任。我国《民法通则》第 123 条“从事高空、高压、易燃、易爆、剧毒、放射性、高速运输工具等对周围环境有高度危险作业造成他人损害的，应当承担民事责任”的规定也确定了我国机动车与非机动车人、行人之间交通事故损害赔偿的无过错归责原则。机动车驾驶方，由于一般不会在事故中造成自身伤亡，对于事故现场有能力保护，对有关证据有能力进行收集和保存，由其承担较多的证明责任，一方面可以促使机动车一方谨慎驾驶，另一方面也能避免机动车一方为逃避责任对事故现场和有关证据的破坏。《民事证据规定》第 4 条第 1 款第（2）项“高度危险作业致人损害的侵权诉讼，由加害人就受害人故意造成损害的事实承担举证责任”的规定重申了这一原则。而《道路交通安全法》第 76 条规定“机动车与非机动车、行人之间发生交通事故造成人身伤亡、财产损失的，由保险公司在机动车第三者责任强制保险的责任限度内予以赔偿。超过责任限度的部分，由机动车一方承担责任。但是，有证据证明非机动车驾驶人、行人违反道路交通安全法律、法规，机动车驾驶人已经采取必要处理措施的，减轻机动车一方的责任。交通事故的损失由非机动车驾驶人、行人故意造成的，机动车一方不承担责任”的规定则对机动车与非机动车人、行人之间发生交通事故赔偿的具体举证规则作了详细设置。

对归责事实及损害结果，作为原告方的非机动车、行人应对其承担全部的证明责任，从提供证据责任角度来讲，原告必须积极向法院提交相关证据以证明损害结果的存在，从证明责任角度来看，如果最终损害是否存在无法确认，原告则要承担对其不利的法律后果。作为被告的机动车在法律上对归责事实不承担任何证明责任。当然，为了降低原告所举证据的证据力，影响法官的事实判断，被告可以主动向法院提交证明原告请求不当的相关证据，但并不以其为必要。

至于减责和免责事实的证明责任分配则有所不同。由于原告诉请适用的法律规范结构中的法定事实构成部分为客观损害结果，而《道路交通安全法》所规定的作为机动车驾驶人减责和免责事由的非机动车驾驶人、行人是否违反道路交通法规以及是否对事故损失存在故意均与事故损害结果无关，既不能用来否定或是认可损害结果，也不能影响事故损害结果的大小。因而，这些法律事实不符合原告诉请适用的法律规范对事实的要求，很显然，当事人提出这些事实的目的是引入一个新的法律规范，从而达到对自己有利的法律适用结果，这就产生了机动车驾驶方的证明责任，即在减责和免责事由这一法律规范之下，机动车驾驶方应当对该事实负证明责任。而非机动车驾驶人、行人针对不适用这一法律规范的反驳并未引入新的法律规范，故不承担证明责任。

三 免证事实

（一）免证事实的概念

在证据法上，免证事实又称不要证事实，是指在诉讼中，无须经由当事人或公诉机关提供证据予以证明，而可直接由受诉法院裁判确认的事实。如前所述，现代诉讼都采取证据裁判主义，受诉法院认定案件事实必须以证据为基础，所以免证事实乃证据裁判主义的例外；又因为在诉讼中，当事人或公诉机关负有举证的任务，所以免证事实同时构成证明责任的例外。由于免证事实攸关当事人或公诉机关证明责任的范围，对当事人或公诉机关的影响非常大，故各国和地区立法上均对免证事实的范围予以明确界定，从而防止受诉法院滥用自由裁量权。

（二）免证事实的范围

免证事实之所以在诉讼中成为必要，乃在于以人的认识活动为基础的证明活动总是建立在特定的人类常识性认识基础之上，无须重复证明一些显而易见、不应有合理争议的事实，这样才能把主要精力集中于关键的争点上，使论证更有针对性，从而提高证明活动的效率，降低诉讼成本。正是鉴于免证事实的重要性，域外各国和地区证据立法均对其有所规定，并有明确的适用范围，一般来说，主要有以下几类。

1. 诉讼上自认的事实

诉讼上的自认，是指在诉讼中当事人一方就对方所主张的事实以明示或默示的方式表示承认。其中，当事人所承认的事实即为自认的事实。自认的事实不须举证。

如《德国民事诉讼法》第288条规定：“（第1款）当事人一方所主张的事实，在诉讼进行中经对方当事人于言辞辩论中自认，或者在受命法官或受托法官前自认而作成记录的，无须再要证据。（第2款）审判上的自认的效力，不以（对方当事人）承认为必要。”第291条规定：“于法院已经显著的事实，不需要证据。”《日本民事诉讼法》第179条规定，当事人在法院自认的事实，无须进行证明。我国台湾地区“民事诉讼法”第279条规定：“（第1款）当事人主张之事实，经他造于准备书状内或言辞辩论时或在受命法官、受托法官前自认者，毋庸举证。（第2款）当事人自认有所附加或限制者，应否视有自认，由法院审酌情形断定之。（第3款）自认之撤销，除别有规定外，以自认人能证明与事实不符或经他造同意者，始得为之。”第280条规定：“（第1款）当事人对于他造主张之事实，于言辞辩论时不争执者，视同自认。但因他项陈述可认为争执者，不在此限。（第2款）当事人对于他造主张之事实，为不知或不记忆之陈述者，应否视同自认，由法院审酌情形断定之。（第3款）当事人对于他造主张之事实，已于相当时期受合法之通知，而于言辞辩论期日不到场，亦未提出准备书状争执者，准用第一项之规定。但不到场之当事人系依公示送达通知者，不在此限。”

2. 公知的事实

公知的事实，又称众所周知的事实，是指具有一般知识与经验之不特定的普通人都相信，且会在毫无怀疑的程度上予以相信的事实。法官以此作为裁判基础时，由于其具有公知的客观性，无须经由当事人举证证明，即会在内心达到对该事实确信的状态。

如《德国民事诉讼法》第 291 条规定："于法院已经显著的事实，不需要证据。"《日本民事诉讼法》第 179 条规定，显著的事实，无须进行证明。我国台湾地区"民事诉讼法"第 278 条第一款规定，事实于法院已显著者，毋庸举证。

3. 司法认知的事实

司法认知的事实，也称审判上的认知或审判上的知悉，是指在审理案件的过程中，无需当事人举证，法官依申请或依职权直接确认其真实性而予以采信的事实。

如《美国联邦证据规则》第 201 条规定："（a）适用范围。本条规则仅适用于关于裁判事实的司法认知。（b）事实种类。适用司法认知的事实必须不属于合理争议的范畴，即：（1）在审判法院管辖范围内众所周知的事实；或（2）能够被准确地确认和随时可借助某种手段加以确认，该手段的准确性不容被合理置疑。（c）任意采用。无论被请求与否，法庭可以采用司法认知。（d）强制采用。如果当事人提出请求并辅之以必要的资料，法庭应当采用司法认知。（e）被听证的机会。对于采用司法认知是否妥当和关于认知的要旨，当事人有权及时请求给予听证的机会。在未事先通知的情况下，可以在司法认知作出后提出这样的请求。（f）采用司法认知的时间。在诉讼的任何阶段都可以采用司法认知。（g）指示陪审团。在民事诉讼中，法庭应指示陪审团将业经认知的事实作为结论性事实采纳。在刑事诉讼中，法庭应指示陪审团可以（但不要求这样做）将业经司法认知的事实作为结论性事实采纳。"我国台湾地区"民事诉讼法"第 278 条第 1 款规定，事实于法院已为其职务上所已知者，毋庸举证。

4. 推定的事实

推定是指由法律规定或由法院按照经验法则，从已知的前提事实推断未知的结果事实存在，并允许当事人举证推翻的一种证据法则。其中据以作出推断的事实，即已知的前提事实，为基础事实；根据基础事实而推定存在的事实，即结果事实，为推定的事实。

如《美国联邦证据规则》第 302 条规定："在所有民事诉讼中，除国会制定法或本证据规则另有规定外，一项推定赋予其针对的当事人举证反驳或满足该推定的责任，但未向该当事人转移未履行说服责任即需承担风险意义上的证明责任。该证明责任仍由在审判过程中原先承担的当事人承担。”《德国民事诉讼法》第 292 条规定，对于一定事实的存在，法律准许推定时，如无其他规定，许可提出反证。我国台湾地区“民事诉讼法”第 281 条规定：“法律上推定之事实无反证者，毋庸举证。”第 282 条规定：“法院得依已明了之事实，推定应证事实之真伪。”

（三）我国现有规定及评述

我国现行《民事诉讼法》虽未明定免证事实及其范围，但相关司法解释对其均作了规定。《民诉适用意见》第 75 条规定：“下列事实，当事人无须举证：（1）一方当事人对另一方当事人陈述的案件事实和提出的诉讼请求，明确表示承认的；（2）众所周知的事实和自然规律及定理；（3）根据法律规定或已知事实，能推定出的另一事实；（4）已为人民法院发生法律效力的裁判所确定的事实；（5）已为有效公证书所证明的事实。”《民事证据规定》第 8 条第 1、2 款规定：“（第 1 款）诉讼过程中，一方当事人对另一方当事人陈述的案件事实明确表示承认的，另一方当事人无须举证。但涉及身份关系的案件除外。（第 2 款）对一方当事人陈述的事实，另一方当事人既未表示承认也未否认，经审判人员充分说明并询问后，其仍不明确表示肯定或者否定的，视为对该项事实的承认。”《民事证据规定》第 9 条规定：“（第 1 款）下列事实，当事人无须举证证明：（一）众所周知的事实；（二）自然规律及定理；（三）根据法律规定或者已知事实和日常生活经验法则能推定出的另一事实；（四）已为人民法院发生法律效力的裁判所确认的事实；（五）已为仲裁机构的生效裁决所确认的事实；（六）已为有效公证文书所证明的事实。（第 2 款）前款（一）、（三）、（四）、（五）、（六）项，当事人有相反证据足以推翻的除外。”《民诉法解释》第 92 条规定：“（第 1 款）一方当事人在法庭审理中，或者在起诉状、答辩状、代理词等书面材料中，对于己不利的事实明确表示承认的，另一方当事人无须举证证明。（第 2 款）对于涉及身份关系、国家利益、社会公共利益等应当由人民法院依职权调查的事实，不适用前款自认的规定。（第 3 款）自认的事实与查明的事实不符的，人民法院不予确认。”《民诉法解释》第 93 条规定：“（第 1 款）下列事实，当事人无须举证证明：（一）自然规律以及定理、定律；（二）众所周知的事实；（三）根据法律规定推定的事实；（四）根据已知的事实和日常生活经验法则推定出的另一事实；（五）已为人民法院发生法律效力的裁判所确认的事实；（六）已为仲裁机构生效裁决所确认的事实；（七）已为有效公证文书所证明的事实。（第 2 款）前款第二项至第四项规定的事实，当事人有相反证据足以反驳的除外；第五项至第七项规定的事实，当事人有相反证据足以推翻的除外。”

三部司法解释在免证事实范围的界定上，从整体上看几乎同一，这充分表明法律适用者对于免证事实应有之义的认识并未有实质性的改变，前者所存在的错误仍为后者所沿袭。本书认为，其根本缘由在于法律适用者对现行民事诉讼的运作样式及相关诉讼理论缺乏基本认识。在我国现今民事诉讼架构内，自认的事实并不能称为民事诉讼中的免证事实。而依据相关诉讼理论，自然规律及定理，生效裁判所确认的事实，仲裁裁决所确认的事实及有效公证文书所确认的事实亦不能当然地作为民事诉讼中的免证事实。在现行民事诉讼法的框架下，只有众所周知的事实与推定的事实方称得上民事诉讼中的免证事实。

1. 诉讼上自认的事实不能作为我国民事诉讼中的免证事实。

自认的事实之所以不能作为我国民事诉讼中的免证事实，其根本原因在于自认乃辩论主义的产物，在采取职权探知主义的我国决无适用余地。现代各国民事诉讼，就当事人对证据资料的提供与受诉法院认定案件事实的关系而言，有两种运作样式：一是辩论主义，二是职权探知主义。辩论主义包括三层要义：其一，受诉法院不能将当事人双方未主张的事实作为判决的基础；其二，对于当事人双方之间无争执的事实（自认、拟制自认），受诉法院无须调查证据，可直接采纳作为判决的基础；其三，受诉法院对于当事人双方争执的事实，应依当事人所声明的证据予以调查。[①] 而职权探知主义在内涵上与辩论主义截然相反，表现为：其一，对于当事人双方未主张的事实，受诉法院仍可依证据予以调查；其二，对于当事人双方之间无争执的事实，受诉法院仍需调查其真伪，而不能直接采纳作为判决的基础；其三，受诉法院对事实的调查不受当事人所声明的证据范围的限制。比较辩论主义与职权探知主义内涵可得知，自认乃为充分尊重当事人双方意思表示的辩论主义所独有，而职权探知主义以发现案件事实真相为第一要义，对当事人双方意思表示的尊重则退居其次，故其无自认的适用基础。

---

① 参见骆永家《既判力之研究》，台湾三民书局 1999 年版，第 207 页。

纵观我国现行民诉法，仍然采取的是职权探知主义，具体理由有三：其一，当事人主张的事实并无拘束受诉法院裁判基础资料范围的功能，《民事诉讼法》第75条第2款“当事人拒绝陈述的，不影响人民法院根据证据认定案件事实”之规定即为依据。其二，如前所述，现行立法将当事人看作一种独立的证据方法，而未明确赋予其诉讼资料提供主体的地位。① 所以当事人的陈述并不具有辩论主义民事诉讼当事人主张的应有功能，故即便在当事人陈述中，当事人之间不存在争执的事实，受诉法院也应调查其真伪而不能直接采用，民事诉讼法第75条第1款“人民法院对当事人陈述，应当结合本案的其他证据，审查确定能否作为认定事实的根据”的规定即表明了该意思。其三，依《民事诉讼法》第64条第2款“当事人及其诉讼代理人因客观原因不能自行收集的证据，或者人民法院认为审理案件需要的证据，人民法院应当调查收集”的规定可知，我国受诉法院认定案件事实不受当事人所声明的证据方法的限制，在当事人声明的证据以外，为审理案件的需要，受诉法院自可依职权主动调查证据。正是由于现行立法仍采取职权探知主义，故自认制度并无立足之本。

或许有观点会认为，即便现行立法未采取辩论主义而无法适用自认，司法解释未尝不能对立法予以突破，规定自认制度，并将自认的事实作为免证事实之一种予以规范。对此，本书认为，即便承认司法解释能够突破现行立法，创制某一立法上未规定的制度，但就技术规范层面来看，司法解释实在难以单独创设自认制度。作为辩论主义核心要义之一的自认，其与辩论主义的其他要义相互呼应，不可能割裂出来单独予以规范。因此，只有在全方位承受辩论主义的前提下，自认才具有确立的合理性。

2. 自然规律及定理是法院认定事实的前提，并非免证事实。

严格讲来，“自然规律”及“定理”并非纯粹法学术语。依《现代汉

① 与我国将当事人作为人的证据方法不同的是，在采取辩论主义的德国、日本及我国台湾地区，当事人乃诉讼资料之主体，并非一独立之证据方法，受诉法院对当事人的询问仅为证据调查之辅助手段，也即受诉法院只有在对其他证据进行调查后仍不能获得对案件事实之心证始可为之。参见《德国民事诉讼法》第445条、《日本民事诉讼法》第217条及我国台湾地区“民事诉讼法”第367条。虽然近来德、日及我国台湾地区为促进案件审理之集中化，加大了法官询问当事人之力度，惟依学者之解释，法官询问当事人仍应在无法通过其他证据调查获得心证时始可适用，以免动摇辩论主义之根基。参见陈计男《民事诉讼法论》（上），台湾三民书局1999年版，第427页。

语词典》的解释，“自然规律”是指“存在于自然界的客观事物内部的规律”；“定理”指的是“已经证明具有正确性，可以作为原则或规律的命题或公式”。从内涵上讲，无论是自然规律还是定理，均是人们从生活行为经验中获得的关于事物间因果关系或性质状态的知识或法则。[①] 从外延上讲，自然规律及定理为经验法则的一部分，诚如学者所言：“经验法则……就内容而言，包括一切以自然科学的方法检验或观察自然现象归纳之自然法则；支配人类思考作用之伦理法则、数学上之原理、社会生活之道义、伦理及惯例、交易上之习惯；以及有关学术、艺术、技术、商业及工业等一切生活活动之一切法则。”[②] 显而易见，自然规律和定理均为脱离具体事实的抽象知识法则，应属于法律三段论推论中的大前提，是受诉法院判断事实时所应遵循的基准。而免证事实就其本质而言，乃为某一具体事实，是法律三段论推论的小前提，因此，司法解释将自然规律和定理定位为免证事实，其不当之处甚为显然。

3. 生效裁判所确认的事实、生效仲裁裁决所确认的事实及有效公证文书所证明的事实属于特殊公文书所载明的事实，并非免证事实。

三部司法解释均将生效裁判所确认的事实作为免证事实予以规范，这是有悖免证事实本质属性的。一方面，从逻辑上讲，生效裁判所确认的事实实际上是生效裁判文书所载明的事实，也即该事实以生效裁判文书为其载体。故该事实就其本质而言仍为证据资料，并以生效裁判文书为其证据方法。而免证事实从本质上讲，乃无须通过证据调查即可由受诉法院确认的事实，该事实的认定与受诉法院的证据调查活动无关。因此，将生效裁判所确认的事实作为免证事实在逻辑上显然难以立足；另一方面，即便认为现行司法解释将生效裁判所确认的事实作为免证事实，蕴含直接赋予生效裁判文书具有实质证据力的考虑也不能成立，其不仅与现行立法的精神相违背，也与证据法理论不相契合。依《民事诉讼法》第 67 条第 2 款“人民法院对有关单位和个人提出的证明文书，应当辨别真伪，审查确定其效力”之规定可以得知，在我国，无论是公文书，还是私文书，均不当然具有实质的证据力。是否具有证据效力需要受诉法院在双方当事人言辞辩论的基础上加以判断。而在证据法理论上，如前所述，公文书与私文

① 参见骆永家《民事举证责任论》，台湾商务印书馆 1987 年版，第 7 页。

② 雷万来：《民事证据法论》，台湾瑞兴图书公司 1997 年版，第 33 页。

书的区别主要表现在形式证据力的认定这一层面。如果为私文书，应由举证人证明其为真正，并且若私文书经本人或其代理人签名、盖章或按指印推定其为真正；若为公文书，法律直接推定其具有形式证据力，法官无自由心证的余地。[①] 至于实质证据力，无论是公文书还是私文书均需要法官依自由心证予以判断，公文书绝无当然具有实质证据力的道理。无论该公文书为法院的刑事裁判书还是民事裁判书均是如此。可见，“民事法院不可径以刑事判决为据即认有证明力，仍因就刑事判决认定事实之凭据辩论调查，以决定该判决书有无证明力，至若它案之民事判决亦同，并非当然有证明力”[②]。《民事证据规定》和《民诉法解释》将生效裁判书所确认的事实确定为免证事实，也即直接赋予生效裁判文书以实质证据力，无异于剥夺了受诉法院对该特殊书证内容的自由判断（从某种意义上讲，该项规定显有法定证据主义的色彩），妨碍了法官对案件事实心证的形成，对当事人不甚公平。至于在制作程序的保障上远较裁判书为弱的仲裁裁决书以及公证文书更不应赋予其实质证据力，因此，《民事证据规定》和《民诉法解释》将生效仲裁裁决所确认的事实及公证文书所证明的事实作为免证事实的不妥当之处更是明显。

---

① 参见王甲乙、杨建华、郑健才《民事诉讼法新论》，台湾三民书局 2002 年版，第 398 页。

② 吴光陆：《判决是否当然有证据力》，载台湾《月旦法学杂志》第 32 期。

第三章　环境民事公益诉讼证明责任分配的依据

在对环境民事公益诉讼证明责任分配之规则进行体系化的设计之前，应先全面把握其设置的相关依据。总体而言，环境民事公益诉讼证明责任分配之相应规则的创设主要基于以下几方面的考虑：一则乃是对诉讼促进义务的呼应；二则为民事诉讼上诚实信用原则的考量；三则为实现诉讼基本价值的平衡，即为合理分配司法资源，兼顾诉讼经济之要求。

第一节　诉讼促进义务

一　诉讼促进义务的含义

（一）诉讼促进义务的概念

所谓民事诉讼中的诉讼促进义务，是指当事人对于法院负有的适时提出攻击防御方法的义务，即当事人在具体案件的审理过程中提出攻击防御方法的时间应受一定的约束。从性质上讲，诉讼促进义务属于当事人对于法院即国家所负促进诉讼之公法上的义务，即“为国家司法上之利益计，对于代表国家之法院所负”① 之义务。

在学说上，德国学者于1938年即阐述了诉讼促进义务的内涵：“当事人在使用国家司法机制时负有一般性之义务，只在必要时使用及加负担于这个以国民全体纳税义务人之费用所设立的机制，用以贯彻其私权请求。……任何当事人对其对造当事人都负有促进诉讼案件之义务，俾使对造不被过度要求。……对造当事人不可以被迫支出那些在谨慎地实施诉讼

---

① ［日］松冈义正：《民事证据论》，张知本译，中国政法大学出版社2004年版，第144页。

的情况下所可以避免支出的时间与金钱。”[①]

从立法史上来看，1933 年《民事纠纷程序修订法》[②] 对《德国民事诉讼法》予以修订时，其前言中提道：“没有任何当事人可以被允许，以不真实的陈述误导法院，或者以恶意或过失迟延诉讼的方式滥用法院的人力。当事人有以正直而谨慎的方式实施诉讼之义务，使法院容易适用法律，才符合每个人都可以要求的权利保护。”[③] 1942 年《德国民事诉讼法》第 529 条修正后亦提及“当事人实质而谨慎地实施诉讼之义务”[④]。1961 年《德国联邦议会法律委员会报告》中已出现了“当事人……促进诉讼之义务”[⑤] 等字眼。1976 年《简化及加速法院程序法》之立法理由中，甚至称此一概念为“诉讼促进义务原则”[⑥]。从世界范围来看，德国在 1976 年颁布的《简化及加速法院程序法》中第一次使用了“诉讼促进义务”这一概念，[⑦] 在此之前，虽有类似于该概念内容的提法，但均未曾使用这一概念本身。至于是由何人及何以如此创设此概念，并使用该用语，在概念发展史上似已不可考。

《简化及加速法院程序法》之所以创设“诉讼促进义务”概念，课予当事人该加速诉讼程序进行之行为义务，[⑧] 主要是为了贯彻集中审理原

---

① ［德］Adolf Schonke，Zivilprozeßrecht. Eine systemmatische Darstellung，Berlin 1938，S. 5。转引自吴从周《第二审失权与补充第一审之攻击防御方法》，载《台湾本土法学杂志》2006 年第 8 期。

② 参见［德］迪特尔·莱波尔德《当事人的诉讼促进义务与法官的责任》，载［德］米夏埃尔·施蒂尔纳编《德国民事诉讼法学文萃》，赵秀举译，中国政法大学出版社 2005 年版，第 387 页。

③ ［德］Zoller，ZPO，21. Aufl.，1999，Einl. Rn. 6。转引自吴从周《论迟误准备程序之失权》，载《东吴法律学报》2005 年第 3 期。

④ 参见［德］迪特尔·莱波尔德《当事人的诉讼促进义务与法官的责任》，载［德］米夏埃尔·施蒂尔纳编《德国民事诉讼法学文萃》，赵秀举译，中国政法大学出版社 2005 年版，第 387 页。

⑤ ［德］Bericht der Kommission zur Vorbereitung einer Reform der Zivilgerichtsbarkeit，1961，S. 206。转引自吴从周《论迟误准备程序之失权》，载《东吴法律学报》2005 年第 3 期。

⑥ ［德］Regierungsentwurf zur Vereinfachungsnovelle，BT-Drucks.，7/2729，S. 37。转引自吴从周《论迟误准备程序之失权》，载《东吴法律学报》2005 年第 3 期。

⑦ 参见［日］石渡哲《民事訴訟法における時機に後れた攻撃防禦方法の失権の根拠》，载《法学研究〔慶応義塾大学〕》1995 年第 12 期。

⑧ 民事诉讼法原则上并不规定当事人有诉讼上的义务，只有在法律不允许当事人不为某种行为时，始例外课予当事人从事某种行为的义务，诉讼促进义务便是其中之一。

则，进而作为设置相应制裁性规定的正当化依据。由此可见，“诉讼促进义务”概念的创设，是集中审理原则与制裁两个概念之间的重要衔接概念。但也要注意的是，“诉讼促进义务”这一概念并不是法条本身的用语，而是在1976年《简化及加速法院程序法》立法草案的理由说明中出现的，其在提到通过当事人的协力以达成立法期望的程序集中时，标题是使用“当事人的诉讼促进义务”，随后则在该标题下进一步区分“一般诉讼促进义务”和“诉讼促进义务之特别情形”。而《德国民事诉讼法》法条本身使用的用语却是“必要与适当的”①促进诉讼。

经过进入21世纪后的数次修法，《德国民事诉讼法》在具体条文内容方面还是发生了些许变化。如第296条第2款为典型的一般诉讼促进义务方面的规定；与之相应，第296条第1款、第296a条、第530条则为体现特别诉讼促进义务的法律规定。除此之外，第523条作为指示性法律规范，因第296条第1款和第2款均为其指向，故该法条兼有一般诉讼促进义务和特殊诉讼促进义务双重属性。与之相似的还包括第531条，其第1款和第2款均涵盖了第296条第1款和第2款的精神，因而也具有双重义务属性。②

---

① 如《德国民事诉讼法》第277条第1款规定：“被告应该按照诉讼的进行程度和程序上的要求，在答辩状中提出为进行诉讼所必要与适当的防御方法。答辩状中还应表明是否有不能将案件交付独任法官处理的原因。”第282条第1款规定：“所有当事人均应保持谨慎注意与依诉讼进程应被期待有利于诉讼促进的诉讼进行方式，适时地提出特定攻击防御方法。特别是指主张、争执（否认）、否定性抗辩、阻碍性抗辩、证据方法以及证据抗辩等。”第340条第3款规定，当事人应在异议书状中陈明相应攻击防御方法，以及关于诉讼是否合法的责问的意思表示。攻击防御方法应以按照诉讼的进行程度和程序上的要求为进行诉讼所必要的与适当的为限。

② 《德国民事诉讼法》第296条规定：（1）已逾各有关的法定期间［第273条第2款第1项、第5项（以针对一方当事人设定期间为限），第275条第1款第1句、第3款、第4款，第276条第1款第2句、第3款，第277条］而提出攻击和防御方法时，只有在法院依其自由心证认为准许提出不至于延迟诉讼的终结或当事人就逾期无过失时，才能准许。（2）违反第282条第1款而未及时提出攻击或防御方法，或者违反第282条第2款而未及时通知对方当事人，如果法院依其自由心证认为逾时提出或通知足以延迟诉讼的终结并且当事人就其逾期有重大过失时，可以予以驳回。（3）（略）。（4）在第1款和第3款规定的情形中，法院应要求当事人就其无过失加以说明。第296a条规定，在作为判决基础的言辞辩论终结后，再不能提出攻击和防御方法。但第139条第5款、第156条、第283条的规定不受影响。第525条规定，除本章另有规定外，其他控诉程序，准用关于第一审的州法院的诉讼程序的规定。第530条规定，违反第520条或第521条第2款的规定而未及时提出攻击或防御方法的，准用第296条第1款与第4款的规定。第531条规定：（1）在第一审中依法被驳回的攻击防御方法，不准提出。（2）新的攻击防御方法，满足下列条件之一：1. 对该攻击防御方法所涉之观点，一审法院明显忽视或者认为不重要；2. 由于程序瑕疵，在第一审中未提出；3. 非因当事人过失，在第一审中未提出；准其提出。二审法院可以要求当事人对新的攻击防御方法的合法性事由予以疏明。

按照诉讼促进义务类型划分后，还可发现在规制手段（即法律后果）方面《德国民事诉讼法》赋予法院的裁量权亦在对待两种类型的义务履行方面有所差别。如第296条第2款表述为“可以驳回”，且作出驳回的前提是法院认为逾时提出或通知足以延迟诉讼的终结并且当事人就逾期有重大过失。此法条应当被理解为一种任意性规范，立法者对于一般诉讼促进义务的履行给予了较为宽容的态度，对违反一般诉讼促进义务的逾时提出给予了正面倾向性很明显的评价，即法院只有在认为逾时提出将造成诉讼迟延并且逾时提出的当事人对此负有重大过失时，方可予以驳回；并且此处所用词语为“可以”，说明法院的裁量权较大，即使经过心证作出前述判断，亦可在考量其他诉讼价值的基础上准予提出。与此相反，第296条第1款则表述为“才能准许”，且准许的前提是法院认为准许提出不至于延迟诉讼的终结或当事人就逾期无过失。这就与同一法条第2款的内容形成鲜明对比，足见立法者对于特别诉讼促进义务之履行要求的严苛性，即通常不允许在违反特别诉讼促进义务的情形中逾时提出，仅在存在个别事由时方可予以准许。由此可见，从某种意义上讲，德国立法对于特别诉讼促进义务的重视程度要高于一般诉讼促进义务，对于当事人遵守法定或法院指定期日、期间的要求更为严格。

在适时提出主义模式①下，课以当事人诉讼促进义务对于诉讼中当事

① 从人类诉讼发展史上来看，从时间上对当事人的诉讼权利，尤其是对当事人提出诉讼资料的权利进行规制的做法主要有三种，分别是同时提出主义、随时提出主义和适时提出主义。同时提出主义，亦称法定顺序主义，是历史上最早被用来防止因当事人怠于行使特定诉讼权利而可能导致诉讼迟延的诉讼形态。在德国普通法时代，为防止因当事人随性地、漫无目的地提出攻击或防御方法从而导致诉讼的迟延，其就诉讼的推进采取“证据分离主义”（新堂幸司：《新民事诉讼法》，林剑锋译，法律出版社2008年版，第324页）。此种诉讼模式下，作为判决基础的事实的主张与证据资料的提出被分为截然不同的两个阶段，在前一阶段当事人须将事实主张全部陈述完毕，而一旦进入证据调查阶段，则当事人即不得再主张事实。因此，同时提出主义要求当事人为达到某一目的，必须同时或在特定期间内提出主张或证据，否则便不能在诉讼中产生效力。同时提出主义可以使当事人的诉讼行为按序进行，对于防止诉讼迟延确可发挥实效。但不能忽视的是，此种模式下，诉讼的不可预知性使得当事人难以确定对方当事人会对其主张以及相应证据如何予以攻击或防御，而此时的失权威胁即会迫使当事人把即便只是可能重要而已的主张和证据也全部提出，即在主要陈述之外，后备的、为防止主要陈述被否定的一切可能的诉讼资料亦一并予以提出。这固然可以在一定程度上加速程序的进程，但却极易造成诉讼资料的过度膨胀，增加法院的额外负担，效果可能适得其反。同时，如果仅因当事人未遵守法定顺序即产生失权的效果，无疑会削减作为裁判基础的诉讼资料的作用，从而不利于事实真相的发现和当事（转下页）

人程序性权利的全方位保护极具价值。该义务是以当事人为规范对象，要求其应适时提出攻击防御方法，以便程序的顺利、迅速推进，从而避免诉讼迟延。就此而言，其乃是立法者期待当事人居于主体地位积极参与、推进程序，从而赋予其有于适当时期提出攻击防御方法的权利，借以追求程序上的利益。同时，所谓适当时期并非完全具体、明确，何时可称之为适当时期，往往取决于诉讼进行的程度和个案情节的发展。一般来讲，如果适当时期未具体、明确，则无从期待、要求当事人对其知悉以及准确把握，自然不能让其承担因未及时提出攻击防御方法而产生的不利后果。就此而言，法院愈能经由适当的阐明使当事人获悉提出诉讼资料或主张权利等攻击防御方法之机会，对于不善用该机会之当事人愈有使其遭受不利制裁之正当化根据。① 因此，为促使诉讼促进义务的顺利履行，法院应根

（接上页）人权利的保护。人类进入资本主义社会伊始，对自由的极度追求体现在诉讼程序中便是摒弃对当事人诉讼权利限制过于严苛的同时提出主义，改采对当事人诉讼资料的提出约束极少的随时提出主义。在随时提出主义模式下，法律允许当事人在同一诉讼程序中可以随时、混合地主张事实和提出证据，在任何时间所进行的辩论均具有相同的效果。不可否认的是，随时提出主义的弊端也甚为明显。因当事人在诉讼中可以随时提出诉讼资料，故在审理程序即将终结时，一方当事人可能突然提出某一资料，使得对方当事人防不胜防，难以在短时间内提出有效的攻击防御资料，从而导致突袭性裁判的出现。同时，因随时提出主义与言辞辩论整体性原则相结合（参见王甲乙等《自由顺序主义之检讨》，载民事诉讼法研究会主编《民事诉讼法之研讨（三）》，台湾三民书局 1997 年版，第 335 页），当事人随时可以提出攻击防御方法，这便会导致当事人对诉讼资料的提出漫不经心，甚至基于诉讼战术的考虑，将影响诉讼胜败的重要资料留至第二审辩论终结时方予提出，从而致使审理的重点移至第二审。而此种“重二审、轻一审”现象的出现又可能妨碍实体正义的实现。自 20 世纪六七十年代开始，各国学者纷纷对随时提出主义的审理结构提出强烈批判，指责此种分割断裂的审理模式不但造成案件审理的散漫与无效率，同时亦与直接审理主义与言辞审理主义之基本原则相悖［参见邱联恭等《民事诉讼审理方式之检讨》，载民事诉讼法研究基金会主编《民事诉讼法之研讨（一）》，台湾三民书局 1986 年版，第 341—356 页；王甲乙等《自由顺序主义之检讨》，载民事诉讼法研究会主编《民事诉讼法之研讨（三）》，台湾三民书局 1997 年版，第 335—350 页］。有鉴于此，大陆法系国家和地区从 20 世纪 70 年代开始，陆续向以集中审理主义为核心的适时提出主义转化（参见［德］Rudolf B. Schlesinger, Hans W. Baade, Peter E. Herzog & Edwoed M. Wise, Comparative Law 461-65, 1998）。在适时提出主义模式下，当事人被课以诉讼促进义务，必须在庭审前特定阶段提出具体、特定的攻击防御方法，从而促进案件争议焦点的明确与特定，否则将遭受被法院驳回其逾时提出攻击防御方法的不利后果。

① 参见邱联恭《争点整理方法论》，台湾三民书局 2001 年版，第 79 页；许士宦《逾时提出攻击防御方法之失权》，载许士宦《程序保障与阐明义务》，台湾学林出版社 2003 年版，第 337 页。

据诉讼进行的程度和个案情节的发展，适时地行使诉讼指挥权，妥善地推进争点整理程序，然后就其掌握的争点，为当事人指定其应提出攻击防御方法的适当时期，以促成该行为规范及责任的具体化和明确化。

当然，对诉讼促进义务这一概念在民事诉讼中的确立也存在一些质疑。如德国学者莱波尔德即认为这个概念并不值得称赞：如果从用语的角度来观察，就可以得知，当说某些东西被促进——从煤、石油、储蓄、投资到教育——都是指某些值得被促进的东西，一种值得追求的目的或利益。但诉讼本身就不值得促进，相反地诉讼希望被尽可能地防止，或者一旦产生后尽可能地和平解决。诉讼本身不是目的，消弭争端、经由程序保护权利才是目的。所以这个用语本身就不可靠，因为它似乎把诉讼提升为目的本身，将它提升超过当事人对权利保护的渴望。更危险的是，这让人有一种印象，仿佛当事人在任何面向、任何角度，都必须促进诉讼，必须以诉讼资料完全地来填补这个诉讼，以便产生一个圆满成功、有用的诉讼程序。但这个概念并没有这个意思。诉讼促进义务在法律上只要考虑到程序的时间面向即可。如果仔细斟酌，则诉讼应该不是被促进，而是被送走。[①] 我国台湾地区学者邱联恭亦认为，所谓诉讼之促进系指当事人或程序关系人或法官致力于促使程序之利用、进行或运作更有效率、更加迅速，以减少在程序上付出劳力、时间或费用而言，并非意味着致力于促进当事人或一般民众尽量提起诉讼或设法多使用诉讼程序。[②] 由此可见，诉讼促进义务从本质上讲，根本就不是促进诉讼行为的义务，而是禁止拖延诉讼。

（二）诉讼促进义务的适用范围

作为当事人诉讼促进义务的延续，德国通说及实务进一步将诉讼促进义务的适用从当事人延伸至法院，即将法院的义务统称为法院诉讼促进义务，如法院的阐明行为、准备言辞辩论、在期日前为证据裁定、定期命被

① 参见［德］迪特尔·莱波尔德《当事人的诉讼促进义务与法官的责任》，载［德］米夏埃尔·施蒂尔纳编《德国民事诉讼法学文萃》，赵秀举译，中国政法大学出版社2005年版，第388页。

② 参见邱联恭《司法之现代化与程序法》，台湾三民书局1997年版，第322页。

告答辩、予以失权以及课以诉讼费用负担等。[①] 但笔者认为，此种观点有值得商榷之处。诉讼促进义务的内涵原本就极为模糊与空洞，本身就亟待具体化与类型化。而将诉讼促进义务概念一般化，成为当事人，甚至法院所有诉讼上义务来源的上位概念，将增加对诉讼促进义务违反时制裁效果理解上的困难。如同样是违反诉讼促进义务，当事人违反时应予以其不利制裁，而法院违反诉讼促进义务时却为何不施以相同的制裁效果。当然，法院相对于当事人而言，其亦有推进程序进行的义务，但各项义务分别以准备义务、阐明义务等具体冠称即可，不必将其与立法者专为强调当事人加速程序的义务而创设的诉讼促进义务混为一谈，否则诉讼促进义务势必恶性膨胀为包罗万象的根本义务，与民事诉讼立法之本旨相悖。

此外，还有观点主张扩大诉讼促进义务的内涵，将当事人的事案解明义务囊括于内，而将原本意义上的诉讼促进义务称为狭义上的诉讼促进义务，使诉讼促进义务具有双重含义。[②] 笔者认为，事案解明义务同样不应被纳入诉讼促进义务的范围。所谓事案解明义务，是指对特定事实或证据负有主张及证明责任的当事人因客观原因无法充分主张或举证时，不负主张或证明责任的对方当事人在法定条件下负有一般性的协助解明案件真实的义务。[③] 因其专属于对特定事实或证据不负主张及证明责任的当事人，故又称“非负证明责任一方当事人的说明义务”[④]。依此义务之要求，负有证明责任的当事人因非可归责于自身的原因处于无法解明案件真相时，若其对自己的权利主张展现出一定的合理性，且不负证明责任的当事人反而更具解明案件真相的可能性，则不负证明责任的当事人应对事实真相的发现负责任。要明确的是，诉讼促进义务不仅包括时间上的限制，还含有

---

① 参见［德］狄特·克罗林庚《德国民事诉讼法律与实务》，刘汉富译，法律出版社2000年版，第377页；［德］奥特马·尧厄尼希《民事诉讼法》（第27版），周翠译，法律出版社2003年版，第151页；［德］汉斯·约阿希姆·穆泽拉克《德国民事诉讼法基础教程》，周翠译，中国政法大学出版社2005年版，第225页。

② 参见沈冠伶《论民事诉讼程序中当事人之不知陈述》，载《政大法学评论》2000年第3期；沈冠伶《论民事诉讼修正条文中法官阐明义务与当事人之事案解明义务》，载《万国法律》2000年第6期。

③ 参见［日］小林秀之《新证据法》（第2版），弘文堂2003年版，第142页。

④ ［日］伊东俊明：《证明责任的分配与当事人的事案解明义务》，载《商学研究》2001年第2期。

内容上的要求，即只有及时提出内容充实的攻击防御方法才与诉讼促进义务之内涵相契合。而理论上对事案解明义务的具体范围至今仍存在不同的认识,[①] 规则层面更是付之阙如。显然，若将此范围模糊的概念纳入诉讼促进义务范围，无疑亦会增加诉讼促进义务理解上的难度。

二 诉讼促进义务的分类

依据诉讼促进义务的内容（或对象）是否具体，可以诉讼促进义务分为一般诉讼促进义务和特别诉讼促进义务。

所谓一般诉讼促进义务，是指当事人依诉讼进行程度所显示的时点与范围提出诉讼资料的义务,[②] 即通过课予当事人一般性的义务，促使其适时提出攻击防御方法，以符合其依诉讼状态必要与适当地促进诉讼的实施。具有典型性的法律规定是《德国民事诉讼法》第 282 条。[③] 需要指出的是，第 282 条对攻击防御方法的外延及提出攻击防御方法的一般适时性作了概括性的规定，具有统摄意义，具有一定的特殊性。而对第 282 条规定的一般诉讼促进义务之违反的规制，见于第 296 条第 2 款。

所谓特别诉讼促进义务,[④] 亦称个别诉讼促进义务，是将当事人的诉讼促进义务予以精确化,[⑤] 即针对某些对程序促进特别重要的情形，立法规定某个具体时点，当诉讼临界该时点时，当事人必须在诉讼中提出相应诉讼资料。详言之，基于各种考量，立法设定某些裁定期间，将程序分成

---

① 参见［日］安井英俊《案件解明义务的法律依据与适用范围》，载《同志社法学》2006 年第 7 期。

② 参见［德］MunchKomm-ZPO/Prutting，§296，Rn. 58。转引自姜世明《论民事诉讼法失权规定之缓和与逃避》，载姜世明《任意诉讼及部分程序争议问题》，台湾元照出版公司 2009 年版，第 251 页。

③ 《德国民事诉讼法》第 282 条规定：“（1）当事人各方都应该在言辞辩论中，按照诉讼的程度和程序上的要求，在为进行诉讼所必要的与适当的时候，提出他的攻击和防御方法，特别是各种主张、否认、异议、抗辩、证据方法和证据抗辩。（2）声明以及攻击和防御方法，如果对方当事人不预先了解就无从对之有所陈述时，应该在言辞辩论前，以准备书状通知对方当事人，使对方当事人能得到必要的了解。”

④ “特别诉讼促进义务”一词，来自德国联邦宪法法院对于《简化及加速法院程序法》立法理由中所谓“诉讼促进义务之特别情形”一词简称的结果。参见许士宦《民事诉讼上之适时审判请求权》，载《台大法学论丛》2005 年第 5 期。

⑤ 参见邱联恭等《民事诉讼审理方式之检讨》，民事诉讼法研究基金会主编：《民事诉讼法之研讨（一）》，台湾三民书局 1986 年版，第 351 页。

不同阶段（即阶段化），倘若当事人不在法院所裁定的期间内提出攻击防御方法，在一定条件下便会遭致不利制裁。这些裁定期间如《德国民事诉讼法》第273条第2款第1项规定的当事人争点说明期间、[①] 第275条规定的被告书面答辩的期间、[②] 原告对被告答辩提出书面意见（即原告的再主张）的期间和第276条规定的被告进行书面准备期间、原告对被告答辩提出书面意见（即原告的再主张）的期间等。[③] 而在二审（控诉审）程序的诸项规定中，期间设定主要集中于控诉人提出控诉理由的期间、提交书面答辩状的期间和回应答辩状的期间。对于控诉理由提出期间，基本属于任意性规定，法院对于期间长短的把握具有一定程度上的尺度和弹性。[④] 二审的答辩期间以及回应答辩的期间，与一审程序中的规定基本类似。[⑤]

从一般诉讼促进义务与特别诉讼促进义务的内涵中可以看出，特别诉讼促进义务的规定实际上是居于一般诉讼促进义务之特别规定的地位。故有关特别诉讼促进义务的规定应排除一般诉讼促进义务规定的适用，即一

---

① 《德国民事诉讼法》第273条第2款第1项规定："为进行各种期日的准备，受诉法院的审判长或其指定的其他法官可以命令当事人对其准备书状加以补充或解释，要求当事人提出文书并将其他有关标的物交存于法院，特别是指定某一特定期间命令当事人对应予说明的一定争点予以陈明。"

② 《德国民事诉讼法》第275条第1款规定："为准备言辞辩论的早先第一次期日，受诉法院的审判长或其指定的其他法官可以为被告指定某一特定期间，要求其在该期间内提交书面答辩状。"同条第3款规定："如果被告对于原告所提起的诉讼没有提出答辩或没有提出足够答辩的，且法院亦未按照本条第1款的规定为被告指定特定期间时，法院应在期日里规定提出书面答辩的期间。"同条第4款规定："法院在期日里或收到被告所提出的答辩状后，可以指定某一特定期间要求原告就该答辩提出相反的书面意见。"

③ 《德国民事诉讼法》第276条第1款规定："倘若审判长为指定言辞辩论的早先第一次期日，则其在将起诉状副本送达给被告时，应催促该被告，如果他要对原告所提之诉进行防御，即应该在起诉状副本送达之日起两周内（不变期间）以书面形式向法院提交答辩状；该催告亦应通知原告。"同条第3款规定："审判长可以指定特定的期间要求原告对被告的答辩提出书面意见。"

④ 《德国民事诉讼法》第520条规定，提出控诉理由的期间为两个月，自完全形式的判决送达时开始，最迟从宣判后五个月开始计算。如果对方当事人同意，审判长可依申请延长期间。对方当事人不同意的，如果审判长认为延期并不致使诉讼拖延，或者当事人提出重大理由时，审判长可依自由心证将期间延长一个月。

⑤ 《德国民事诉讼法》第521条规定，审判长或控诉法院可以设定控诉审中对方当事人提交书面答辩状的期间，及控诉人提交回应答辩状材料的期限。第277条的规定于此准用。

般诉讼促进义务规范不能被误解为具有补充特别诉讼促进义务规范之功能。

三 诉讼促进义务的具体化

（一）诉讼促进义务具体化的原因

在德国，尽管立法者在某程度上已经于法律条文中表达了诉讼促进义务的内容，但条文中“必要与适当的”促进诉讼仍然只是不确定的法律概念，或者说是内容空洞的概括条款，并不足以为法院提供适用法律时独立的、明确的评价标准，其只是说明诉讼促进义务（即对当事人陈述内容上的要求）不是静态的，而是随着诉讼的推进而不断调整的，但却无法精确地告诉法院和当事人何时以及何种范围的陈述内容才符合诉讼促进义务的根本要求。

随之产生的突出问题便是，当事人是否需要一开始就全部提出诉讼资料，抑或其可先保留某些诉讼资料，当诉讼进程发展至必要时，再提出其保留的诉讼资料。笔者认为，在诉讼策略上绝对有理由认可当事人可以先保留某些诉讼资料，一直到该诉讼资料依诉讼状态变得有必要出示时再行提出。不应该过分要求当事人在诉讼一开始就预先考量到所有可能出现的情况而立即提出所有诉讼资料。提出与案件无关的诉讼资料无疑会造成诉讼资料的过度膨胀，将会模糊案件的争议焦点，结果反而是拖延而非加速诉讼的进程。可见，当事人可以依据诉讼状态所显示的时点与范围，在后续的程序中提出诉讼资料。一方面，某一诉讼资料的提出若仅完全因为诉讼策略的考虑或因过错而未提出，则法院应拒绝当事人于后续程序中再提出；另一方面，也并非任何一个随时可以想到的但与案件无关紧要的诉讼资料都必须一开始就在诉讼程序中提出。

（二）诉讼促进义务具体化的方式

上述问题的解决有待于针对诉讼促进义务这一须具体化的法律概念发展出精确的界定标准。目前，最主要的观点有主线胜诉论与分级排列论两种。

1. 主线胜诉论

主线胜诉论认为，当事人可以先构筑一条其想要胜诉的“主要作战路线”，只要这条主要作战路线真有胜诉的机会，当事人就满足了诉讼促进义务的要求，其暂时不必提出其他诉讼资料，一直到当事人注意到其主要陈述可能无效果时，亦即可能败诉时，才有必要提出其他诉讼资料。[①]譬如，对于时效抗辩，被告在诉讼刚开始时可以保留不提，到他觉得他对原告请求的防御手段将失去效果时再行提出。又如，在合同纠纷诉讼中，被告可以先主张其并非合同当事人，尔后才提出原告的给付行为有瑕疵的抗辩。再如，在侵权损害赔偿诉讼中，被告可以先主张其对侵权行为不负责任，随后再对原告请求赔偿的数额提出异议。

主线胜诉论的缺点甚为明显，即诉讼资料的随性保留可能造成证据突袭等情况的出现。当事人可因此先等候主要作战路线调查证据后的结果，如果对其不利，再重新提出新的攻击防御方法，构筑新的作战路线，诉讼资料因而可以分阶段提出。例如在上述合同纠纷中，被告可以先抗辩其非诉讼当事人，等到调查证据的结果对其不利时，再抗辩该合同已经被其嗣后撤销，随后再抗辩标的物有瑕疵，最后再提出时效或抵销的抗辩，而逐步构筑其先后不同的战线。此种攻击防御手段的不断调整显然会导致对方当事人措手不及，对其明显不公，进而造成诉讼迟延。同时，主线胜诉论的操作性亦不甚便利，当事人很难随时准确把握法官对其先期陈述的态度，即在转换策略提出后续陈述的时间的确定上存在较大的难度：如果一直保留后续陈述，法院可能会认定其违反诉讼促进义务而施以不利制裁；如果过早提出又可能达不到预期的效果。

2. 分级排列论

相对于主线胜诉论，分级排列论越来越受到学者的青睐。该观点明确要求当事人对于所有攻击防御方法均须在诉讼中予以提出。当然，这并不表示当事人必须一次将全部攻击防御方法尽数提出，当事人可以将其所有的攻击防御方法在诉讼中区分为一部分提出、另一部分预告的方式一次性全部出示。[②]

分级排列论认为，此种分先后排列诉讼资料的提出方式可以满足诉讼

① 参见［德］Grunsky，Taktik im Zivilprozeß，2. Aufl.，Koln 1996，Rn. 229。转引自姜世明《准备程序之失权及其举证责任》，载姜世明《民事证据法实例研习（一）》，台湾新学林出版公司 2008 年版，第 220 页。

② 参见［德］Weth，Die Zuruckweisung verpateten Vorbringens im Zivilprozeb，Koln 1988，S. 255f。转引自沈冠伶《诉讼权保障与民事诉讼》，载《台大法学论丛》2005 年第 5 期。

促进义务中"必要与适当的"促进诉讼的要求。[①] 一方当事人应在诉讼中对事实进行陈述，使对方当事人所作的陈述对自己的威胁性减弱，让诉讼变得对己方有利。针对这些事实，当事人必须提出证据予以证明。此部分诉讼资料的提出使得当事人的陈述充实和丰富。至于当事人在此部分以外，其余事实及相应证据亦应全部一并告之法院，使法院知悉：在已提出的攻击防御方法达不到预期效果时，他将会进一步提出这些预告的攻击防御方法。但此时当事人必须清楚地向法院表明：这些其余的事实及证据只是被"预告"而已，并非已经被"提出"。譬如，某汽车修理厂诉请车主给付修车费用，被告车主提出时效抗辩，并且预告法院：汽车修理厂的修理行为存在瑕疵，包括材料质量不合格、上漆有瑕疵、轮胎被更换等，倘若其提出的时效抗辩未被采纳，其将进而就瑕疵的细节作具体化的进一步陈述，并提出证据。

预告与提出会引起法院不同的处理行为。对于当事人已提出的诉讼资料，法院有义务对其进行证据调查；但对单纯预告的攻击防御方法，法院仅是预先取得相关资讯而已，并不对之展开实质性的调查，而在其认为当事人有将预告的诉讼资料进一步加以提出必要时，应对此予以阐明。[②]

分级排列论不仅有助于提高诉讼效率，也可以使法官在整体被告知案件所有资讯的基础上尽可能全面地把握案件的全貌，从而增强法官推进诉讼的有效性。该机制设计的目的是加快诉讼而非惩罚当事人，即阻止可归责于当事人的诉讼迟延。但是如果在正当期限内提出陈述时——即依照法律规定行为时——诉讼依然可能持续同样长的时间，则这并不是当事人违反诉讼促进义务的结果。该义务并不意味着当事人应当尽可能早地提出陈述以及因为未遵守期间可能潜在地导致诉讼迟延就对不当行为进行处罚。可见，该观点克服了主线胜诉论过度主观化的缺点，并且使法院应阐明的时点变得清楚而有着力点，是目前可以想到的能够较好地促成诉讼促进义务实际运用具体化的最佳方案。

① 参见［德］MunchKomm-ZPO/Prutting，§282，Rn. 24。转引自姜世明《论民事诉讼法失权规定之缓和与逃避》，载姜世明《任意诉讼及部分程序争议问题》，台湾元照出版公司 2009 年版，第 254 页。

② 参见［德］Grunsky，Taktik im Zivilprozeß，2. Aufl.，Koln 1996，Rn. 229。转引自姜世明《准备程序之失权及其举证责任》，载姜世明《民事证据法实例研习（一）》，台湾新学林出版公司 2008 年版，第 222 页。

第二节 诚实信用原则

一 诚实信用原则的含义

（一）诚实信用原则的概念

在市场经济条件下，作为社会经济活动中形成的基本道德准则之一，诚实信用原则要求人们在市场经济活动中讲究信用、恪守诺言、诚实不欺，在不损害他人利益和社会利益的前提下追求自己的利益。[①] 一般来讲，诚实信用原则有两项主要功能：第一，指导立法。即在法律的制定过程中应以诚实信用原则为导向，在具体法律条文中渗入诚实信用的要求。这一过程不单是指用某几个条文对该原则本身做出原则性规定，更重要的是要将其基本理念融入每项具体制度的布设之中，在具体规范上体现其宗旨。可见，就该层面而言，诚实信用原则主要起一种“事前指挥”的作用。第二，补充司法。即在具体案件的审理过程中，如果针对特定问题存在“法律漏洞”或出现“规范不足”之情形时，[②] 由法官根据诚实信用原则的基本要求，直接对当事人之间的权利义务关系予以自由裁量。易言之，该原则是以实现在制定法的解释适用中的具体的妥当性为目的而生长并发展起来的，具有对制定法之规定予以“补正”以及“矫正”的功能。[③] 就这一层面而言，诚实信用原则乃发挥一种“事后补救”的作用。为实现两方面的功能，诚实信用原则本身又包含有衡平的意味，既平衡法律关系双方主体的利益，亦兼顾个案当事人与法律体系的利益，由此也延伸出权利滥用禁止之意。

诚实信用原则起源于罗马法上的恶意抗辩制度，[④] 即当事人因误信债务的存在而予以承认时，其可提出欺诈之抗辩以拒绝履行。随着市场经济发展的提速以及社会化大生产的加快，从 19 世纪末 20 世纪初开始，该原

---

① 参见梁慧星《诚实信用原则与漏洞补充》，载《法学研究》1994 年第 2 期。

② 参见赵钢、王杏飞《论民事司法权中的司法规则创制权》，载《中国法学》2011 年第 3 期。

③ 参见［日］菅野耕毅《诚实信用原则与禁止权力滥用法理的功能》，傅静坤译，载《外国法译丛》1995 年第 2 期。

④ 参见何孝元《诚实信用原则与衡平法》，台湾三民书局 1992 年版，第 14 页。

则逐渐被引入大陆法系国家的私法领域，成为其民法上的一项基本原则，其要求民事法律关系主体在民事活动中维持双方利益的均衡，同时兼顾私人利益与社会利益的平衡，并以此为基点，促进社会和谐、稳定及有序发展。随着对诚实信用原则研究和探索的持续深入，对其适用也日益向其他部门法领域不断扩展，[①] 民事诉讼法亦不例外，“民事诉讼法虽为公法，但其影响私法上之权利至深且巨；况时至今日，公法亦一如私法，须受法律最高原则，即诚信原则之支配”[②]。由于诚实信用原则本身所具有的“中庸”特质，使得因过分强调和坚守程序安定性和稳定性所导致的难以“与时俱进”的传统民事诉讼法律规范能够紧跟并适应复杂多变的现实生活。

（二）关于在民事诉讼领域确立诚实信用原则的学说

从理论上讲，诚实信用原则能否融入民事诉讼法向来存在否定说和肯定说两种观点。否定说认为，以自由主义为基础的民事诉讼乃以双方当事人之间的对立和抗争为中心，按民事诉讼法的一般规则具体展开即可，没有必要于此之外另行遵循所谓的道德伦理要求；同时，处理复杂的民事诉讼程序应客观地适用明确的基准、遵循具体的规范，而体现在一般条款中的诚实信用原则却会违反该制度设置的初衷；此外，诚实信用原则的要求已在民事诉讼法的某些具体规则中有所体现，另外将该原则单独作为认定诉讼行为的标准不但无甚必要，甚至会带来消极后果。[③] 而肯定说则认为，随着社会的发展，公法和私法趋同的发展态势日益显著，公法亦逐渐开始借助私法中的诚实信用原则来弥补自身的缺陷，故将该原则引入作为公法的民事诉讼法领域既是法与道德的交融，亦是公、私法“利益均沾”的结果；同时，诚实信用原则为法官自由裁量权的扩张提供了依据，可以使法官能够从容应对日新月异的新情况和新问题；此外，诚实信用原则可

① 有观点认为，诚实信用原则已经不分公法和私法、不分实体法和程序法开始适用于不同的法律领域，并成为高层次的理念为人们所信奉和遵循。参见刘荣军《程序保障的理论视角》，法律出版社 1999 年版，第 208 页。

② 何孝元：《诚实信用原则与衡平法》，台湾三民书局 1992 年版，第 151 页。

③ 参见［日］谷口安平《程序的正义与诉讼》（增补本），王亚新、刘荣军译，中国政法大学出版社 2002 年版，第 167 页；石志泉《诚实信用原则在诉讼法上之适用》，载杨建华主编《民事诉讼法论文选辑》（上），台湾五南图书公司 1984 年版，第 3—4 页；彭海青《对民事诉讼适用诚信原则的质疑》，载《东方论坛》2000 年第 4 期。

以从时间、方式及内容等各方面约束当事人诉讼权利的行使，法官即可对违反该原则的当事人施以相应制裁，进而确保判决效力的权威性。①

可见，公法的确定性与诚实信用原则的适应性乃分别为否定说与肯定说的基本立足点。针对肯定说提出的禁止翻悔及矛盾举动、权利失效、禁止恶意制造诉讼状态、禁止妨碍对方当事人的诉讼行为以及禁止滥用诉讼上的权能②等主张，否定说则认为就民事诉讼来说，其处理私权纠纷的根本目标即应允许当事人可以充分、自由地从事一切于己有利的行为，一切诉讼策略和诉讼技巧，哪怕是以损害对方当事人权益为基础亦不应予以驳回。毋庸置疑，此种以绝对的自由主义为基础的诉讼理念乃是对民事诉讼性质认识的严重误读，其实质上是将诉讼这一以公权力为依托的纠纷解决方式混同于以暴力、实力为后盾的原始的（甚至是野蛮的）自力救济，只是纠纷主体展示自身实力的场所相对公开、方式略微文明罢了。既然当事人选择以诉讼解决争端，就是要以国家公权力作为保障，而国家权力的权威性和严肃性必然要求其化解纠纷的过程具备较强的程序性和阶段性，而当事人亦应遵守相应诉讼规则的制约，不能为所欲为。故作为否定说据以立足基础之一的绝对的自由主义思想显然不具合理性。而要对公法安定性之追求这一否定说的另一确立依据予以有效驳斥则较为困难。而正因如此，赞同肯定说的学者对诚实信用原则的论述多数仅停滞在对该原则导入民事诉讼之合理性评介的粗浅层面，未能从根本上领会该民法基本原则的精髓，进而难以将其恰如其分地运用到民事诉讼立法和审判实践中去，这也正是阻碍该原则在民事诉讼领域得以真正确立的“症结”之所在。

笔者认为，基于调整对象的私权属性，各国和地区的民事实体法对民事法律关系的调整均具有较大的弹性，即立法为民事主体对民事实体权利的灵活处分预留出较大的空间，便于民事主体之间的充分沟通和协商，并以之成为进入诉讼后法官对民事实体争议予以处理的依据，以期达到各自

① 参见王福华《民事诉讼诚实信用原则论》，载《法商研究》1999 年第 4 期；聂明根《民事诉讼法上诚实信用原则研究》，载陈光中、江伟主编《诉讼法论丛》（第 4 卷），法律出版社 2000 年版，第 331 页；黄娟《对在我国民事诉讼法中确立诚实信用原则的冷思考》，载《法商研究》2001 年第 6 期；张家慧《当事人诉讼行为与诚实信用原则》，载陈光中、江伟主编《诉讼法论丛》（第 6 卷），法律出版社 2001 年版，第 778 页。

② 参见［日］兼子一、竹下守夫《民事诉讼法》，白绿铉译，法律出版社 1995 年版，第 79—81 页。

正当利益的最大化。因此，诚实信用原则在民事实体法上主要发挥一种后续补充功能，这固然是有对日益新型化和多样化的民事法律关系发展现状适当处理之考量，但更重要的则是在对民事法律关系本质之完全领悟的基础上所采取的必然举措。而传统肯定说的观点虽认可诚实信用原则在民事诉讼领域的确立，但却未能准确把握该原则在民事实体法领域的适用方式所赖以立足之背景及实质，故在将该原则引入民事诉讼中时，从该原则的内容到适用方式均原封不动予以整体照搬，忽视了该原则在民事实体法中的特定语境，导致该原则始终不能与民事诉讼制度真正“水乳交融”，从而使之成为否定说极力攻击之目标所在。

作为典型的技术法之一，民事诉讼法的立法基点乃在于对具体程序操作过程的创制和布设，从而成为民事诉讼主体行使诉讼权利、实施诉讼行为的依据，故其实施效果的最优化自然要求相应规则须详细、缜密。鉴于此，若要使诚实信用原则在民事诉讼中得以确立，则不能仅使之以抽象的口号化、符号化的形式出现，更应将之融入具体诉讼规则的设置中去。否则，“诚实信用原则作为一个突兀的原则，在无具体规则的支持、缺乏赖以生存的制度环境下，至多是个华而不实的术语，不具备技术和实践层面的可操作性价值”①。显而易见，就民事诉讼法而言，个案审理中具体规则的“强制”约束比抽象原则的“软性”制约更具实益，具体规则的抽象、空洞甚至缺失自然会使程序的价值大打折扣。倘若立法者对程序本身的要求仅满足于原则化或抽象化的层面，则程序本身存在的意义便会消失殆尽。在民法领域中的“具体规则向一般原则逃避”的现象可能只会在一定程度上波及当事人的私益，且其效果也并非绝对不利；而“具体规则向一般原则逃避”在民事诉讼法中出现的波及面则会非常广泛，且必会产生消极的负面效应，从而最终损及制度的公信力和权威性。因此，就诉讼程序本身来说，不应过多赋予法官自由裁量的权限。期冀法官以空泛的道德标准来严于律己进而充分保障当事人的诉讼权利，对法官个人的素质要求无疑是超脱现实的“大跃进”；而因此相应产生的规则空洞与抽象问题则无疑是逃避现实的“大撤退”。诉讼规则的普遍适用与法官个体的高度个性天然地存在抵牾，而程序规则的尽量详细、周密则是调和此种矛盾的不二利器。因此，即便在对法官信赖度相对较高的英美法系国家和地

① 彭海青：《对民事诉讼适用诚信原则的质疑》，载《东方论坛》2000年第4期。

区，从20世纪初开始亦相继将民事诉讼的程序规则予以成文化，《美国联邦民事诉讼规则》和《美国联邦证据规则》的颁行即为适例。可见，民事诉讼规则的详细化和周密化乃是当今任何一个国家和地区均不能轻易予以忽视的制度问题。鉴于此，与诚实信用原则在民事实体法中侧重于补充司法的作用相比，诚实信用原则在民事诉讼领域的确立则应将重心置于具体诉讼规则的设定上，即展示其“事前指挥”的功能。

（三）诚实信用原则的适用主体

一般来讲，民事诉讼的主体包括法院和当事人，故民事诉讼法律关系包括法院与当事人之间的审判法律关系和双方当事人之间的争讼法律关系两方面。因此，即有观点认为，诚实信用原则如若作为民事诉讼的基本原则，其应对法院和当事人均产生拘束力。[①] 但若对法院和当事人在民事诉讼中的地位及行为之属性予以分析，则对该观点之认识即会产生异议。

从上述大陆法系诸国和地区涉及诚实信用原则的立法条文来看，其均是针对当事人参加诉讼时所提的要求，并未将法院纳入该原则调整之范围。即便某些国家将对法院审理民事案件的基本要求和当事人一并予以规制，但具体表述与对当事人的要求完全不同。如《日本民事诉讼法》第2条在对当事人提出“应当诚实守信地进行民事诉讼”之要求的同时，对法院提出的要求乃是“公正而迅速地推进民事诉讼”，并未将诚实信用原则适用于规范法院的行为。而我国现行《民事诉讼法》第7条“人民法院审理民事案件，必须以事实为依据，以法律为准绳”和第44条第1款“审判人员应当依法秉公办案”之规定虽也对法院或法官的行为提出了要求，但其乃为对法官工作职责的设定，而尽守本分乃职业法官应遵守的基本纪律，不应仅从道德约束的角度予以约束。如以带有浓厚道德色彩的诚实信用原则来规范法官的审判行为，则对法院的约束即过于抽象，难以确实发挥效果，从而有碍诉讼的顺利推进。因此，各国和地区大多用专门的法律对法院的工作职责和工作纪律提出细致、严密的要求如我国《法官法》第7条规定：“法官应当履行下列义务：（一）严格遵守宪法和法律；（二）审判案件必须以事实为根据，以法律为准绳，秉公办案，不得徇私枉法；（三）依法保障诉讼参与人的诉讼权利；（四）维护国家利益、公

① 参见［日］谷口安平《程序的正义与诉讼》（增补本），王亚新、刘荣军译，中国政法大学出版社2002年版，第171页。

共利益，维护自然人、法人和其他组织的合法权益；（五）清正廉明，忠于职守，遵守纪律，恪守职业道德；（六）保守国家秘密和审判工作秘密；（七）接受法律监督和人民群众监督。”其中部分职责在《民事诉讼法》中亦有体现，但这只是为了让参与具体民事诉讼的当事人及其他诉讼参与人对法官的应有职责有更加直接的认识，同时也是为了提醒审理具体案件的法官在诉讼过程中对相应的纪律规范应时刻铭记于心、贯彻于行。

一般而言，若要对当事人违反诚实信用原则所实施的行为予以规制，除采取一定公法上的措施外，最有效的方式便是从司法角度入手，即剥夺其通过实施违反诚实信用原则的行为（如阻碍攻击防御方法的正常提出）所欲获得的裁判上的利益，使之承受相应的不利后果。但同时要引起注意的是，私法上的制裁程度不能超出其通过诉讼可能获得的最大利益，即诉讼标的的范围。而对法官违反职责所予以的惩戒则均施以纪律规则的制裁。如我国《法官法》第 32 条要求：“法官不得有下列行为：（一）散布有损国家声誉的言论，参加非法组织，参加旨在反对国家的集会、游行、示威等活动，参加罢工；（二）贪污受贿；（三）徇私枉法；（四）刑讯逼供；（五）隐瞒证据或者伪造证据；（六）泄露国家秘密或者审判工作秘密；（七）滥用职权，侵犯自然人、法人或者其他组织的合法权益；（八）玩忽职守，造成错案或者给当事人造成严重损失；（九）拖延办案，贻误工作；（十）利用职权为自己或者他人谋取私利；（十一）从事营利性的经营活动；（十二）私自会见当事人及其代理人，接受当事人及其代理人的请客送礼；（十三）其他违法乱纪的行为。”对违反这些职责的行为，《法官法》第 33 条对相应的惩治措施作了规定，即法官有第 32 条所列行为之一的，应当给予处分；构成犯罪的，依法追究刑事责任。可见，对法官违反工作职责行为的惩治力度远大于对违反诚实信用原则行为的制裁程度，即诉讼中法律对法官的约束远高于对当事人的要求。

虽然诚实信用原则不直接规制民事诉讼中法官的审判行为，但其对审判法律关系仍具有一定约束力。在当事人违反诚实信用原则的行为中，多数是向法官作出的，逾期提出攻击防御方法的行为即为适例。此时，法官乃作为裁量者根据诚实信用原则来对当事人此类行为的效力予以评判，当事人失权等制度即应运而生。

二　诚实信用原则的立法沿革

时至今日，上述关于诚实信用原则能否在民事诉讼中得以确立的争议不仅依旧存在，且有从抽象价值判断“扩散”至具体制度布设之态势。与民事诉讼领域存在的其他理论分歧有所不同，在该问题上的理论争议并未阻挡各国和地区立法实践的步伐，目前几乎所有的国家和地区均在各自的民事诉讼中直接或间接地对诚实信用原则有所表述或体现，可以说是用实践对肯定说予以认同性回应。

从规则层面来看，“英美法系以衡平法补充之，大陆法系则以诚实信用原则为之”①，即英美法系国家和地区一般未对诚实信用原则予以设置，而是将该原则的精髓融入具体个案的审理之中；大陆法系国家和地区则是通过对当事人真实义务的规定来体现该原则的要求。在采取辩论主义②的民事诉讼方式下，当事人在事实的主张或攻击防御方法的提供上虽然具有主导权，但并不允许当事人在违反自己认知的前提下进行事实主张，进而导致法院作出错误的裁判。诚如日本学者新堂幸司所言：“辩论也是当事人追求实体性利益的一个过程，进而被视为裁判外交易行为的延伸，因此在交易行为中所要求的诚实信用原则，也应当然地被作为辩论的前提。”③为求法院裁判的真实，大陆法系国家和地区民事诉讼法上均明定当事人负有真实地主张之义务（也可被称为真实与完全义务）。所谓真实义务，亦称诚实义务，是诚实信用原则在民事诉讼上的体现，④乃指当事人在民事诉讼中负有真实陈述的义务，不得就已知的或自己认为的不真实事实予以主张，同时不得否认对方主张的明显与事实相符的主张。

---

① 何孝元：《诚实信用原则与衡平法》，台湾三民书局1992年版，第4页。

② 在诉讼资料的提供与案件事实的认定之关系上，当前主要国家和地区的民事诉讼主要有两种做法：其一是辩论主义。该模式要求法院不能将双方当事人未予主张的事实作为裁判的基础；对于双方当事人之间有争议的事实应依当事人提供的证据进行判断；而对双方之间无争议的事实应直接作为裁判的基础。其二是职权探知主义。该模式下，法院对事实的认定不以当事人所提供证据的范围为限；法院认为必要时仍可调查双方当事人之间无争议的事实以及未主张的事实。

③ ［日］新堂幸司：《新民事诉讼法》，林剑锋译，法律出版社2008年版，第312页。

④ 参见［日］高桥宏志《民事诉讼法——制度与理论的深层分析》，林剑锋译，法律出版社2003年版，第379页。

真实义务的规定发端于罗马法。罗马法上不仅对当事人主张的真实义务予以明确，且设有对故意违反者施以“虚言罚”[①] 的规范。而近现代意义上大陆法系的民事诉讼程序乃是构筑在辩论主义和处分权主义之上的，因而在确立之初即强调除法律明令否定外，任何攻击防御手段均可为当事人双方使用。其结果却导致当事人可以任意提出攻击防御方法，从而使对方当事人落入难以应对的不利局面。鉴于此，自 19 世纪末开始，部分大陆法系国家和地区逐渐重拾罗马法上的真实义务，相继在规则层面予以明确。

1895 年的《奥地利民事诉讼法》第 178 条首次明文规定了当事人在主张时应负真实义务，其内容是：“据以声明所必要之一切情事，当事人须完全真实且正确陈述之。”1910 年的《匈牙利民事诉讼法》第 222 条第 1 款更是明确规定：“当事人或代理人显系故意陈述虚伪之事实，对（他造）事实之陈述明显地为毫无理由争执或其所提出之证据毫无必要者，法院得处以六百克鲁念以下之罚锾。”[②] 1926 年修改后的《日本民事诉讼法》第 331 条第 1 款规定，当事人或其代理人，由于故意或重大过失，违反事实对文书的真实性进行争执时，法院得以裁定处以罚款。与奥地利和匈牙利相比，日本此时与当事人提出书证相关的真实义务的适用范围较窄，仅限于当事人违反事实对相关文书的真实性提出异议的情况。但《日本民事诉讼法》第 339 条还规定了法院可以对当事人虚伪陈述的行为予以罚款。《德国民事诉讼法》于 1933 年修改后也确立了真实义务，其第 138 条第 1 款规定：“当事人应就本案的事实进行完全而真实的陈述。”该规定一直沿用至今。此后，真实义务便一直为大陆法系国家和地区的民事诉讼理论和立法所承继，并在内容和形式上得到不断的完善和发展。我国台湾地区“民事诉讼法”自 1968 年修改后亦确立了该义务，其第 195 条第 1 款规定：“当事人就其提出之事实，应为真实及完全之陈述。”而《日本民事诉讼法》在 1996 年修改之后则更进一步，其在保留原第 339 条规定的法院可以对当事人虚伪陈述的行为予以罚款之措施的同时（修改后新法第 209 条），其第 2 条“法院应当致力于公正而迅速地推进民事

① 蔡章麟：《民事诉讼法上的诚实信用原则》，载杨建华主编《民事诉讼法论文选辑》（上），台湾五南图书公司 1984 年版，第 17 页。

② 同上书，第 21 页。

诉讼，当事人应当诚实守信地进行民事诉讼”之规定更是直接将诚实信用设定为当事人进行民事诉讼的基本原则。我国澳门特别行政区《民事诉讼法》第9条“（1）当事人应遵守善意原则；（2）当事人尤其不应提出违法请求，亦不应陈述与真相不符之事实、申请采取纯属拖延程序进行之措施及不给予上条规定之合作”之规定则在将诚实信用原则确立为民事诉讼基本原则的基础上，进一步明确将当事人逾期提出攻击防御方法导致程序拖延的行为视为违反诚实信用原则的具体情形之一。

要注意的是，真实义务并不以让当事人陈述真实之积极性义务为内容，仅具有禁止当事人在不知道的情形下提出主张或作出否认的消极性内容，即当事人不能违反自己的主观性事实认知来提出主张或作出否认。[①] 同时，从程度上来看，真实义务也并非将自己对于事实的认识全部提出到辩论中而不能作任何隐瞒，这显然与辩论主义中当事人对事实主张的处分权相抵牾，仅是要求“在当事人基于隐瞒部分事实而作出的不完全陈述从整体上看违反其主观真实时，才禁止其进行这种陈述”[②]。

通常而言，大陆法系国家和地区的民事诉讼立法并不将不利于己之事实的提出作为义务或责任强加给主张该事实的当事人，否则辩论主义的要求便有被完全架空之虞，同时，要求当事人对于己不利事实予以真实陈述也实在失之过苛。真实义务虽然是当事人对国家所负的公法上的义务，但其更是为双方当事人的利益而借以谋求双方当事人攻击防御手段的平等。故真实义务并不要求当事人主动陈述所有事实，而仅限于消极地禁止其陈述其明知是虚伪的事实，即当事人“不得为虚伪之主张事实或声明虚伪之证据”[③]。同时，为查明当事人是否违反真实义务之规定，法院一般需要当事人对其主张是否背离事实真相予以证明，而此种证明通常难

---

① 因此，日本学者高桥宏志认为，作为术语而言，使用“率直义务”或“诚实义务”的表述可能更为准确。参见［日］高桥宏志《民事诉讼法——制度与理论的深层分析》，林剑锋译，法律出版社2003年版，第378页。

② ［日］中野贞一郎：《过失的推认》，弘文堂，昭和五十三年版，第156页。转引自［日］高桥宏志《民事诉讼法——制度与理论的深层分析》，林剑锋译，法律出版社2003年版，第379页。

③ 陈荣宗、林庆苗：《民事诉讼法（中）》（修订五版），台湾三民书局2009年版，第548页。

以得到明确的结果，从而容易导致诉讼陷入迟延。事实上，此种证明远不如对案件的真实性加以证明来的高效。故在当今大陆法系国家和地区的立法上，对于当事人违背真实义务的行为一般均无直接予以制裁的做法。由此观之，真实义务作为一项义务规范在当事人违背真实义务所受的制裁方面是不太充分的，也正因如此，真实义务规范作为一项评价规范，其适用的效果似乎不太理想。不过，这并不影响真实义务存在的价值。因为当事人不真实陈述的行为会成为影响法官心证的重要因素，法官一般不会将当事人违背真实义务所作的陈述作为认定案件事实依据。

2012 年 8 月 31 日经第十一届全国人民代表大会常务委员会第二十八次会议修改后的《民事诉讼法》第 13 条第 1 款规定："民事诉讼应当遵循诚实信用原则。"诚实信用原则在我国民事诉讼领域最终得以确立。

三 诚实信用原则与环境民事公益诉讼证明责任分配的关系

作为当事人诉至法院要求保护私权利益的法定程序，民事诉讼争执的中心乃是一种平权型的权利义务关系。故法院和双方当事人在该程序中的关系呈现出"等腰三角形"的样态：法院作为居中审判者位于该三角形的顶点，双方当事人分别位于该三角形的底边和两斜边的交汇点上，即双方当事人和法院之间保持同等的距离，且双方之间亦处于完全平等的对峙局面，这样即可从制度架构上确保双方当事人攻击防御手段的平衡。民事诉讼中双方当事人地位的平等性使得该程序高度对抗，故其常被称为"战争"。而基于攻击防御手段平衡的要求，立法必须为双方当事人提供平等的"战斗"机会，法院在审理具体案件中亦应确保双方诉讼权利的均衡行使，① 从而使得双方都有提出于己有利的攻击防御方法的可能。在这种对抗制的诉讼模式中，法官以消极的方式行使审判权，不得对当事人未向其诉求的事项有所作为；当事人则是诉讼程序的主导者，不仅有权决定诉讼中的实体问题，而且还有权推动诉讼程序的进行，未经当事人提出

① 立法对当事人攻击防御手段平等地赋予乃是一种静态的平等；法官在审理具体案件过程中确保当事人诉讼权利的平等行使乃是一种动态的平等，动静相结合即可有效地保证审理进程和裁判结果的公正性。

的诉讼主张不得成为法官裁判的对象，未经当事人提出与辩论的证据不得成为法官裁判的依据。

在此制度架构下，当事人在拥有最大限度诉讼权利的同时，如果对其诉讼权利的行使不设置相应的约束机制，从而将当事人诉讼权利的行使限定在合理、规范的轨道之上，则当事人对诉讼权利的滥用即不可避免。诚实信用原则本身包含有平衡之意，既平衡当事人双方的利益，又平衡当事人与法院的利益，由此延伸出也包含有“权利滥用禁止”之意。该原则在民事诉讼中的主要作用在于纠正当事人处分原则的过分之处，使诉讼程序中当事人“恣意化”的倾向得以遏制。但这种遏制并非简单地强化法院职权对当事人权利的干预，而是通过强化当事人积极正当的行使诉讼权利、履行诉讼义务的途径来加强当事人在诉讼过程中的协调与合作，从而使纠纷能够得以平稳、顺畅的解决。如果当事人为了私利企图拖延诉讼或干扰诉讼而滥用这些诉讼权利，无疑即违背了国家赋予当事人这些诉讼权利的初衷，亦损害了对方当事人（尤其是代表环境公益一方的当事人）的合法利益，并将造成司法资源的浪费，影响诉讼的公正和效率，故必须加以约束和限制。环境民事公益诉讼证明责任分配规则的布设就是建立在此种运作机理之上的，其并非用以削减当事人的诉讼权利，而是为了充分发挥当事人对诉讼的促进作用，实现诉讼程序的良性运作，从而使之契合诚实信用原则之本旨。

第三节　诉讼价值

作为哲学领域的基本概念，价值是指客体对主体、客观对主观的某种需要或发展的满足程度。价值集中反映出主体的主观需求与客体的客观承载之间的互动关系。法律上的价值是哲学层面的价值概念在法律领域的延伸使用，主要用来指称法律的功用或效能。民事诉讼的价值是法律价值在民事诉讼领域的具体体现，反映的是民事诉讼主体的主观需求与民事诉讼客体的客观承载之间的互动关系，是整个民事诉讼程序所追求的理想目标。从一般意义上讲，民事诉讼的基本价值主要包含公正和效率两个方面，所有民事诉讼制度的建构和运行均围绕该两者的协调和平衡展开，当事人失权制度亦不例外。

一 公正与环境民事公益诉讼证明责任分配

(一) 公正的含义

在现代汉语中，公正一词含有公平、正直，没有偏私之义。[①] 法学上的公正，则是指执法者所应具备的基本品质，其意味着平等地对待发生纠纷的双方当事人，不偏袒任何人，所有的人均平等、一致地适用法律。[②]

在西方法学思想中，学者多使用“正义”来指称上述公正的含义，且在具体内容的界定上存在不同的认识，即“正义具有着一张普罗透斯似的脸，变幻无常，随时可呈不同形状，并具有极不相同的面貌”[③]。柏拉图认为，正义有国家正义和个人正义之分，前者是指统治者依据每个人的特点安排其从事相应的工作，后者则是指每个人做好各自的工作。而法本身就代表正义，法与正义是等同的，“凡是对政府有利的对百姓就是正义的；谁不遵守，他就有违法之罪，又有不正义之名”[④]。亚里士多德认为，正义的实质在于平等的公正，是以“城邦整个利益以及全体公民的共同善业为依据”[⑤]。而正义可具体分为普遍的正义和个别的正义两种。普遍的正义规定了个人在团体中应尽的内容一致的义务；个别的正义又可分为分配的正义和平均的正义，前者是指不同社会地位的人理应享有不同的权利；后者则指权利在具体分配时应考虑适当的等差比例。[⑥] 阿奎那认为，正义有自然与实在之分，自然正义来源于上帝统治人类的规则（即自然法），实在正义则来源于国家机关指定的法律（即人法），而后者来自于前者。[⑦] 英国学者霍布斯认为，正义有交换正义与分配正义之分，前者是立法者的正义，后者是司法者的正义。[⑧] 法国学者卢梭认为，正义可

① 参见《现代汉语词典》，商务印书馆1983年版，第386页。

② 参见［英］戴维·M. 沃克《牛津法律大辞典》，邓正来等译，光明日报出版社1988年版，第433页。

③ ［美］E. 博登海默：《法理学——法哲学及其方法》，邓正来、姬敬武译，华夏出版社1987年版，第238页。

④ ［古希腊］柏拉图：《理想国》，郭斌和、张竹明译，商务印书馆1986年版，第19页。

⑤ 参见［古希腊］亚里士多德《政治学》，吴寿彭译，商务印书馆1981年版，第153页。

⑥ 同上书，第234—235页。

⑦ 参见［意］托马斯·阿奎那《阿奎那政治著作选》，马清槐译，商务印书馆1982年版，第138页。

⑧ 参见［英］霍布斯《利维坦》，黎思复、黎延弼译，商务印书馆1985年版，第114页。

分为自然正义和约定正义两种，前者从事物自然状态而来，后者则根据社会契约达成。[①] 美国学者庞德认为，应从三个层面对正义进行认识：在伦理上，正义是一种对人类需要的一种合理满足（即个人正义）；在政治与经济上，正义是一种确保人类利益得以实现的制度（即社会正义）；在法律上，正义是由国家司法机关运用规则来处理公民之间的利益（即执行正义），而执行正义是可以落到实处的。[②] 德国学者拉德布鲁赫认为，正义是法律的首要理念，是一种用来衡量法律，而非由法律予以评价的绝对性价值。当然，正义只规定了法律的形式而未说明法律规则的具体内容，仅要求人人平等而未明确平等在主体之间的具体设置，即其不能涵盖法律的全部内容。[③] 美国学者罗尔斯认为，如同真理是思想领域的首要价值一样，正义则是社会制度领域的至高价值。正义的首要问题是关注作为社会基本结构的社会制度对公民基本权利和义务的划分方法，而其所保障的各项权利应不受经济、政治等方面的影响。在特定情形下，人们对某种程度的非正义的容忍乃是为避免遭受更大的非正义的不利影响。罗尔斯进而将正义分为制度的正义和个人的正义，两者不能混为一谈。而正义主要指的是制度正义，即公民个体虽然对正义与否存在个人的不同认识，但在基本权利和义务的分配上则均明白特定制度已有一致的划分，即便发生矛盾和纠纷，制度本身的正义性亦可得到多数人的认同。[④] 奥地利学者凯尔森则认为，说一个社会秩序是合乎正义的，意味着这种秩序把人们的行为调整使所有人都感到满意，对于正义的期望是人们永恒的对于幸福的期望。可见，作为一种社会秩序，正义使人类对真理的追求得以加强，故正义即为自由的正义、和平的正义、民主的正义——容忍的正义。[⑤]

---

① 参见［法］卢梭《社会契约论》，何兆武译，商务印书馆 1980 年版，第 49 页。

② 参见［美］罗斯科·庞德《通过法律和社会控制、法律的任务》，沈宗灵、董世忠译，商务印书馆 1984 年版，第 73 页。

③ 参见［德］拉德布鲁赫《法律哲学概论》，徐苏中译，中国政法大学出版社 2007 年版，第 34 页。

④ 参见［美］约翰·罗尔斯《正义论》，何怀宏、何包钢、廖申白译，中国社会科学出版社 1988 年版，第 75 页。

⑤ 参见［奥］凯尔森《法与国家的一般理论》，沈宗灵译，中国大百科全书出版社 1996 年版，第 6—14 页。

总之，公正的功能是双重的：一方面，用以保持事物的原样，假定每一个人都能够得益于社会的稳定，尽管社会秩序中存在着弊端；[①] 另一方面，尽力消除弊端，对权利进行再分配，使社会更加合理。

公正向来被认为是人类的美好愿望和崇高美德，是人类孜孜以求的终极目标，自然成为法律规范的制定和执行中的基本准则。

（二）公正的分类

以不同的标准，可以对公正予以不同分类，而与当事人失权制度相关的则是根据内容的不同将其分为实体公正、形式公正和程序公正。

最早从这一角度对公正（正义）进行划分的是美国学者罗尔斯。作为正义理论在当代的集大成者，罗尔斯将正义分为实质正义、形式正义和程序正义三种：实体正义乃是指关于社会实体目标和个人实体权利、义务的正义，即有关社会基本结构的正义；[②] 形式正义则与法治相同，即严格依照法律的规定办事；[③] 程序正义则介于前两者之间，是指在制定和适用规则的过程中应正当、合理，[④] 从制度上保证法院必须由受过充分法律训练的法官组成、法官必须认真听取双方当事人各自的主张及辩论并仅依据事实和法律作出判断等乃均为其构成要件。[⑤]

该分类的内容在日后的发展中不断得到充实。时至今日，实质公正的含义主要指实体公正，即立法对实体权利义务进行调整时应贯彻公正的价值取向；形式公正即指“法律面前人人平等”；而程序公正则指立法机关在制定规则以及司法机关在适用规则时亦应遵循公正的要求。从各自追求的目标来看，实质公正和形式公正（形式公正的内容逐渐融入其他两种公正的含义之中）较侧重于行为的结果，而程序公正则较着力于行为的过程。

（三）公正与环境民事公益诉讼证明责任分配的关系

实体公正与程序公正一般总是相辅相成、相互促进。就诉讼而言，程

---

① 参见张文显《二十世纪西方法哲学思潮研究》，法律出版社 1996 年版，第 573 页。

② 参见［美］约翰·罗尔斯《正义论》，何怀宏、何包钢、廖申白译，中国社会科学出版社 1988 年版，第 80 页。

③ 同上书，第 225 页。

④ 同上书，第 532 页。

⑤ 参见［日］谷口安平《程序的正义与诉讼》（增补本），王亚新、刘荣军译，中国政法大学出版社 2002 年版，第 91 页。

序公正度越高，诉讼结果的公正度往往也越高。程序公正能从诉讼程序的透明、审理过程的科学和民主、监督机制的完善以及法官裁量行为的制约等多方面尽量确保诉讼结果的公正性。但实际亦并非完全如此，实体公正与程序公正有时不见得能够兼得。

从某种意义上来讲，环境民事公益诉讼证明责任分配规则在民事诉讼领域的确立便是从程序公正角度对在侵害环境公益类案件审理过程中双方当事人地位的实质性平衡。在环境民事公益诉讼中，双方当事人在知悉案件内容、把握案件关节以及获取案件资料的时间、条件以及能力等各方面的差异显而易见：与被诉的侵权方相比，代表环境公益一方的特定主体在整个侵害事件发生过程中是不了解案情的，其乃嗣后方通过各种间接的渠道知晓的案情，而制定诉讼策略、收集诉讼资料则更是“晚上加晚”；加之环境损害的隐蔽性和持续性，证据的获取对其乃是一件困难度相当高的工作。此时，如果遵循民事诉讼证明责任分配的一般规则来划定环境民事公益诉讼中双方当事人的证明责任，则对于代表环境公益的一方当事人而言，则显然有失公正。从公正的本意来看，法官在对维护公益的行为和损害公益的行为效果的评判上理应有所区别：维护公益的行为因遵守了规则或社会的相关要求而应得到正面的评价，即应成为法官认定案件事实的基础；而损害公益的行为则因违背了规则或社会的相关要求而应得到负面的评价，即不能被纳入规则正面评价的范围。此种“赏善罚恶”的操作模式方与程序公正的基本理念相吻合。而倘若法院对一方当事人维护公益的行为和对他方当事人损害公益的行为的评价效果相同，则维护公益的当事人委屈、郁闷、不平的感觉便会油然而生，其自然会对诉讼过程的公正性产生质疑，进而损及裁判的权威性和公信力。因此，程序公正的内涵与环境民事公益诉讼证明责任分配规则的布设明显相契合，自然成为该制度确立的价值基础。

但同时也应注意的是，环境民事公益诉讼证明责任分配规则的布设亦不应过于僵化和绝对，否则即有违实体公正的要求。在特定情况下，如果当事人因不可归责于自身的原因而损及环境公益时，或者当事人虽有一定过错，但情节轻微时，规则即不能绝对地对其进行否定的评价，否则未免失之过苛，在案件实体事实的发现上即可能出现重大瑕疵或明显错误，进而亦会损及裁判的权威性和公信力。

二 效率与环境民事公益诉讼证明责任分配

（一）效率的含义

与公正相比，效率在法学领域出现的时间则要晚得多，是人类进入资本主义社会以后，在社会化大生产背景之下，不断追究社会发展与经济增长之提速的要求在法律上的投射。

作为经济学上的基本概念之一，效率是指有效产出减去投入后的结果，即“表示使价值最大化的资源配置”①。易言之，效率是指一个生产过程以最少的投入总成本生产出既定水平的产出，或一个生产过程可使既定的投入组合得到的产出水平达到最大。② 从各国发展的一般规律来看，市场经济条件下，人类所从事的任何经济活动都必须遵守经济性的原则，即力求以最小的消耗取得最大的效果，③ 从而达到资源的最优化配置，易言之，即以最小的投入付出获得最大量的产出、创造最大的社会财富。

效率同样是当代西方法学家，尤其是当代西方经济分析法学派（兴起于20世纪60年代的美国）学者特别重视的法的价值。经济分析法学派通过将具体的法律问题数量化，运用微观经济学中平面几何或代数的方法，分析法院处理具体案件、解决具体法律问题对效率的影响进而预测法院对案件的处理结果对将来人们行为的导向。④ 可见，法的效率价值，即是指“法能够使社会或人们以较少或较小的投入以获得较多或较大的产出，以满足人们对效率的需要的意义”⑤。当交易成本存在时，法律在资源配置中的作用就不可能中立，其应该重视效率的价值追求。

---

① ［美］理查德·A. 波斯纳：《法律的经济分析》（上），蒋兆康译，中国大百科全书出版社1997年版，第343页。

② 参见［美］罗伯特·考特、托马斯·尤伦《法和经济学》，张军等译，上海三联书店1994年版，第24页。

③ 参见赵钢、占善刚《诉讼成本控制论》，载《法学评论》1997年第1期。

④ 此种分析法律问题方法得以成立需满足下列几个要求：其一，假设各种形态的物品是可以替代和交易的，并因此使个人状况发生变化；其二，假设个人将永不满足并竭力追求净收益的最大化或成本的最小化，并预测个人行为或集体行为将对未来预测的客观成本和收益的变化予以反映；其三，每一行为收益不仅要超过成本，其边际成本与边际收益亦应相当。参见［美］理查德·A. 波斯纳《法律的经济分析》（上），蒋兆康译，中国大百科全书出版社1997年版，第14页。

⑤ 卓泽渊：《法的价值》，法律出版社1999年版，第205页。

（二）效率与诚信信用

总体上来讲，市场经济的本质属性是将效率导入法律领域的根本原因。从各国发展的一般规律来看，市场经济条件下，“人类所从事的任何经济活动都必须遵守经济性的原则，即力求以最小的消耗取得最大的效果”[①]，从而达到资源的最优化配置，易言之，即以最小的投入付出，获得最大量的产出，创造最大的社会财富。而诚实信用原则则在实现资源优化配置方面发挥着难以替代的功效，进而言之，诚实信用原则是效率产生的前提和基础，对其切实贯彻是实现效率最大化的保障和推手。

基于体系化研究的考量，对诚实信用原则与效率之关系的探索可以从市场消极作用的角度来加以分析。市场经济条件下，作为单个利益体的市场主体为追求个人利益的最大化极易忽视或是回避交易相对人的利益，遑论社会公共利益；而且，若无以道德为基准的诚实信用原则加以约束，其可能为达目的背德弃义。这种不择手段追求个人利益的行为显然是对诚实信用原则的违反。就个人来讲，虽然短期内资源会随其意志进行于其有利的配置，若“方法得当”，还能在极短的时间内迅速得以实现。从个人角度来看，这看似实现了效益，使个体的交易成本降至最低，但这种短视、个别的虚假效益的取得是以牺牲长期、整体的真正效益为代价的，从社会整体角度来看显然得不偿失，而其负面作用必然会最终在个体身上产生影响。

与交易主体直接发生经济关系、并产生直接经济利益的便是交易活动中的相对人。交易主体双方互为交易相对人。一般来说，在以信用为基础的等价交换中，交易相对人的利益可以作为交易主体通过交易所获利益的最直接、最贴切的反映，双方利益虽在外在形态上有所不同，但其实质无疑是相同的，在抽象的可以一般等价物（金钱）衡量的量和质上应该相等。若一方交易主体违背诚实信用原则的要求，以非正当的手段寻求自身利益的最大化，则交易相对人的对等利益必会受到损耗，即出现以正常标准衡量的不相等。此种情形下就会损及效率的顺利实现，即本该由以诚实信用为基础的等价交换所达到的以双方利益之和为基准的最大化的效率却因一方的失信而遭受减损，使交易相对方产生不必要的非正常性成本支出。具体来讲，可以分为显性成本和隐性成本两类。所谓显性成本，是指

① 赵钢、占善刚：《诉讼成本控制论》，载《法学评论》1997年第1期。

因交易主体一方违背诚实信用原则而使交易相对方额外支出的、以较为明显的方式表现出来的成本。失信行为可能导致为促成交易的有效达成所支出的成本本身的增加。遵循诚实信用原则的行为乃出于对他方诈欺行为的恐惧。[①] 在一个缺乏信用的市场中进行交易，除正常交易成本外，为保证交易得以顺利进行，实现自己的应得利益，交易主体自然会增加部分额外成本来考察相对人的守信程度（即资信度）。而对相对人资信度的考察实非易事，需交易主体耗费相当的人、财、物力，且随调查的难易程度不断调整。而且随着市场全球化程度的不断加深，交易相对人之间的空间距离日益拉宽，此时为考察相对人资信度所耗成本更会相当可观。同时，在交易中也可能由于一方或双方交易主体的失信导致正常交易过程延长，造成交易延迟，增加一些无谓的支出。甚至在交易结束后也因要评估交易的后期影响而耗去相当成本。可见，在整个交易过程中，用于应对信用缺失而产生的额外支出对效率的负面影响显而易见。更有甚者，有时可能会因该项成本过高而使相关主体不得不放弃与某个相对人的交易，转而寻求其他相对人，此种情形下成本的支出显然更为可惜，毫无效率可言。相对于显性成本而言，隐性成本是指由于交易主体信用的缺失产生显性成本的同时，随之而来的一系列“发酵性”的边际成本。这些成本在显性成本支出时表现得不甚明显，但随时间的推移会逐渐显现，并对效率的实现产生持久、广泛的负面作用。此项成本具体可以分为两类：（1）谨慎成本。当诚实守信的市场主体在与失信方交易后，因对方的失信行为所蒙受之损失足以使其在今后的交易中审慎地选择交易对象、谨慎地进行交易。这种“一朝被蛇咬，十年怕井绳”的防范心理极难在短期内消除，只会因某些因素的介入“久而弥坚”。在这种相互观望的氛围中进行交易，双方自然是瞻前顾后甚至“严防死守”，这自然会产生相当的额外支出，此时效率如何不言自明。（2）搜寻成本。因一方交易主体的失信行为导致交易破裂后，受损方为生存和发展仍然会寻觅其他适格的交易相对人。除一定的谨慎成本外，对相对人的寻找、甄别、筛察和联系等一系列搜寻行为均需主体进行相应的投入；同时，搜寻的效果如何无疑存在不同程度上的不确定性，即存在一定的风险性，自然会产生一定的风险成本。这些成本当然亦会对效率的实现带来或多或少的消极影响。

---

① 参见徐国栋《民法基本原则解释》，中国政法大学出版社 2001 年版，第 131 页。

社会公共利益，一般是指最大限度地利用有限的资源满足社会上人们日益增长的物质文化需求。所有市场主体的集合构成社会，所有交易活动的集合形成整个社会活动。因此，虽然市场交易活动直接在交易双方之间发生关系，并产生直接利益，但从根本上来说必会对整个社会公共利益间接发生作用，单个交易中交易主体违反诚实信用的行为自然也会对社会公共利益造成负面影响，显著地消耗社会成本。诚实信用则是以契约意识为精髓的现代市场经济赖以存在和发展的基石。对诚实信用原则的违背有一种扩散效应，由多个交易活动中的失信行为所造成的消极影响在社会中长期累积并沉淀到一定程度，结果必会动摇整个社会的信用根基，进而产生社会性的信用危机。生产“低产能、高消耗”的现状本已使我国的发展成本高于世界平均水平，而社会信用体系崩溃可能导致的社会性信用危机使经济运行成本的相应增加更会是“雪上加霜”，对我国的可持续性发展产生持久且难以消弭的负面影响。

（三）效率与民事诉讼

不可否认，任何民事诉讼的开展和进行均与效率相挂钩，而其基础便是通过合理的配置与调动，使得诉讼成本和诉讼边际成本的投入与诉讼预期结果的达成之间形成一种最优化。

所谓诉讼成本，是指诉讼主体在实施诉讼行为时所耗费的时间、精力以及金钱等各项资源的总和。在经济交往过程中，交易主体双方彼此互为交易相对人。一般来说，在以信用为基础的等价交换中，双方利益虽在外在形态上有所不同，但其实质无疑是相同的，在抽象的可以通过一般等价物（金钱）衡量的量和质上应该相等。若一方交易主体违背交易基本准则，以非正当手段获取自身利益的最大化，则交易相对人的对等利益必会受到损耗，即出现以正常标准衡量的不相等。此种情形下就会损及预期效果的顺利实现，即本该由以正常等价交换所达到的以双方利益之和为基准的最大化的收益却因一方的异常行为而遭受减损。为此，交易中的受害方在通常救济途径均无效的情况下，可能会考虑诉诸法院，借助司法的力量进行公力救济。法国大革命宣告的“司法无偿”原则被视为大革命的历史功绩之一，[①] 即法官的费用不再由当事人支付而由国家支付，但某些法

① 参见［意］莫诺·卡佩莱蒂等《当事人基本程序保障权与未来的民事诉讼》，徐昕译，法律出版社2000年版，第56页。

院成本以及其他经济负担仍然需由当事人承担。一般情况下，国家尤其不会无偿地耗费司法资源对交易主体的私人利益进行救济，[①] 故民事诉讼的过程自然亦成为当事人成本投入的过程。同时不能忽视的是，一旦进入民事诉讼程序，审理的进程往往非当事人可自主决定，随之产生的各项成本在诉讼前也是难以准确预期。此情况下即可能违背主体进行交易的初衷。相对于正常交易来说，一方当事人的异常行为导入民事诉讼这一事实本身即意味着额外成本的支出。更为严重的是，某些“心怀叵测”的主体利用民事诉讼费时耗力的特点故意从事某些异常行为使对方难于进行追偿从而获取不当利益；或为达到使对方放弃向其追索损失的目的，故意将对方拖入诉讼，利用诉讼消耗或拖垮对方。可见，诉讼本身亦会因各项不确定因素的介入而导致当事人成本的增加。同时，此类诉讼的爆发使得本已十分有限的司法资源面临相当严峻的挑战。有限的司法资源被该类讼争无限使用，必会降低审理质量，影响审判效率，有悖于司法资源合理、有效解决社会纠纷之初衷。从这个角度可以说对诚实信用原则的关注也能够使司法资源得到合理利用并提高利用的实际效率。

所谓诉讼边际成本，亦可称为诉讼衍生成本。其具体包含两个方面：一方面为“无形损失”成本。该项成本是指因失信行为引发的纠纷本身及为解决纷争而进入诉讼所可能遭受的负面评价等。一般来讲，受损方进入诉讼均是情非得已，其参加诉讼的经历本身却多少会使其名誉受损，从而危及其资信度，进而对今后与其他主体的交易产生不同程度的负面影响；另一方面为“出气、争气”成本。诉讼的开启与否通常是以理性为指导的，受损方在诉诸司法之前，多会将可能要投入的诉讼成本与可能获取的诉讼收益进行比较，从而评估开启诉讼的实际效果。一般来讲，诉讼成本与诉讼收益的比值与参与诉讼的几率成反比。但在特定主体固执于对相对人的失信行为“讨个说法”的特殊情况下，其可能不会去考虑诉讼的收益，而是纯粹为了“出气”或“争气”而开启诉讼[②]，实践中的“一元钱官司”“一支笔纠纷”等屡见不鲜。此时当事人显然因“急火攻

---

① 参见赵钢、占善刚、刘学在《民事诉讼法》（第二版），武汉大学出版社 2010 年版，第 273 页。

② 参见赵钢、占善刚《论社会主义市场经济条件下我国公民应有的诉讼观念》，载《中国法学》1998 年第 1 期。

心”而无暇考量诉讼的效率，完全忽视了诉讼的本意。

（四）效率与环境民事公益诉讼证明责任分配的关系

环境民事公益诉讼的一项显著特征，便是代表环境公益的原告方在证据的获取时间上天然地滞后于被告方，而被告方在证据的获取条件上又天然地便利于代表环境公益的原告方。两者相叠加，即会导致如若按照民事诉讼证明责任分配的一般规则来分配环境民事公益诉讼的证明责任，则诉讼迟延在所难免。诉讼迟延可谓是一种慢性病，几乎任何时代的裁判运作都会受到其阴影的困扰。而且这种弊病普遍存在，尽管这些国家存在着文化和法律制度上的差异。[①] 在现代社会中，随着人们之间交往的与日俱增，法律问题也频繁发生。而在新价值观的影响下，新权利不断被创设，随之法律的规整也日益复杂；人们不断提升的权利意识也使得更多的纠纷日渐显现。面对此种现状，诉讼迟延便成为诉讼中一道难以彻底解决的“顽疾”。而当环境民事公益诉讼证明责任分配规则的布设便是在效率价值的支配下，对因各种原因产生的举证不能或不力所导致的诉讼迟延来进行的一定程度上的应对与处理。环境民事公益诉讼证明责任分配专门规则的阙失，一方面拖延了代表环境公益一方当事人正常推进诉讼的步伐，降低了该方当事人诉讼行为的效率；另一方面打乱了审判应有的正常步伐，亦降低了法院的审判效率。如果因规则设置的不科学导致整个诉讼活动效率的下降，价值衡量的结果必然是对相应规则做出调整，环境民事公益诉讼证明责任分配专门规则确立的直接依据即在于此。

司法程序是一套经过设计的精密程序，其涉及社会主体的人身、财产等价值，故其对社会关系的修复必然要精细化运作，慎之又慎。然而对于程序参与者的当事人而言，尽快实现个人利益的最大化才是其最想看到的结果，社会正义的实现与其个人正义的彰显并无直接正相关。因此，复杂冗长的司法程序自然遭其诟病，于是在英国就产生了一句古老的法谚：“迟来的正义非正义（Justice delayed is justice denied）。”选民的要求必然会通过民选的代议制机关反映到立法层面。于是，解决第二次世界大战之后随着经济再次繁荣而重新出现在民事审判活动中的老问题——法院案件负担过重、当事人拖延诉讼、法律救济耗时过多——就成为各国立法机关

① 参见［日］小岛武司《诉讼制度改革的法理与实证》，陈刚、郭美松译，法律出版社2001年版，第144页。

修改民事诉讼机制的一项目标。[①] 然而，实现正义的诉讼基本要求与提升效率之间总是有着不可避免的矛盾。在涉及公正与效率关系的认识上，一般均认同公正与效率体现了审判工作的本质特征，两者共同构成了21世纪法院审判工作的价值取向。[②] 效率作为法的价值，从根本上来讲亦是正义观的一种体现。正义的观念中当然地包含着效率的要求，“迅速而廉价的诉讼审判构成公正的一个要素”[③]，丧失正义的效率在任何时代、任何国家都是不存在的，反之亦然。公正与效率既可以和谐共存，但又经常处于深沉的张力之中。[④] 不可否认的是，公正与效率在某些方面确实又存在一定的冲突，且在具体制度中对某一价值的侧重还会因时因地而变。涉及环境民事公益诉讼证明责任分配规则的具体布设时，应尽量在公正和效率之间找到一个使各方利益均得到最大化保障的平衡点。

① 参见［英］阿德里安·A. S. 朱克曼主编《危机中的民事司法》，傅郁林等译，中国政法大学出版社2005年版，第221页。

② 参见曹建明主编《程序公正与诉讼制度改革》，人民法院出版社2002年版，第507页。

③ ［日］谷口安平：《程序的正义与诉讼》（增补本），王亚新、刘荣军译，中国政法大学出版社2002年版，第95页。

④ 参见张文显《二十世纪西方法哲学思潮研究》，法律出版社1996年版，第602页。

第四章　环境民事公益诉讼证明责任分配规则体系的建构①

第一节　环境民事公益诉讼证明责任分配的一般规则

一　我国环境侵权领域证明责任分配规则运行的评述

以特定的环境污染事件是否对环境公益造成侵害为标准，可将相应的

① 目前，在国内现有涉及环境民事公益诉讼的相关研究中，学者多关注于对环境民事公益诉讼基本架构的设计以及对诉讼主体资格（主要是原告资格）的界定，而专门以环境民事公益诉讼证明责任分配问题为研究对象的相关论著尚付之阙如，相关论文亦不过寥寥数篇。以现有的研究成果观之，我国学者在对环境民事公益诉讼证明责任分配的认识上主要持以下观点：其一，对不同的起诉主体应适用不同的证明责任分配规则。当原告为检察机关时，应适用侵权损害赔偿案件的一般证明责任分配规则；当原告为公民个人或社会团体时，应适用特殊的证明责任分配规则，主要由作为被告的环境损害侵害人对本案的因果关系承担证明责任［毕玉谦：《民事公益诉讼中的证明责任问题》，载《法律适用》2013年第9期；徐淑琳、冷罗生：《反思环境公益诉讼中的举证责任倒置》，载《中国地质大学学报》（社会科学版）2015年第1期；刘益：《环境民事公益诉讼目的论——兼评最高法院〈关于审理环境民事公益诉讼案件适用法律若干问题的解释〉》，载《重庆理工大学学报》（社会科学版）2015年第2期］。其二，诉讼的不同阶段应施以不同的举证要求。对于提起环境民事公益诉讼时，原告应提交证明被告存在损害或危害行为和结果的初步证据，部分学者认为，此时举证的要求应低于诉讼过程中的一般证明要求（纪鹏辉、张营营：《环境公益诉讼证明标准降低之探析——基于近十年环境公益诉讼典型案例的实证分析》，载《山东审判》2014年第4期；傅贤国：《环境民事公益诉讼证明责任分配研究》，载《甘肃政法学院学报》2015年第3期）。其三，环境民事公益诉讼中证明责任的分配可以“当然地”直接适用一般环境侵权案件中证明责任的分配规则（田海鑫：《论环境民事公益诉讼证明责任之分配》，载《民事程序法研究》第10辑，2013年；刘海洋：《论我国民事公益诉讼之举证责任分配》，载《湖南社会科学》2015年第3期）。较之于对环境民事公益诉讼领域其他问题的研究，我国学界对环境民事公益诉讼证明责任的上述探讨主要集中在某些“点”而非“面”上。即便就这些“点”而言，现有的研究也是仅关注于证明责任的部分表象问题，对于该领域诸多要件事实的析明以及证明过程的细化则缺乏细致的研究，对于环境民事公益诉讼与普（转下页）

诉讼机制分为普通环境侵权民事诉讼和环境民事公益诉讼，前者仅关注对因侵权行为所导致的特定主体的人身或财产损害的救济；后者则侧重于对环境公益的保护。某一环境污染事件亦可同时侵害两种利益，此时两种诉讼机制可协同救济公民私益与环境公益，而非彼此对立不可共存。2012年环境民事公益诉讼机制确立以前，仅可通过普通的环境侵权民事诉讼对受损的环境施以救济。彼时环境侵权纠纷的证明责任分配规则便是依此布设。然究证明责任之本质，应为实体法规范。证明责任分配问题，一方面应将立法旨趣及实体政策等实体法因素纳入考量；另一方面亦应考虑程序构造的差异，与证据的距离以及盖然性的高低等程序法因素，故而不同的诉讼程序适用相同实体法时可以有相同的证明责任分配考量因素。而环境民事公益诉讼与普通环境侵权民事诉讼所适用的实体法域具有同一性，探析现有环境侵权纠纷证明责任分配规则及其在司法实践中的运行对于环境民事公益诉讼而言颇具实意。

（一）规则之梳理

我国最早关于证明责任的规定乃是《民事诉讼法》第 64 条第 1 款“当事人对自己提出的主张，有责任提供证据”之文本，即所谓“谁主张，谁举证”。然而该条文仅表达了行为意义上的证明责任，未涉及证明责任的本质（即结果意义上的证明责任），故受到学界的诸多指摘。2002年施行的《最高人民法院关于民事诉讼证据的若干规定》（以下简称《民事证据规定》）第 2 条将“谁主张，谁举证”进行了展示化的阐述，但仍未脱离行为意义上的证明责任的局限。2015 年《最高人民法院关于适用〈民事诉讼法〉的解释》（以下简称《民诉法解释》）第 91 条方才确

（接上页）通环境侵权诉讼中证明责任分配之差异的研究亦付之阙如。同时，鉴于法律要件分类说的主流地位，现有的研究基本上仍将之奉为圭臬。但应明确的是，我国现有法律规范的文本表达在拟定之时其实并未考虑证明责任问题，因此，采用法律要件分类说分析具体问题时必须时刻保持反思与修正之心。此外，现有的部分研究脱离了现行实体法的相关规范，忽视了对于实体法规范进行法解释的必要性，其缘由或许在于，我国传统上往往视证明责任为一个单纯的民事诉讼问题。此种研究现状无疑与证明责任问题在环境民事公益诉讼领域的重要地位难相匹配，亦不利于司法实践的顺利开展。而这一研究短板的负面影响在近年来相关环境民事公益诉讼案件的审理过程中已有所显现。在可以预见的未来，随着环境民事公益诉讼案件数量的进一步增多以及案情的日益复杂，与证明责任有关的问题亦会不断涌现，而研究的滞后对今后该领域案件的适当应对和正确处理显然极为不利。

立了以“规范说”为基础构造的结果意义上的证明责任分配规则。同时，该解释新增了兜底条款“法律另有规定的除外”，为克服“规范说”过于注重实体规范的外在范式而对诉讼主体的实际诉讼地位和力量关注不够的先天局限、对特殊领域的特别处理铺平了道路。

关于环境污染纠纷，《民事证据规定》第4条第（3）项设置了依“规范说”布设的证明责任分配规则的例外情形，即由环境污染的加害人就其行为与污染结果之间不存在因果关系及免责事由负证明责任，即所谓证明责任“倒置”。《侵权责任法》第66条就前述条文增加了加害人应对减轻责任的事由负证明责任之规定。类似的证明责任分配规则还可见于《固体废物污染环境防治法》第86条和《水污染防治法》第87条。依此类规则之阐释，侵害行为与损害结果的证明责任由受害人承担，而加害人须承担因果关系不存在的证明责任。规则上作此选择，乃是在当前企业规模化发展以及企业与传统民事主体之间平等性与互换性丧失的背景下考量而定，由工业生产带来损害的因果关系往往因损害的专业性、技术性以及双方主体间信息能力与经济实力的不对等导致受害人举证不能进而承担败诉风险。为了实现双方攻防手段的平衡以致诉讼双方胜诉可能大致对等，规则要求在此类特殊领域中的纠纷对因果关系实行特别的证明责任分配方式。

（二）实践之检视

如若严格遵循上述证明责任规范的文本表述，在环境侵权纠纷中，原告应就被告的排污行为与损害结果两要件承担证明责任，因果关系要件的证明责任则转换至被告，由其证明因果关系不存在，原告不再承担证明该要件存在的责任，以此来平衡双方的诉讼力量。但从司法实践层面上来看，这种因果关系证明责任的转换在环境侵权纠纷的实际审理中并未完全得到落实。通过对“中国裁判文书网”上的相关案件进行检索可以发现，在审判实践中，法院对环境侵权纠纷中因果关系证明责任问题的处理并未“整齐划一”。具体而言大致有如下三类做法：其一，严格依照现行规则要求被告完全承担因果关系不存在的证明责任；① 其二，要求原告承担因

① 参见最高人民法院（2015）民申字第1365号民事裁定书、湖南省高级人民法院（2017）湘民再32号民事判决书以及吉林省高级人民法院（2014）吉民一终字第8号民事判决书。

果关系存在的证明责任;[①] 其三，仍由原告承担一定的行为意义上的证明责任，这种“行为意义上的证明责任”在裁判文书中或是表述为原告须证明行为与损害结果具有关联性,[②] 或是表述为原告须证明有初步的因果关系存在可能,[③] 或是虽未指明由原告负担证明责任，但事实上乃是由原告证明因果关系存在，在原告履行其举证义务后，再由被告就因果关系不存在承担高度盖然性的行为意义上的证明责任，在因果关系存在与否真伪不明时，由被告承担结果意义上的证明责任。

而环境民事公益诉讼机制 2012 年方才确立，相关规则尚不健全，司法实践中的相关案例亦不多见。通过对“中国裁判文书网”上有限的若干起环境民事公益诉讼案件的裁判文书进行检索可以发现，其中多数案件是被告在进入环境民事公益诉讼系属之前已就其环境污染行为承担了相应的刑事责任，或是被告自认其排污行为与损害后果之间存在因果关系，故针对这些环境侵权纠纷提起的环境民事公益诉讼的争议焦点主要在于赔偿数额的大小。仅有寥寥数起就因果关系证明责任分配问题的处理进行了说明，如 2015 年常州市人民检察院诉许某某案、[④] 2015 年北京市朝阳区自然之友环境研究所诉泰州市某化工有限公司案。[⑤] 此几起案例虽然在判决书中写明由被告承担因果关系不存在的证明责任，但从记载的审理过程来看，仍是由原告就因果关系的初步存在先行举证。

---

① 该类裁判中，一审均将环境侵权因果关系施加于原告负担，而在二审或再审中纠正这一偏向，但又并未完全地将因果关系证明责任施加于被告承担，而是采用一种居于这两种极端之间的做法，由原告承担一定的因果关系的证明责任，再由被告负担，如浙江平湖师范农场特种养殖场与嘉兴市步云染化厂等五单位水污染损害赔偿案的一审判决。该案经历了四次审理，初审及第一次再审乃是按照原告对养殖场蝌蚪死亡与五家企业污染环境行为间存在必然因果关系负证明责任来裁判；第二次再审中适用因果关系推定，要求原告对养殖的蝌蚪死于何特定物质举证；在第三次再审中由被告承担因果关系不存在的证明责任。参见浙江省平湖市人民法院（1996）平民初字第 23 号民事判决书、浙江省嘉兴市中级人民法院（1998）嘉民再终字第 2 号民事判决书、浙江省高级人民法院（2000）法告申民再抗字第 17 号民事判决书以及最高人民法院（2006）民二提字第 5 号民事判决书。

② 参见辽宁省高级人民法院（2016）辽民申 4516 号民事裁定书、江苏省常州市中级人民法院（2015）常环公民初字第 1 号民事判决书。

③ 参见甘肃省高级人民法院（2016）甘民终 1 号民事判决书。

④ 参见江苏省常州市中级人民法院（2015）常环公民初字第 1 号民事判决书。

⑤ 参见江苏省泰州市中级人民法院（2015）泰中环公民初字第 00003 号民事判决书。

（三）抵牾之反思

规则与实践的这种冲突，暴露出环境侵权纠纷证明责任分配规则具体布设的缺失。传统依“规范说”布设的一般性证明责任分配规则其本质乃是在因果关系真伪不明时将其拟制为伪，即由对该要件之存在负证明责任的原告承受败诉风险。而在适用证明责任转换后，在原告就其他要件事实举证并使法官形成内心确信后，将因果关系要件真伪不明的情形拟制为真，从而由被告承担败诉的风险。可以说，环境侵权纠纷中利益冲突公正处置的核心，即在于因果关系证明责任的分配。

从实践上来看，我国依“危险领域说”设置的证明责任转换规则将因果关系的证明责任完全施加于被告承担，似乎对被告失之过苛。将因果关系证明责任完全地由原告承担转变至完全地由被告承担似乎是从一个极端走向另一个极端：一方面，依据待证事实处于哪方当事人控制下这一程序法因素分配结果意义上的证明责任在形式上似有一定合理性，但在实践中，待证事实往往并不一定处于被诉主体控制下的“危险领域”，且该分配规则对发现案件真实、规制真伪不明情形的出现未有积极效用，依其构建因果关系的证明责任分配规则有失妥当，不利于实质公正的实现；另一方面，这种极端必然酿成规则与实践相抵牾的恶果——若被诉主体因前述原因无法使法官就排污行为与损害结果间不存在因果关系形成心证，证明责任规范即拟制因果关系存在，但这种拟制存在无法经受实践检验的客观风险[①]——在原告仅须就排污行为及环境污染后果举证的前提下，如若环境污染由其他因素造成，仍须判令被告承担败诉后果，这对被告而言是极不公正的。

我国实质上已经意识到这一问题并试图加以修正。2015 年最高人民法院发布的《关于审理环境侵权责任纠纷案件适用法律若干问题的解释》（以下简称《环境侵权纠纷解释》）第 6 条第（3）项规定受侵害人在起诉时应就污染者所排放污染物与损害结果之间具有关联性提供证据材料，[②] 且司法

① 参见薄晓波《论环境侵权诉讼因果关系证明中的“初步证据”》，载《吉首大学学报》（社会科学版）2015 年第 5 期。

② 在更早的 2014 年 6 月，最高人民法院发布的《关于全面加强环境资源审判工作为推进生态文明建设提供有力司法保障的意见》第 8 条规定环境污染纠纷中原告应提交污染行为和损害之间可能存在因果关系的初步证据，但该文件的性质应为指导性司法意见，并不具备作为法律规范适用的合法性与可能性。

实践中已将该解释作为适用依据。但是，一则该司法解释与《侵权责任法》第66条的规定相悖，依据法的效力位阶，在审判中依《环境侵权纠纷解释》作出裁判与法不符；二则这种关联性与前述判决中“初步的因果关系”有何区分且应为何种证明度仍不尽明确。环境民事公益诉讼对公益保护的侧重使得原告证明负担的降低成为必要，结果意义上的证明责任分配的困难，使人们认识到有必要采取合理的技术或替代方法，在两种极端之间寻求某种折中的手段，从而减轻原告的证明难度，使之能够及时有效地获得救济。

二　环境民事公益诉讼证明责任分配的基点：证明责任减轻

将证明责任的含义作行为意义上和结果意义上的两分阐释乃大陆法系之通说。[①] 自罗森贝克教授提出的“规范说”成为大陆法系民事诉讼领域证明责任分配的主流学说以来，学界长期热衷于对结果意义上的证明责任及其分配进行研究，相对忽视了行为意义上的证明责任机制对结果意义上的证明责任的补充与配合。晚近以来，大陆法系主要国家及地区逐渐意识到了结果意义上的证明责任的局限，研究角度逐步转向以行为意义上的证明责任为工具的证明责任减轻，“并用于指导司法实践以促使诉讼中事实认定中的信息最大化”[②]。

（一）证明责任减轻的实质

我国的证明责任理论遵循大陆法系传统，但当前学界的研究仍停留于证明责任理论引入时所关注的结果意义上的证明责任研究，而未跟上域外由结果意义上的证明责任的分配往证明责任减轻机制为主的行为意义上的证明活动研究的转向。因此，我国在面对与经济与社会发展相伴而生的诸如环境污染、消费者权益保护等现代型诉讼模式时，传统规则与鲜活实践相冲突的情形便频频显露。证明责任规则的确使案件的实际审理中真相的被查明举步维艰，法官裁判依据的模糊亦难免使人对个案的处理结果产生质疑。

---

① 参见［德］汉斯·普维庭《现代证明责任问题》，吴越译，法律出版社2006年版，第10—20页。

② 胡学军：《从“结果意义上的证明责任”到“行为意义上的证明责任”——德、日民事证据法研究的实践转向及其对我国的启示》，载《法学家》2012年第2期。

证明责任减轻，乃是通过科学的立法技术或替代方法，使当事人对某要件事实的证明度降低或证明难度减轻，其目的在于避免适用证明责任规范裁判，促进案件真实的发现，以实现当事人之间纠纷的妥善解决，从而实现实质正义。证明责任减轻的方法，既包括改变证明责任分配框架内的举措，亦不乏自由心证范围内的办法。[①] 前者是指实体法规范的结果意义上的证明责任的转换，后者即为本书所探讨的行为意义上的证明责任之减轻，包含事实推定、法院依职权调取证据制度以及证明妨碍等方法。从一定意义上来说，证明责任减轻的本质乃是自由心证主义下证明标准的降低。“从证明责任在当事人之间的非此即彼的二值分配到证明责任减轻的多种技术探讨，体现的是诉讼证明理性认知框架的建构到实践技术的精细开拓的深化过程。”[②] 从结果意义上的证明责任走向行为意义上的证明责任，并不意味着对结果意义上的证明责任的摒弃，恰恰相反，行为意义上的证明责任技术的设计仍须在结果意义上的证明责任框架下方可发挥效用，行为意义上的证明责任无法脱离结果意义上的证明责任在实践中单独运行。

在对证明责任减轻进行设计时，结果意义上的证明责任分配规则框架仍旧以“规范说”为核心布设，而不作结果意义上的证明责任的转换，而行为意义上的证明责任在诉讼伊始统一于原告，在原告履行其具体举证义务并使法官确信待证事实达到证明责任减轻的证明度后，行为意义上的证明责任方转换至被告负担，由被告就该待证事实的不存在予以举证。如若被告举证使得待证事实再次处于真伪不明之情形时，则行为意义上的证明责任重新由原告来负担，如此循环直至举证穷尽。行为意义上的证明责任的功能乃是在诉讼中对结果意义上的证明责任构建的框架下当事人的具体证明行为活动进行规范，从而推动证明活动进行直至揭示案件真实，以弥补结果意义上的证明责任运行的瑕疵。

（二）环境民事公益诉讼中证明责任减轻的内核——因果关系推定

环境民事公益诉讼目的之达成，须得对排污行为、损害结果以及两者

---

① 参见龙云辉《现代型诉讼中的证明负担减轻——日本理论研究成果及对我国的启示》，载《法律科学》2008年第3期。

② 胡学军：《从“证明责任分配”到“证明责任减轻”——论证明责任理论的现代发展趋势》，载《南昌大学学报》（人文社会科学版）2013年第2期。

之间的因果关系[①]加以证明并使法官形成内心确信。

普通的民事侵权责任需将行为具有违法性作为前提，若当事人行为不具有违法性，则不为该行为所产生的损害承担侵权责任。对于环境侵权纠纷中排污行为是否应具有违法性，我国经历了由违法才担责到无论行为违法与否都担责的演进。1987 年施行的《民法通则》规定环境侵害人因污染环境损害他人权益而承担责任需以侵害行为违反国家保护环境、防止污染的规定为前提。此规定实质上忽视了环境侵权纠纷的特殊性而将其作为普通民事侵权纠纷在进行处理。随着越来越多的侵害者在法定标准内排污却依然造成环境损害情形的出现并进入司法视野，违法性要件的设置对环境类诉讼的原告寻求救济造成了妨碍。鉴于此，2010 年施行的《侵权责任法》第 65 条删除了之前在《民法通则》中关于违法性要件的规定，只要当事人的行为污染环境且造成损害后果，即应承担相应责任。同时，在环境民事公益诉讼中，如若在已经证明相对人有损害环境公益行为的情形下还须就相对人具有主观过错承担证明责任，这就加重了原告的诉讼负担，不利于环境公益的保护。因为多数情形下，相对人危害环境公益的行为并未有过错，如烟台某海洋生物科技有限公司诉烟台某氯碱有限责任公司一案[②]中，原告所遭受的损害是源自被告液氯管道爆裂所产生的氯气所致，被告企业并不存在过错，此时若适用过错责任原则，可能将环境公益陷于不利的境地。故而环境民事公益诉讼不应以过错为要件。

排污行为及损害结果两要件因一般有客观事实相印证而相对较易证明。但这并不意味着此两项要件完全不适用证明责任减轻规则。如在前述常州市人民检察院诉许某某一案[③]中，关于被告是否造成污水池下方土壤的损害结果以及对周边环境是否有排污行为的问题即采用了事实推定的方法。首先，对于污水池下方的土壤，因实际情况不符合取样条件，故而未有直接证据证明土壤受到污染，而是根据检测到的地下水已受污染与地下水与周边土壤直接接触的事实，加之水具有毛细作用与吸附作用的经验法

① 环境民事公益诉讼二分为侵害型环境民事公益诉讼与危害型环境民事公益诉讼，因果关系这一表述作为行为与损害结果间的关系应为侵害型环境民事公益诉讼的要件，而危害型环境民事公益诉讼中并未有损害结果发生，与因果关系相称的要件为危害性，本章第二节将会专门阐述。本节为行文便宜，此处因果关系即包括了危害性含义。

② 参见山东省高级人民法院（2016）鲁民终 2281 号民事判决书。

③ 参见江苏省常州市中级人民法院（2015）常环公民初字第 1 号民事判决书。

则，推定污水池下方土壤受到污染。其次，关于被告是否有造成周边环境污染的行为，法院通过被告四年中经营活动理论上所产生的污染物数量远大于经营场所内污水池中污染物的数量，以及被告未有防范处理措施的设施、资质与能力，推定被告有向周边环境排放污染物的行为。

而因果关系要件囿于科学技术发展的水平与生态环境损害的复杂性与隐蔽性，证明存在较大的难度。可以说，环境民事公益诉讼两造的胜负取决于因果关系证明责任的负担。因果关系交由原告举证乃是其不可承受之重且不符公益定位，而完全由被告负担又极易引发原告滥诉乃至裁判结果与案件真相相距甚远的风险。在环境侵权纠纷中适用不同于以往规则的立法技术的决定因素，并非是所谓与证据距离远近、举证能力等形式上的考量，而是为发现案件真实救助受损环境公益或减少损害环境公益情形发生。环境民事公益诉讼的公益定位决定了证明责任减轻设计的核心要素乃是因果关系推定。

“举证责任分配问题于通常所遭受到之最大困难为，无直接证据可供证明待证事实而必须依赖间接事实之情形”①。在环境民事公益诉讼实践中，因果关系的证明难度使得该要件的证明通常需要依靠基础事实加以推定，基础事实即证明排污行为与损害结果之间存在初步的因果关系。环境民事公益诉讼的因果关系推定究其本质乃是事实的认定问题，即法官运用经验法则对基础事实的自由心证，是一种事实推定。“从某事实推认出其他事实的行为就是推定，按照适用法规之法规化方式进行的推认被称为法律上的推定，而在法官自由心证范围内实施的推认则是事实上的推定。”②在适用事实上的因果关系推定时，结果意义上的证明责任及首先提出证据的行为意义上的证明责任由主张权利的原告负担，随后根据法官的心证，行为意义上的证明责任在当事人之间发生转移；而在适用法律上的推定时，当基础事实得到证明后，结果意义上的证明责任直接由相应规范界定由被告从相反的方向进行举证，即结果意义上的证明责任转移至被告。即法律推定实质上仍为结果意义上的证明责任分配规范，事实推定乃是证明责任减轻的方法。环境污染表现形式的多样性与内在因素的复杂性决定了

---

① 陈荣宗、林庆苗：《民事诉讼法》，台湾三民书局2011年版，第496页。

② ［日］高桥宏志：《民事诉讼法——制度与理论的深层分析》，林剑锋译，法律出版社2003年版，第457页。

规则无法囊括并逐一列举各项推定因果关系成立的基础事实，也正是这种多样性与复杂性需要法官视个案的情形斟酌当事人对基础事实应达到何种证明标准方可推定因果关系成立，排除法律推定而采用事实推定便为法官的自由心证提供了可能。

因果关系的推定包含证明标准减轻的机能与要求提出反证的机能。①原告通过对较易证明的基础事实的证明，代替相对较难证明的推定事实，即因果关系的证明，由此被告产生了证明的现实必要性，如若不进行举证或举证未达到高度盖然性，则须承担败诉的不利益。在环境民事公益诉讼中，这种基础事实形式多样，不一而足，最具操作性的乃是原告须对被告排放的污染物有到达受损环境区域的路径加以证明，即可推定因果关系的存在。

在证明责任减轻机制下，环境民事公益诉讼原告通过对较易证明的基础事实的举证，将行为意义上的证明责任转换至被告负担，而被告则须就因果关系不存在使法官形成内心确信。因客观存在的环境污染事件中就基础事实的证明负担难度不大，其本质上与结果意义上的证明责任的转换达成了效果的统一。但通过原告承担初步的因果关系这一证明责任减轻设计，大大降低了环境损害多样性与复杂性背景下规则与实际相矛盾的风险。从一定意义上来说，我国环境污染纠纷司法实践推动了由结果意义上的证明责任走向行为意义上的证明责任的理论演进，而《环境侵权纠纷解释》第 6 条之规定即体现了这一转向。

在适用因果关系推定时，因果关系要件的证明责任分配并未适用所谓的“倒置”规则，只是原告可以通过推定的适用降低其证明难度，②即虽然被告未承担证明因果关系不存在的结果意义上的证明责任，但因原告能通过推定更易证明因果关系要件的存在，其提出反证以证明因果关系不存在或真伪不明的负担在一定程度上加重了。而这种负担上的加重亦会促使被告在日常生产经营中履行注意义务，防止环境遭受损害，这与现行《环境保护法》所规定的“环境保护坚持保护优先、预防为主”的本旨相契合。

---

① 参见吴杰《民事诉讼证明标准理论研究》，法律出版社 2007 年版，第 178 页。

② 参见王社坤《环境侵权因果关系举证责任分配研究——兼论〈侵权责任法〉第 66 条的理解与适用》，载《河北法学》2011 年第 2 期。

三　环境民事公益诉讼证明责任分配规则的展开

确定环境民事公益诉讼仍旧适用“规范说”框架下的结果意义上的证明责任分配规则并以因果关系推定来对行为意义上的证明责任进行适度减轻之后，即应对构成要件及证明责任减轻在不同原告提起的以及不同类型的环境民事公益诉讼中应当如何设计予以关注。

（一）不同原告起诉是否适用不同的证明责任分配规则

《民事诉讼法》第 55 条将行使环境公益诉权的主体限定为检察机关及法律规定的有关组织，而将公民个人排除出环境民事公益诉讼原告范畴，主要是考虑到公民个人的诉讼能力与经济实力有限，与检察机关及社会组织相差悬殊，实难进行耗费巨大的公益诉讼；同时，公民个人的举证能力和专业知识积累亦与上述主体有较大差距，在社会司法资源有限的情况下，如若允许公民个人提起公益诉讼，可能会造成司法资源的浪费。作为环境民事公益诉讼原告的检察机关及社会组织，其诉讼能力与举证能力较之环境侵权民事诉讼原告的公民个人不可同日而语，但绝不可因此单纯地不对环境民事公益诉讼中被告施加任何证明责任的负担。生态环境的公共属性对作为社会个体的公民个人与企业提出了更高要求，其应在日常生活与生产经营中履行更高的注意义务，而对环境民事公益诉讼的原告作证明责任减轻的设计会促使社会个体尽到该义务。

对于检察机关与社会组织是否应当适用不同的证明责任减轻程度抑或结果意义上的证明责任分配规则这一问题亦须探讨。从外观上来看，检察机关在证据调查与搜集、承担诉讼费用等方面较于社会组织有天然优势，似乎检察机关作为原告时对待证事实的证明标准要高于社会组织有一定合理性。但是这种证明责任的区别对待无疑会在一定程度上对被告造成不公，这是因为一方证明责任负担的降低则必然造成对方负担的加重，如若因原告的不同其所要负担的证明责任亦不同，则被告行为意义上的证明责任的负担亦处于不确定的状态。这对被告通过规则预测自身证明责任的负担从而收集证据造成了不确定，同时对行为意义上的证明责任何时转移至其负担的信赖利益产生了妨害。从这一点考虑，检察机关与社会组织应当承担相同的证明责任，法官在证明责任减轻程度的认定上亦应一视同仁。

（二）不同类型环境民事公益诉讼证明责任减轻的具体程度

《环境民事公益诉讼解释》第 1 条规定：“……对已经损害社会公共

利益或者具有损害社会公共利益重大风险的污染环境、破坏生态的行为提起诉讼，符合民事诉讼法第 119 条第（二）项、第（三）项、第（四）项规定的，人民法院应予受理。”即环境民事公益诉讼的功能包括救济已受损的环境公益与防范生态环境受害风险的发生，故而可据此将其分为侵害型环境民事公益诉讼与危害型环境民事公益诉讼。

决定损害环境事件是否诉诸法院的重要因素乃是实际损害的外化，故而实践中未产生实际损害后果的危害型环境民事公益诉讼较为罕见。危害型环境民事公益诉讼的构成要件包括行为与危害性。与侵害型环境民事公益诉讼相同，行为要件较易证明，当然地应由原告负担证明责任；而对于危害性要件的证明责任须得加以审慎考量。

在审判实践中，损害生态环境的主体多是企业，而企业乃是支撑地方经济发展的支柱，如若对危害型环境民事公益诉讼中的证明责任采用与侵害型环境民事公益诉讼相同标准，则因损害结果要件的无须证明使得原告的证明负担大大减轻，这种减轻有引发滥诉发生的风险。如若不对原告对危害性的证明度采用较高标准，无疑会对企业的正常生产经营带来消极影响，进而影响地方经济的发展。有鉴于此，在危害型环境民事公益诉讼中，原告对于被告行为的危害性证明度应当高于侵害型环境民事公益诉讼中的因果关系推定标准，以达到高度盖然性为宜。

第二节　危害型环境民事公益诉讼的证明责任分配

一　证明责任分配学说与危害型环境公益诉讼的关系梳理

危害型环境公益诉讼，乃指对环境公益未有实际损害产生而仅有侵害之虞的行为所提起的诉讼。依不同证明责任分配学说构建的证明责任分配规则体现着不同的立法价值取向，对“规范说”与“危险领域说”及其价值取向的探讨对于寻求危害型环境公益诉讼证明责任的分配规则有着积极意义。

（一）规范说与危害型环境公益诉讼的抵牾

如前所述，在审判过程中，辩论程序终结后争议事实可能存在三种状态：一为证成；二为证伪；三为真伪不明。在前两者情形下，法官即可径行依相关法律规范裁判，而在真伪不明的情形下，由于法官不得拒绝裁判之规制须得设计一定规则对此情形下法官如何裁判加以规范，此即证明责任规范。简言之，证明责任乃指事实真伪不明情形下的法律适用问题。①以当事人视角观之，证明责任即“当某个事实存在与否不明确时，某一方当事人将承担以该事实为要件的、于己有利之法律效果不获认可的危险或不利益”②。在奉行成文法的大陆法系国家，在证明责任分配规则中占据统治地位的乃是罗森贝克的“规范说”。该说将实体法律规范分为三类，即权利发生规范、权利妨碍规范和权利消灭规范。当事人须得以其请求所依据规范的法律要件予以主张及举证，否则便无法获得诉讼上的效果。自规范说诞生以来，因其内容具有高度的内在逻辑性、较强的说理性且符合法的安定性与形式正义的要求，受到了学界的一致认可并被奉为证明责任分配领域的通说。

然而随着生产力的发展、社会关系的复杂化，规范说的缺陷逐渐暴露出来，其过于注重实体规范的外在形式，而对当事人的实际的诉讼地位和诉讼力量则关注不够，实质正义在以规范说为基础布设的证明责任分配规则中无法实现，这种缺陷在环境公益诉讼领域表现得尤为突出。在环境公益诉讼机制中，一方面由于原告非为与公共利益具有直接利害关系的当事人，其介入被诉纠纷时损害结果或危害风险往往已发生多时，收集证据的可能性无疑会大打折扣；另一方面，损害或危害环境公益的主体往往是经济实力雄厚的企业，原告在诉讼能力上实难与其抗衡。在这样的情况下，教条式地依据规范说而将证明责任全部分配给原告势必导致原告举证不能而承担败诉风险，进而使环境公益的救济陷入困境。有鉴于此，学者们提出许多新学说以求对规范说的缺陷加以修正，这些学说从当事人举证难易程度、公平与公正等多个角度出发来对证明责任进行分配，克服了教条化的规范说所固有的缺陷，其中“危险领域说”与环境类诉讼的高度契合决定了其指导着环境类诉讼证明责任分配规则的构建。

（二）危险领域说与危害型环境公益诉讼的契合

危险领域说为德国学者普霍斯所主张，该说认为，证明责任应当依据待证事实所处的危险领域由哪一方当事人实际控制为标准进行分配，即当

① 参见孙义刚、段文波《民事诉讼中证明责任论争及启示》，载《政治与法律》2007年第6期。

② ［日］新堂幸司：《新民事诉讼法》，法律出版社2008年版，第392页。

事人应当对其控制的危险领域中的待证事实负证明责任。① 作为对规范说进行修正的学说，危险领域说的适用指向某些特定领域内的纠纷，特别是侵权损害赔偿领域。在当前企业规模化发展以及企业与传统民事主体之间平等性与互换性丧失的背景下，由工业生产招致环境损害的因果关系往往因损害的专业性、技术性以及双方主体间信息能力与经济实力的不对等导致受害人举证不能进而承担败诉风险。为了实现武器平等以致诉讼双方胜诉的可能大致对等，法律规定在这类特殊领域中的纠纷对因果关系实行特别的证明责任分配规则。

参考危险领域说而设置的证明责任分配规则体现于我国《侵权责任法》第66条中，该条规定："因污染环境发生纠纷，污染者应当就法律规定的不承担责任或者减轻责任的情形及其行为与损害之间不存在因果关系承担举证责任。"在确立环境公益诉讼机制后，学界认为该规则亦可被援引作为侵害型环境公益诉讼中因果关系的证明责任分配规则。这种因果关系证明责任的转换将"规范说"体系下原告的负担施加于被告，通过此种转换实现对双方当事人诉讼地位与诉讼能力的大致对等的矫正，这对于透过诉讼实现环境公益具有积极意义，体现了环境资源危机背景下生态文明建设的要求，这对危害型环境公益诉讼证明责任分配规则的构建亦可起到借鉴作用。作为与侵害型环境公益诉讼迥然相异的诉讼机制，对危害型环境公益诉讼证明责任分配要素的缕析乃是探讨其证明责任分配问题的前提。

二　危害型环境公益诉讼证明责任分配的要素

环境公益诉讼机制的核心乃是环境公益诉权，其在危害型环境公益诉讼机制中具体表现为排除危害请求权。当前学界对排除危害请求权构成要件的研究尚付之阙如，将排除危害请求权定性对该研究颇具实意，进可寻求归责原则与违法性要件在危害型环境公益诉讼的适用与否。

（一）排除危害请求权的定性

作为法律规范调整方法之一的法律责任，不同类型的诉讼理应设置不同类型的法律责任以达到各自的诉讼目的。侵害型环境公益诉讼的目的在

① 参见肖建华《民事证据法理念与实践》，法律出版社2005年版，第48页。

于将已经受损的生态环境恢复至受损前的水平，具体表现为在受损环境有修复可能时适用修复环境责任方式，在受损环境未有修复可能时适用赔偿损失责任方式，这两种责任方式皆通过请求侵害者弥补环境公益受到的损失得以落实，易言之，是用侵害者的财产补偿环境公益的损失，这种方式外化为权利即是损害赔偿请求权。而危害型环境公益诉讼的诉讼目的乃是对潜在的损害环境的风险进行排除，该诉讼机制的核心是排除危害请求权，该权利表现为原告请求人民法院判决被告对潜在的损害环境公益的风险予以排除。依据规范说，侵害型环境公益诉讼原告若要行使其损害赔偿请求权，则须对损害赔偿请求权的法律要件承担举证责任；危害型环境公益诉讼原告若要行使其排除危害请求权，则须对排除危害请求权的法律要件承担举证责任。

究损害赔偿请求权实质，乃是债权请求权。这种请求权是由某种已经结束的侵害环境公益的行为所派生的第二性权利，其本质乃是在侵害事件发生后的事后救济。而排除危害请求权本质上是一种物权请求权，是相对人的已为或将为的一定行为对不特定社会大众享受环境之福利造成妨碍，破坏了其对环境权的圆满支配状态所引起的防御性权利。排除危害请求权的基本功能在于通过请求权来实现环境权，保障不特定社会大众正常行使环境权。此时提起诉讼，其目的在于排除生态环境受侵害的风险，诉请法院判令被告承担责任以排除危害。排除危害请求权并不以损害结果为要件，此即不同于侵害型环境公益诉讼中以实际损害发生为要件的损害赔偿请求权。

（二）归责原则适用的矫正

归责原则，指将确定责任成立的归责事由加以一般性抽象所得的原则。关于归责原则的规定体现于《侵权责任法》中，其第6条、第7条分别规定了过错责任原则与无过错责任原则，分别适用于不同领域的纠纷以追究侵权人责任。《侵权责任法》乃是调整因侵权行为所生之债的法律关系，其全部规范皆围绕债权请求权所设计，然而当前不少学者主张归责原则亦应适用于物权请求权领域，这不仅与《侵权责任法》的目的和功能不符，亦不可避免地造成了司法实践的困惑。综观民法发展的历史，归责原则的诞生本就是从债权请求权中演进出来的，“归责原则是对千各种具体侵权案件的可归责事由进行的一般性抽象，抽象出同类侵权行为共同的责任基础”[①]。其适用指向于以对物权有实际损害发生所产生的如赔偿损失，恢复原状等以债权请求权为基础的责任方式。其效力并未及于以物权请求权为基础的责任方式，如排除妨碍、消除危险、返还财产等。

当相对人侵权行为结束后，即应对造成的损害进行赔偿，其实现路径以恢复原状为主，财产赔偿为辅，这实际上是将损害赔偿请求权的责任方式分为恢复原状与财产赔偿两种。这两种责任方式一般适用过错责任，法律有特别规定的均可适用无过错责任。采用过错责任原则包含对相对人的道义非难之意，因此损害赔偿请求权的构成要件一般包含过错要件，在一些特殊领域法律为实现公平、正义的价值要求而特别规定适用无过错责任原则。

排除危害请求权乃是请求相对人排除对生态环境潜在的危害，非以相对人财产的减少弥补环境公益的损失，这种权利的行使并不包含对相对人道义非难的意思，因此排除危害请求权不以过错为要件，这是其作为物权请求权的应然属性。如若无视法理将过错要件强加于排除危害请求权，则在已经证明相对人有危害生态环境行为的情形下还须就相对人具有主观过错承担证明责任，加重了原告的诉讼负担，不利于保护环境公益。因为多数情形下相对人危害环境公益的行为并未有过错，例如，企业的合法排污行为仍会向环境中排放一定量污染物，然而若有一定外界因素介入致使该污染物可能在一定空间内累积至一定量时，即产生质变对环境造成实质损害。对于此时的危害情形，排污企业并不存在过错行为，此时若适用过错责任原则，可能将环境公益陷于受害的境地。同样地，如若将《侵权责任法》第6条规定中的“损害”进行扩张解释，将有侵害风险的情形视作实际损害处置，亦会导致相对人利用过错要件规避责任。

排除过错责任原则并不意味着当然地在危害型环境公益诉讼中适用无过错责任原则。与过错责任可直接作为请求权基础不同，适用无过错责任原则的情形下，无过错本身不足以作为责任之依据。[②]“每种无过错责任各有其规范意旨及构成要件，所以，判断具体情形下无过错责任是否成立，需要依据法律、法规就该责任的规范意旨及构成要件，才能得出结

① 参见张新宝《侵权责任法原理》，中国人民大学出版社2005年版，第24页。

② 参见王泽鉴《民法学说与判例研究》，北京大学出版社2009年版，第3—4页。

论，仅仅依赖《侵权责任法》第 7 条的规定是完不成作业的”[①]。无过错责任原则并不是责任的直接根据，适用无过错责任原则需依据具体情形而追究责任。

（三）违法性要件的排除

对于环境类诉讼而言，其经历了由行为违法才担责到无论行为违法与否都担责的演进。1987 年施行的《民法通则》规定环境侵害人因污染环境损害他人权益而承担责任需以侵害行为违反国家保护环境、防止污染的规定为前提，法律作这种规定实质上忽视了环境侵权纠纷的特殊性而将其作为普通民事纠纷加以规范。普通的民事侵权责任需以行为的违法性为前提，若当事人行为不具有违法性，则不为该行为所产生的损害承担侵权责任。法律这样规定在一定程度上保障了人们可通过法律的规范而为一定行为或不为一定行为。然而随着时间的推移，越来越多的侵害者合法排污却依然造成环境损害的案件进入司法程序，违法性要件的设置对环境类诉讼的原告寻求救济造成了妨碍，许多企业利用该规定规避法律制裁进而肆无忌惮地破坏环境，这与生态文明建设的方针背道而驰。有鉴于此，2010 年施行的《侵权责任法》第 65 条删除了之前在《民法通则》中关于违法性要件的规定，只要当事人的行为污染环境且造成损害后果，即应承担相应责任。规则上作此改变取决于是因环境类纠纷的特殊性，这种改变对危害型环境公益诉讼而言具有一定借鉴意义。环境保护工作需以预防为主、防患于未然，环境要素的特殊性决定了一旦损害发生波及面难以预测且不可逆，损害几无可能固定在一个稳定范围内。即使能以一定方式修复环境遭受的损害，其成本往往远超以积极手段事前予以预防的花费。在这样的现实情况下，应当确定对于企业合法但仍有危害环境之虞的生产经营行为可通过诉讼途径诉求被告以积极方式规避实际损害发生，即不应以违法性作为排除危害请求权的构成要件。

综上所述，通过对归责原则及违法性要件的排除，作为物权请求权的排除危害请求权应为行为与危害性两要件所构成。

三　危害型环境公益诉讼证明责任分配的具体规则

在解决危害型环境公益诉讼证明责任分配的前提问题后，即可探讨其

① 崔建远：《论归责原则与侵权责任方式的关系》，载《中国法学》2010 年第 2 期。

具体规则的构建。被告有一定行为的证明责任当然地由原告所承担，而危害型环境公益诉讼的价值取向追求使危害性要件的证明责任适用推定成为必要。此外，证明妨碍规则与法院依职权调取证据制度亦应植入危害型环境公益诉讼。

（一）危害性推定

通过考察现行规则可知，侵害型环境公益诉讼证明责任的分配乃是适用证明责任的转换将因果关系要件的证明责任分配于被告，由被告证明因果关系不存在，原告对该要件不承担举证责任，以此平衡双方诉讼力量。而从司法实践方面来看，《侵权责任法》第66条规定的因果关系转换在环境侵权诉讼中并未具体落实，通过对我国《民事证据规定》施行以来的环境民事裁判文书的检索，以浙江平湖蝌蚪案为代表的司法实践的真实状况是，完全由被告承担因果关系证明责任的情况寥寥无几。[①] 实践中的做法是由原告承担初步的主观的证明责任，在原告履行其举证义务后，由被告就因果关系不存在承担高度盖然性的主观的证明责任，在因果关系存在与否真伪不明时，由原告承担客观证明责任。即司法实践所采用的乃是因果关系推定的方式，这对于寻求危害型环境公益诉讼中危害性要件的分配规则具有一定的启示意义。

就危害型环境公益诉讼而言，危害性要件的证明责任绝对地由原告所承担乃是对其不可承受之重。但如若全部分配给被告，原告仅就存在危害行为承担证明责任又极易引发滥诉的风险，导致司法资源的浪费以及对企业正常生产经营的妨碍。解决这一困境的出路即参照侵害型环境公益诉讼因果关系推定的方法采用危害性推定（事实上的危害性推定），在这样的情况下，适用危害性推定而转移提出证据的责任时，由主张推定的原告提出证明基础事实存在的证据，如若法官依据经验法则对此形成内心确信，则对方当事人须负担证明因果关系不存在的主观证明责任。如若法官对原告提出的证明基础事实存在的证据未形成内心确信，抑或对方当事人提出证据而使基础事实存在与否处于真伪不明的状态，则危害性要件视为不成立，由原告承担客观证明责任。譬如，被诉企业向环保部门提交的环境影响评估报告书记载了甲污水处理设备的建设，但原告却发现建筑商为被诉

① 参见张旭东《环境侵权因果关系证明责任倒置反思与重构：立法、学理及判例》，载《中国地质大学学报》（社会科学版）2015年第5期。

企业基础设施建设所购置材料清单中未有建设甲的材料，人民法院便可据原告所提供的材料清单推定被诉企业的不会建设甲，因而在投产后对周边水域有侵害之虞，判令被诉企业限期改正。

危害性推定实质为法官运用经验法则对基础事实自由心证，经验法则乃是作为法官对待证事实形成内心确信的基础，而经验法则起作用的前提则是存在基础事实，即在危害性推定中用以推论某要件事实存在的已知事实。作为自由心证基础的经验法则既可以是高度盖然性的，亦可以是低度盖然性的，低度盖然性经验法则的选定亦承载着环境保护的高尚社会价值取向，对生态文明社会的塑造、对人们环境保护行为的指引具有巨大的促进作用。①

在适用危害性推定时，危害性要件的证明责任分配并未适用所谓的“倒置”规则，只是原告可以通过推定的适用，降低其证明难度，即通过对较易证明的基础事实的证明，代替相对较难证明的推定事实——危害性——的证明。② 虽然被告未承担证明危害性要件不存在的客观证明责任，但因原告能通过推定更易证明危害性要件的存在，其提出反证以证明危害性不存在的负担在一定程度上加重了。而这种负担上的加重亦会促使作为被告的企业在日常生产经营中履行注意义务，防止环境遭受损害，这与现行《环境保护法》所规定的“环境保护坚持保护优先、预防为主”的本旨相契合。

（二）证明妨碍规则的适用

所谓证明妨碍，乃指一方当事人“试图通过非正常手段妨碍或不协助他方当事人为举证行为以期待法院作出于其有利的判决”③。《环境民事公益诉讼解释》第13条规定：“原告请求被告提供其排放的主要污染物名称、排放方式、排放浓度和总量、超标排放情况以及防止污染设施的建设和运行情况等环境信息，法律、法规、规章规定被告应当持有或者有证据证明被告持有而拒不提供，如果原告主张相关事实不利于被告的，人民

---

① 参见郑世保《事实推定与证明责任——从“彭宇案”切入》，载《法律科学》2010年第3期。

② 参见王社坤《环境侵权因果关系举证责任分配研究——兼论侵权责任法第66条的理解与适用》，载《河北法学》2011年第2期。

③ 占善刚、刘显鹏：《证据法论》（第三版），武汉大学出版社2015年版，第199页。

法院可以推定该主张成立。”但该规则仅规定在被告拒不提供时推定原告不利于被告的主张成立尚有不足，还须将被告以非正常手段妨碍原告取证的情形纳入。譬如，被诉企业违反《环境保护法》第55条之规定排放公告以外的污染物乙至某水域，尚未致害水生物，但乙积累至一定浓度即可致害。此时，原告请求被诉企业提供排放物样本，而被诉企业拒不提供或者妨碍原告对排放物取样时，人民法院即可以推定被诉企业排放物含有污染物乙。需要强调的是，用以支撑危害性推定的基础事实的证明亦可适用证明妨碍规则，如前述案例，如若原告向建筑商调取材料清单时遭到被诉企业的妨碍，此时原告的相关主张应受人民法院支持。

（三）法院依职权调取证据制度的配套

作为以公共利益为价值本位构建的诉讼机制，即法院依职权调取证据制度在危害型环境公益诉讼中成为必要。“所谓法院依职权调取证据制度，是指法院不限于当事人主张的事实和提供的证据的范围，依职权主动收集事实和调取证据。”法院依职权调取证据制度在危害型环境公益诉讼运用的正当性已有相关规则作为支撑，我国《民事诉讼法》第64条第2款规定：“当事人及其诉讼代理人因客观原因不能自行收集的证据，或者人民法院认为审理案件需要的证据，人民法院应当调查收集。”《环境民事公益诉讼解释》第14条规定：“对于审理环境民事公益诉讼案件需要的证据，人民法院认为必要的，应当调查收集。”在危害型环境公益诉讼中，或是原告对于证据的专业性、技术性知识掌握不足，或是证据处于原告所不能掌握的被告控制下的危险领域，导致原告往往不能及时且充分地履行其主观证明责任而承担败诉风险。生态保护预防为主的理念、环境的公益属性要求法院依职权调取证据制度植入危害型环境公益诉讼，法院亦有职责通过诉讼维护公共利益。通过法院依职权调取证据制度的配套，充分发挥司法的能动性作用，用以弥补当事人举证能力上的缺陷与不足，亦能够使得法院对案件事实的认定尽可能接近客观真实。

总之，危害型环境公益诉讼非以环境损害结果发生为要件，作为物权请求权的排除危害请求权不应以债权请求权的过错责任或无过错责任为要件，亦应排除违法性要件；对于危害性要件的证明责任应当采用危害性推定的证明方式为宜，同时纳入证明妨碍规则，而该诉讼的公益性使得法院依职权调取证据制度成为必要，此方符合环境公益诉讼应有价值追求。

第三节　具体制度的完善

从前述分析可知，为使证明责任能够在环境民事公益诉讼各方当事人之间妥适的分担，在厘清了分配的基本思路之后，即应对相关的具体制度予以缕析，并提出完善的建议，从而使环境民事公益诉讼之证明责任的分配得以落到实处。

一　证明妨碍制度

（一）我国现有相关规定评述

所谓证明妨碍，是指民事诉讼过程中，对特定事实不负证明责任的一方当事人，因故意或过失，以作为或不作为，使对该事实负证明责任的另一方当事人陷入举证不能的境地，从而产生于其不利的待证事实真伪不明的情形。毋庸置疑，证明妨碍乃妨碍诉讼行为的一种，故应受到妨碍民事诉讼强制措施处理甚或刑事制裁（可称之为公法上的制裁）。但与其他种类的妨碍诉讼行为不同之处在于，只有该种妨碍行为是与案件事实的认定直接、紧密相关，故与其他种类妨碍诉讼行为相比，除通常的公法上的制裁外，还可直接使之与裁判结果相挂钩，对妨碍人实施妨碍行为所欲获得的诉讼上的利益予以消减，以此达到从根本上遏制证明妨碍行为发生的目的（此可谓的私法上之制裁）。

一般而言，证明妨碍行为主要有如下几项构成要件：第一，行为的实施者必须为当事人。从广义上讲，证明妨碍还包括当事人以外的其他人（以下简称案外人）对举证活动的阻却行为。但案外人和当事人的证明妨碍行为从本质上讲乃存有霄壤之别：禁止案外人的此类行为乃基于其对案件审理应尽的公法上的义务，此基本上与证人的作证义务具有同一属性，而并非如当事人那般直接攸关自身的实体权益和诉讼利益。因此，从各国的相关规定来看，对二者的处理也均采取不同的做法。第二，行为的对象乃是对方当事人的正常举证活动。证明妨碍行为阻却对方当事人的正常举证活动，是指对待证事实不负证明责任的当事人的行为使负证明责任的另一方当事人陷入举证困难或举证不能的境地：前者是指负证明责任的当事人因对方的妨碍行为不得不付出比正常情况下较多的努力，才能举证证明某项对其有利的事实。当然，此二者虽在理论上似有可分，但实践中的界限则确实难以厘清，故在效果及相应处治上并不应予以区别。第三，行为人虽有提供相关证据的义务，却以作为或不作为不予提供。[①] 一般而言，在诉讼中对特定事项负证明责任的当事人应尽其所能地收集对自己有利的证据，并依自身的判断来确定提出与否，而不能依赖对方所持有的相关证

---

① 作为妨碍行为是指当事人在诉讼中和诉讼外对各种证据所作的灭失、损毁和隐匿等行为。此类行为需当事人通过一定的积极作为予以表现，故通常情况下当事人的主观心态应为故意。此种形态之妨碍行为主要又可细分为以下几种具体形式：（1）妨碍书证的使用。《德国民事诉讼法》第444条规定："一方当事人意图妨害对方当事人使用书证或者致使书证不堪使用时，对方当事人关于证书的性质和内容的主张，视为已得到证明。"《日本民事诉讼法》第224条第2款规定："当事人以妨碍对方当事人使用为目的，毁灭有提出义务的文书或致使该文书不能使用时，与前款规定相同（即法院可认定对方当事人所主张的关于该文书的记载为真实）。"（2）妨碍物证的使用。1955年4月16日，德国联邦最高法院的判例将医师第一次开刀把棉花纱布遗留在病人体内而于第二次将其取出并弃失之行为认定为证明妨碍行为（参见陈荣宗《举证责任分配与民事程序法》，台湾三民书局1984年版，第67—68页）。（3）妨碍证人作证。德国联邦最高法院在判例中将负举证责任的当事人申请之证人被妨碍出庭或被隐藏及负证明责任的当事人之相对方明知目击者之住所或姓名但故意隐瞒等行为归入此类［参见［韩］李时润、金玄卿《论民事诉讼中的举证妨害行为》，载何家弘主编《证据学论坛》（第三卷），中国检察出版社2001年版，第471页］。不作为妨碍行为是指当事人在诉讼中持有证据无正当理由拒不提供的行为。此类行为乃以当事人消极的不作为表现出来，当事人的主观心态既可以是故意，也可以是过失。其主要以下列几种形式表现出来：（1）拒不提供书证。《德国民事诉讼法》第427条规定："如果对方当事人不服从提出证书的命令，或者在第426条的情形（即进行了关于书证的讯问后，法院相信书证被对方当事人占有），法院相信对方当事人并未细心追究证书的所在时，就可以把拒证人提供的证书缮本视为正确的证书。如果举证人未提供证书缮本时，举证人关于证书的形式和内容的主张，视为已得到证明。"《日本民事诉讼法》第224条第1款规定："当事人不服从提出文书命令时，法院可以认定对方当事人所主张的关于该文书的记载为真实。"（2）拒绝核对笔迹。《德国民事诉讼法》第441条第3款规定："适于核对的笔迹在对方当事人手中时，对方当事人依举证人的申请有提出的义务。对方当事人不服从提出适于核对的笔迹命令，或者在第426条的情形（即进行了关于书证的讯问后，法院相信书证被对方当事人占有），法院相信对方当事人并未细心追究该项笔迹的所在时，就可以把该项证书视为真实。"《日本民事诉讼法》第229条第4款规定，若当事人无正当理由拒不服从法官命令其核对笔迹或印迹的裁定时，法院对于文书制作的真伪，可以认定举证人的主张为真实。如果伪造笔记体书写时，亦同。（3）拒绝接受讯问。此行为之规定在《德国民事诉讼法》第446条和《日本民事诉讼法》第208条中得以展开。《德国民事诉讼法》第446条规定："对方当事人拒绝对他进行讯问，或者对于法院的要求不作表示，法院应考虑全部案情，特别考虑拒绝的理由，依自由心证，判断当事人所主张的事实可否视为已得到证明。"《日本民事诉讼法》第208条规定："在询问当事人本人的情况下，该当事人无正当的理由不出庭，或者拒绝宣誓或陈述时，法院可以认定对方当事人所主张的有关询问事项为真实。"

据。因为在传统民事诉讼理论中，任何人不能被强制要求提供于己不利的证据，无协助对方举证的义务，[①] 此乃基于私法上所有权绝对思想的考量。但随着科技的突飞猛进，在物质文化高度发展的同时，两极分化严重、交通事故频发、环境污染层出、缺陷产品致损及商业秘密盗用等各种社会诟病也随之出现。而由此产生的特定类型的案件中，民事主体双方的平等性和互换性基本上完全丧失，侵权和被侵权的主体在社会结构层次上固定下来，原、被告的角色几乎没有互换的可能，此种互换性的丧失在诉讼中则常常表现为"当事人实质地位和掌握武器的不对等"[②]，双方举证能力相差甚大即是其中的显著表现之一，证据仅由一方掌握以致对方举证困难或举证不能之情形时有发生，如不加以改变则不仅有违当事人依诚实信用推进诉讼的原则，亦会导致诉讼进程一再拖延，使有限的司法资源被无端浪费，从而造成司法资源在社会整体范围内的分配不公。因此，为维护当事人之间的实质公平，亦为司法资源的有效利用，大陆法系国家和地区价值衡量的结果便是在各自的民事诉讼立法中确立了证据协助这一既对他方当事人、亦对国家所负之义务。此处的协助即是指一方当事人在提供相关证据的名称和内容等方面有困难时，依其申请，持有该证据的对方当事人应在该证据的提出、相应信息的陈明及其他方式上给予必要的协助。而作为证明妨碍行为的构成要件之一，便是当事人在负有该义务时却以作为或不作为的方式不予履行，从而对他方当事人权益的顺利实现及诉讼程序的正常进行产生消极影响。第四，行为人在主观上具有故意或过失的心理状态。[③] 行为人为妨碍行为时的心理状态即是该行为的主观构成要件。

① 如"任何人均不必开示对己不利的证据"（Nemo tenetur edere contra se）及"不被要求协助他人权利之证明"（Actori incumbit probatio）等法言法语一直以来便是大陆法系国家和地区民事诉讼立法和实践的指导思想和行动指针。参见许士宦《文书之开示与密匿》，载《台大法学论丛》1999 年第 4 期。

② 参见王亚新《对抗与判定——日本民事诉讼的基本结构》，清华大学出版社 2002 年版，第 230 页。

③ 故意妨碍，是指当事人知悉特定证据的证明能力，为妨碍对方当事人对该证据的获取和使用，故意将其毁灭、隐匿或以其他方式导致他方难以或不能使用。对故意妨碍而言，此所谓故意，应理解为双重故意，指妨碍人对其妨碍行为及相应之后果均知晓，申言之，其既明知毁灭或隐匿了相应证据，又知悉且希望该行为会使对该特定证据负举证责任的对方当事人陷于举证受阻或不能的境地。过失妨碍，是指当事人对有关证据之毁灭或不提供与诉讼上可能被利用所具备的证明能力依常理应能认识而未予认识。如前所述，对于一方当事人毁损、隐匿或以（转下页）

行为人故意妨碍对方当事人举证的行为，可以认为是违反了上述证据上的协力义务，侵害了对方当事人的正当权益，自然应属心理状态之一种情形；而当事人过失的证明妨碍行为亦然，不应被排除于主观构成要件之外。易言之，基于当事人所负的证据上的协力义务，无论当事人实施此类行为时的主观心态是故意抑或过失，其在造成对方未能适时利用该证据以利案件真实的迅速发现此结果上并无二致。第五，行为人的妨碍行为与对方的举证不能之间存有因果关系。不负证明责任的当事人的证明妨碍行为须与待证事实的难以或不能查清之间具有因果关系，否则即难认定该妨碍行为能够实际产生效果。因果关系一直被认为是构成侵权责任的必要条件。因果关系的出现，是为了使加害人的行为与受害人的结果发生联系，从而为受害人的赔偿找到正当化的理由，易言之，即是使对侵权行为所造成不利后果的补偿有理可依、有章可循，充分发挥侵权损害赔偿的补偿功能。有别于一般侵权行为，证明妨碍行为在因果关系的认定上有其特殊性。一般侵权行为所指向的对象是实体法赋予他人的权利，而证明妨碍行为则指向诉讼法所规定的当事人正常收集、提供证据的权利。当事人对自己所主张的事实应提供相应证据予以证明，从推进诉讼、发现真实的视角来说，这是诉讼法施以当事人的一种义务；而对维护当事人诉讼地位的平等性、保障当事人正当权益之考虑而言，其无疑又是诉讼法赋予当事人的一项权利。第六，行为的时间不限于诉讼系属中，诉讼系属前也成立。当事人在诉讼系属中所为之妨碍他方正常举证的行为自然应属证明妨碍之列，这将直接使他方当事人在证据调查程序中处于不利地位，从而使其在后继的法庭辩论程序中不能够充分的发挥，进而对案件裁判结果的形成构成消极影响；而当事人在诉讼系属前所为的毁灭、隐匿证据的行为也会对进入诉讼系属后他方当事人收集和提供证据的行为造成阻却，使之成为影

（接上页）其他方式致使对方当事人难以或不能提供相应证据的行为，不论其出于故意或过失，在造成对方未能适时利用该证据以顺利、迅速发现案件真实的状态上并无差异，因此，过失应属于妨碍行为的心理状态的一种。对于该种证明妨碍，亦应具备二重要件，即妨碍人就特定证据之毁灭或不提供及其对诉讼上可被利用所具备的证明能力均应能认识而未予注意或认识。于此之下，又可将过失证明妨碍细分为三种类型：其一，对证据的毁损、灭失有故意，但对该证据在诉讼上的意义（即对方当事人对该证据的需求）仅有疏于认识的过失；其二，虽对该证据在诉讼上的意义有认识，但却因过失而非故意将其毁灭；其三，对证据的毁灭及在诉讼上的意义均欠缺应有的认识。

响案件审理正常化的负面因素，故该类行为也应被纳入证明妨碍的范畴。①

现行《民事诉讼法》第 111 条对两类显著的证明妨碍行为及相应的制裁措施作了规定，即对于“伪造、毁灭重要证据，妨碍人民法院审理案件”和“以暴力、威胁、贿买方法阻止证人作证”② 的诉讼参加人或其他人，“人民法院可以根据情节轻重予以罚款、拘留；构成犯罪的，依法追究刑事责任”。从责任承担的方式上不难看出，民诉法对妨碍人设置了一些司法上的强制制裁措施和刑事上的制裁手段，期冀通过公法上的惩戒来消弭此类妨碍行为的发生。此种方式之规定无疑具有一定的积极意义，对欲实施此类妨碍行为的当事人确实能够起到一定程度上的威慑作用，但与此种公法上的惩治方式相比，更具必要性的则是让妨碍人承担与实体权益紧密相关的诉讼上的不利益，即对其施以私法上的不利后果。1998 年最高人民法院颁布的《关于民事经济审判方式改革问题的若干规定》（以下简称《民事审改规定》）第 30 条中规定：“有证据证明持有证据的一方当事人无正当理由拒不提供，如果对方当事人主张该证据的内容不利于

① 如我国台湾地区“民事诉讼法”第 368 条规定：“（1）证据有灭失或碍难使用之虞，或经他造同意者，得向法院声请保全；就确定事、物之现状有法律上利益并有必要时，亦得声请为鉴定、勘验或保全书证。（2）前项证据保全，应适用本节有关调查证据方法之规定。”即明示起诉前当事人亦有保全书证、协助鉴定、勘验之义务。在纠纷已经发生或诉讼将至之情况下，即使尚未进入诉讼系属，该义务亦应得到履行，否则即构成诉前证明妨碍，此时妨碍人的主观心态故意和过失均可。至于依法律规定、双方约定或交易习惯，当事人就特定证据负有保存的义务时，即使这些证据未必与将来的诉讼有关，但若因可归责于该当事人的事由而未予保存，从而导致在后来的诉讼中对方当事人无法提供该类证据，则就该义务违反行为所致不能查清事实、推进诉讼之状态而言，其仍应承担相应的法律责任。此种义务显然是一种实体法上的义务，如我国《公司法》第 109 条规定：“股东大会应当对所议事项的决定作成会议记录，由出席会议的董事签名。会议记录应当与出席股东的签名册及代理出席的委托书一并保存。”同法第 169 条第 1 款规定：“公司发行公司债券应当置备公司债券存根簿。”同时，依笔者之拙见，实体法上的诚实信用原则与诉讼法上的诚实信用原则具有连续性，对诉讼系属前、后有一定的连接作用，故当事人在民事实体法律活动中，即使无法定、约定或俗定之保存相关证据的义务，但因其与双方之间的民事法律关系紧密相关，则依诚实信用原则，其仍应对该证据予以保存。

② 《民事诉讼法》第 111 条在此两类行为之外，还规定了诉讼参加人或其他人“指使、贿买、胁迫他人作伪证”的行为，但比照证明妨碍行为之特质，该行为显然不应被归入证明妨碍之列。因为证明妨碍仅是针对证据本身施以毁灭、隐匿或不予提供等阻却行为，于证据内容，即其反映的案件事实本身则不加以改变，而指使、贿买或胁迫他人作伪证的行为则使证人证言这一证据形式所指向的案件事实发生了改变，从而直接改变了举证责任的内容和方向。

证据持有人，可以推定该主张成立。”并在2001年发布的《民事证据规定》第75条中重申了此做法。这便是将妨碍行为与裁判结果相挂钩，对妨碍人实施妨碍行为所欲获得的诉讼上的利益予以消减，以此达到从根本上遏制证明妨碍行为发生之目的。笔者认为，杜绝证明妨碍行为发生之关键并不在于“罚”，不能动辄冠以妨碍人诸如“妨碍司法”等罪名（此制度之备设更多的是起到一种威慑作用），依此草率行事往往事倍功半，于问题之解决实属不利。既然妨碍证明者的目的在于使对方当事人不能证明其主张的事实，我们即可通过相应制度的设置使该目的落空。与《民事诉讼法》第111条相比，《民事审改规定》第30条与《民事证据规定》第75条直接将妨碍行为与裁判结果相挂钩，对妨碍人实施妨碍行为所欲获得的诉讼上的利益予以消减，以此达到从根本上遏制证明妨碍行为发生的目的。2015年出台的《民诉法解释》的第112条对妨碍书证提出的行为进行了司法层面的规制：“（1）书证在对方当事人控制之下的，承担举证证明责任的当事人可以在举证期限届满前书面申请人民法院责令对方当事人提交。（2）申请理由成立的，人民法院应当责令对方当事人提交，因提交书证所产生的费用，由申请人负担。对方当事人无正当理由拒不提交的，人民法院可以认定申请人所主张的书证内容为真实。”第113条则从公法层面对妨碍书证提出的行为进行了处治：“持有书证的当事人以妨碍对方当事人使用为目的，毁灭有关书证或者实施其他致使书证不能使用行为的，人民法院可以依照民事诉讼法第一百一十一条规定，对其处以罚款、拘留。”但《民诉法解释》的规定只针对书证这一种证据，对于当事人妨碍其他类型证据提出的行为仍需适用《民事审改规定》第30条与《民事证据规定》第75条之规定。

（二）完善的建议

依笔者拙见，《民事审改规定》第30条与《民事证据规定》第75条虽从规范层面上对证明妨碍行为的私法上的处治方式作了一定布设，但其中的缺陷与不足着实明显，极有作进一步厘清及完善之必要。

1. 对证明妨碍行为的适用主体予以明确界定

从《民事审改规定》第30条与《民事证据规定》第75条之规定来看，证明妨碍排除制度适用的主体乃持有证据无正当理由拒不提供的“一方当事人”。但此提法中的“一方当事人”究竟应为哪一方，两司法解释之规定均付之阙如。笔者来看，根据民事诉讼证明责任分配的一般理论，该“一方当事人”应为对所持证据不负证明责任的一方，也即对被妨碍提出的证据负证明责任的当事人的相对方。若该“一方当事人”为对被妨碍提出的证据负举证责任的本人，则其拒不提出所持证据的行为只会直接导致其自身遭受败诉的风险，此显与诉讼常理相悖，因为一般情况下，任何人均不会为有损自身实体及诉讼利益的行为，故与证据提供相关的行为无疑也应被当然囊括于内。因而在将来对此进行修订和完善时，应对适用该制度的主体予以阐明。

2. 对证明妨碍行为的适用前提予以明确界定

至于证明妨碍排除制度的适用前提，《民事审改规定》第 30 条与《民事证据规定》第 75 条均将其界定为“一方当事人持有证据无正当理由拒不提供”的情形。但对于作为此种妨碍行为成立前提要件的“正当理由”究竟为何，该两司法解释并未作进一步厘清。此即使得实际操作极易陷于混乱的境地，双方当事人均可利用这一疏漏对该条款加以滥用，即任意以对方无正当理由拒不提供证据为由要求法院适用此条款；同时，也均能以己方有正当理由为借口排斥该规定的运用。笔者认为，所谓当事人拒绝提出证据的正当理由，的确不易准确界定其范围。唯一可行的办法，即是由法官在从整体上综合考量各项事实及情况的基础上，对个案中是否存在正当理由加以判断。一般来讲，证据事关当事人的隐私或秘密应属于不被提出的正当理由之列，但并非绝对，应从攻防手段之平衡、事实真相之发现、审理之集中化以及诉讼之促进与隐私或秘密之保护之间寻求最佳的平衡点。此过程中应对隐私、秘密、证据及其所能证明的案件事实的重要性加以仔细斟酌、慎重考量，从而确定孰轻孰重。只有当隐私和秘密的重要性大于证据及其所能证明的案件事实的重要性时，法官才能同意证据持有人拒绝提供，承认其隐匿相关证据的合理性。当然，此种利益的权衡必定因案件类型及诉讼过程中具体情况之不同而有所差异，这可能危及程序的安定性，与此同时会使当事人不予提供相应证据的权利丧失确定性，从而因可预测性的降低影响其应有作用的发挥。但笔者以为，随着审判实际经验的不断增加及案件类型的大致固定化，法官会逐渐积累起关于不同类型案件如何把握衡量尺度的特定的判断标准，届时该问题应会迎刃而解。如对于前面提到的环境污染、产品缺陷致损、医疗事故及专利侵权等民事主体双方的平等性和互换性基本完全丧失的现代型案件，作为被侵害方的原告的举证能力往往大大弱于作为侵害方的被告，与案件裁判结果息息相关的证据资料绝大多数由被告所掌握，此时若过分强调重视被告的隐私和秘密，赋予其极大不予提供证据的权利，原告即无从利用该类证据，案件之胜负几无悬念，这显然是极为不公和失衡的。故对于该类案件，法官即应将对被告隐私及秘密的考虑降至最低，更多的关注证据的提出及案件真实地发现。当然，对于涉及持有人隐私及秘密的相关证据的提供与否，仍应由法官予以认定，即法官仍要接触这些证据，对相应内容加以审阅后才能决定是否进入诉讼程序。而对于经审查不应提出，即不得作为裁判基础的证据，对方当事人虽未得见，但法官已对其内容有所了解，而后的心证不免会受此影响。这显然对对方当事人不公，使其未能就此作充分的辩论和阐述，从而造成法官心证的偏失。为此，对法官于此类证据加以审查的权力应适当限制，只有在显据必要性的情形下方能为之。当根据证据持有者所提出的证据能够证明其拒绝提出的证据符合正当理由的要求时，法官即应对其不予提供的行为予以认定，此时即无再对涉及隐私及秘密的证据加以审查的必要；反之，若根据证据持有者提出的相关证据，法官的心证未能达到确信涉及隐私及秘密的证据可归入正当理由的程度时，则可以对该证据进行审阅。

同时，在对“正当理由”予以界定时应明确，有关证人拒绝作证之事项不应被纳入“正当理由”的范畴。在大陆法系主要国家和地区，民事诉讼立法一般均规定了证人的“证言豁免权”（或曰“拒绝作证权”），即证人在特定情况下①可以拒绝作证。之所以将这些情形下证人的作证义务予以免除，乃基于保护证人合法权益的需要。因为证人证言的提供虽攸关本案之处理，但其毕竟不是本案的直接纠纷主体。若为他人民事争议的解决而损害具有特定身份的证人的自身权益，显然有违诉讼解决民事纠纷、维护社会稳定的本旨，同时也必会打击证人作证的积极性，从而对整个民事诉讼的真相发现机制产生消极影响。而对当事人则不然。因

① 这些特定情形主要是关于国家秘密、商业秘密、个人隐私及特定亲属关系等。如《德国民事诉讼法》第 383 条和第 384 条规定证人有权拒绝作证的情况主要有：1. 与当事人一方有特定的亲属关系；2. 被当事人一方所告知一定事项的神职人员；3. 因编辑、出版或发行等职业原因知悉当事人相关情况的人。《日本民事诉讼法》上规定的证人有权拒绝作证的情况主要有：1. 与当事人一方有特定的亲属关系；2. 与当事人有监护与被监护的关系；3. 知悉特定职务秘密的公务员或曾任公务员的人；4. 医生、律师、公证人及神职人员等因职业原因知悉当事人隐私或秘密的人。我国台湾地区“民事诉讼法”第 306 条和第 307 条也有大致相同的规定。

为民事案件的处理结果直接攸关双方当事人的实体权益，故若关于证人“证言豁免权”的事由对其也能予适用，则对双方争端的解决实属无益。而且，我国现行《民事诉讼法》第134条规定，涉及国家秘密和个人隐私的案件，受诉法院应当不公开审理；离婚案件和涉及商业秘密的案件，若当事人申请不公开审理，则法院应当不公开审理。据此可知，凡涉及“证言豁免权”相关事由的案件，在我国均采纳不公开审理的方式，故双方当事人在提供相关证据时即无须有过多顾虑。退一步讲，在此基础之上，即使当事人仍旧担心恐相关证据的提出会使对方当事人和法院知悉相关的国家秘密、商业秘密及个人隐私，基于民事诉讼当事人私权自治的原理，其通过权衡相关秘密的暴露与诉讼利益的取得两者孰轻孰重，大可借和解或调解的手段来求得两者的平衡，而无须由法律将诸类情形纳入当事人可不予提供证据的“正当理由”之列。

此外，至于案外人的证明妨碍行为则应予以区别。此处的案外人并非指双方当事人以外的任何人，而是指当事人以外与本案证据的提供有利害关系的人。其手中往往持有与当事人之间的实体争议密切相关的证据，其提供证据与否直接攸关案件裁判的结果，故各国和地区的相关立法均将前述的证据协力义务也课以该案外人，规定其对于特定的证据也应如对此不负证明责任的当事人一方一样，在法定的情形下予以提出。但案外人显然与当事人不同，其并非与本案的处理结果有直接的法律关系，故让其承担相应的证据协力义务难免苛刻。一方面，案外人要被强迫牺牲一定的人力、物力和精力，且相应支出还未必能得到及时、全面的弥补；另一方面，案外人被勉强为自己所不欲的证据提供，不但可能遭受经济上的损失，还可能因相关隐私及秘密的暴露而使人格权受到一定的损害。但因在特定情况下实在有让其予以协助的必要，故权衡利弊，在一定范围内其仍应依法提供相关证据，不得为证明妨碍行为。禁止案外人的此类行为乃基于其对诉讼审理应尽的公法上的义务，此基本上与证人的作证义务具有同一属性，而并非如当事人那样直接攸关自身的诉讼利益，故在大陆法系主要国家和地区，对当事人的证明妨碍行为的制裁与对案外人的此类行为的制裁采取完全不同的方式：对于当事人，是将其妨碍行为与裁判结果相挂钩，对其欲通过实施妨碍行为所能获得的诉讼上的利益予以消减，以此达到从根本上遏制证明妨碍行为发生之目的；而对于案外人，因其并不直接与案件的裁判结果存在法律上的利害关系，则就谈不上诉讼利益的消减与否，故为杜绝其实施妨碍证明行为之念，一般是对其处以一定数额之罚款，即以间接强制的方式促使其提出；而在罚款达不到制裁目的时，一般规定法院可施以直接强制的方式，[①] 即裁定强制处分，准用物之交付请求权执行的规定。如《日本民事诉讼法》第 225 条第 1 款规定："第三人（大陆法系国家和地区一般将案外人称为'第三人'）不服从文书提出命令时，法院以裁定处以 20 万日元以下的罚款。"我国台湾地区"民事诉讼法"第 349 条前两款规定："（1）第三人无正当理由不从提出文书之命者，法院得以裁定处新台币三万元以下罚款；于必要时，并得以裁定命为强制处分。（2）前项强制处分之执行，准用强制执行法关于物之交付请求权执行之规定。"如前所述，因让案外人提出证据的命令对该案外人自身的利益有相当程度的影响，故为保障案外人的正当权益，维护司法的权威性，法官在做出相应裁定前应赋予案外人陈述意见的权利，使其拥有提出理由表示拒绝的机会。如我国台湾地区"民事诉讼法"第 347 条规定："（1）法院认应证之事实重要且举证人之声请正当者，应以裁定命第三人提出文书或定由举证人提出文书之期间。（2）法院为前项裁定前，应使该第三人有陈述意见之机会。"

3. 对可适用证明妨碍排除制度的行为种类加以扩充

将证明妨碍行为与案件的裁判结果相挂钩，使妨碍人承担由此造成的诉讼上的不利益，即可有效地遏制证明妨碍行为的发生。但对于《民事审改规定》第 30 条与《民事证据规定》第 75 条所规定的能够适用此制度的妨碍行为的种类，则应作进一步的扩充。《民事审改规定》第 30 条与《民事证据规定》第 75 条仅规定了一方当事人实施"持有证据无正当理由拒不提供"此种妨碍行为时，法院可以认定其所持有的证据能够证明对方当事人的主张，即只有在当事人消极不作为的情况下可适用此项制度的规定，尚未将种类更多的作为行为包纳于内，而仅是在《民事诉讼法》第 111 条中对某些作为性质的妨碍行为（伪造、毁灭重要证据和以暴力、威胁、贿买方法阻止证人作证）设置了相关公法上的惩罚手段。

---

① 之所以间接强制和直接强制两种方式层递使用，是因为当事人和案外人实施证明妨碍的后果不尽相同。对于当事人为证明妨碍之行为时，法官可以直接认定负举证责任当事人对证据或对事实的主张为真实；而案外人为该行为时，待证事实仍需调查和审理，否则即不能加以认定。故如不加强对案外人证明妨碍行为的制裁效果，实不足以保障当事人合法的证据收集权。

如前所述，在一定程度上，现行《民事诉讼法》第 111 条对证明妨碍行为施以司法强制措施及刑事制裁手段的设置在我国现行民事诉讼框架之下无疑具有存在的必要性及合理性，但当妨碍人通过实施妨碍行为可能获得的裁判利益远大于因公法上的惩戒所遭受的损失时，此种制裁的威慑力即会有所降低。此时，私法上的制裁措施若不紧跟而上，不对其欲通过实施妨碍行为所可能获得之裁判利益予以消减，这些作为性质的妨碍行为便难以得到彻底的遏制，对方当事人合法权益之有效维护即沦为空谈。同时，《民事诉讼法》第 111 条也仅对两种作为性质的妨碍行为作了规定，①仍存有诸多既不受《民事诉讼法》第 111 条，亦不受《民事审改规定》第 30 条与《民事证据规定》第 75 条规制的作为性质的妨碍行为，当其出现时，必会对他方当事人的举证活动的正常开展产生实质性的负面影响。鉴于此，依笔者之拙见，应对可适用《民事审改规定》第 30 条和《民事证据规定》第 75 条规定的证明妨碍行为之种类加以扩充，如灭失、损毁、隐匿、无正当理由拒不提供所持有的证据及其他妨碍对方举证的行为等，而用概括性的表述将所有种类之证明妨碍行为均予以囊括则为最佳；而且一切证据种类（或曰证据方法）也都应被纳入私法上证明妨碍制裁之范围。同时，应淡化从公法上对当事人的证明妨碍行为施以制裁的职权主义色彩浓厚，且效果差强人意之做法，逐渐转化到仅从裁判的结果上对其加以制裁此契合民事诉讼领域当事人私权自治之本旨，且卓有实效的方式上来。

4. 对待证明妨碍制裁的态度应予以明确

观之《民事审改规定》第 30 条与《民事证据规定》第 75 条，通过

① 而已有的规定也不尽完善，其与刑法的相关规定不完全配套，即二者在行为陈述及相应制裁上存有疏漏。因为对于伪造、毁灭证据的行为，《刑法》第 306 条和第 307 条虽然分别规定了辩护人、诉讼代理人毁灭、伪造证据罪和帮助毁灭、伪造证据罪，但这两个罪名适用的范围仅为刑事诉讼，其针对的犯罪主体也仅是辩护人、诉讼代理人和其他帮助当事人毁灭、伪造证据的人，对于当事人本身实施的此类行为仅是作为量刑的酌定情节。而依“法无明文规定不为罪”的刑罚基本原则，这两个罪名对于民事诉讼中当事人毁灭、伪造证据的行为显然无从适用，而现行刑法又未有别的相应罪名予以规制，故可以说截至目前，《民事诉讼法》第 111 条所谓的对当事人的该类行为施以刑事制裁仅是一种态度和一个口号，并未在刑法上得到兑现。当然，也不能绝对认为完全不能对民事诉讼证明妨碍行为加以刑事制裁。对于情节严重的此类行为，可以认定构成了诉讼诈骗，以诈骗罪对妨碍人施以刑罚。

分析此项关于证明妨碍制裁的规定即可发现，在其所设置的现有框架下，欲明确我国现今对证明妨碍制裁的态度究竟为何实属不易。但《民事证据规定》出台之后，从司法解释制定者的相关阐释性论述中可看出，其关于此项规定之出发点乃欲以推定的方式对证明妨碍之后果加以规制，即认定其实质为“根据已经被证明的一方当事人有证据拒不出示的事实，推定其持有的证据能够证明对方当事人的主张”①，并认为“本条推定在客观效果上构成了举证责任倒置，……利用推定实现了举证责任倒置”②。而依推定的一般原理，可将对证明妨碍的推定归入法律推定的范畴，其具有法律推定的特质，即据以推定的经验法则乃事先为法律所确定，不容反驳，只要基础事实得以确证，即可直接依经验法则得出推定的事实。虽然我国司法解释制定者的意图是欲用推定的方式规制证明妨碍行为的后果，进而自然可推出其在此问题上的态度乃采取证明责任转换的结论，但从相关司法解释的条文本身来看，并不能当然地认为其采用的即为推定。因为《民事审改规定》第 30 条与《民事证据规定》第 75 条中使用的乃为“可以推定”，其中，“推定”是以有司法解释的明确规定为出发点的；而“可以”则是赋予法官自由裁量权的显著标志。将法律推定与法官自由心证并用，显然是疏于对两者各自内涵的准确把握及缺乏对二者之间关系的清晰界定。

大陆法系主要国家和地区在对待证明妨碍法律后果的态度上大致有证明责任转换和自由心证两种。③ 从大陆法系主要国家和地区相关立法发展

---

① 黄松有主编：《民事诉讼证据司法解释的理解与适用》，中国法制出版社 2002 年版，第 360 页。

② 李国光主编：《最高人民法院〈关于民事诉讼证据的若干规定〉的理解与适用》，中国法制出版社 2002 年版，第 471 页。

③ 一般认为，在对待证明妨碍法律后果的态度上，大陆法系国家和地区主要有两种主张：证明责任转换说和自由心证说（参见骆永家《证明妨碍》，载台湾《月旦法学杂志》2001 年第 2 期）。前者认为，当出现证明妨碍的情形时，法院应当将举证人所主张的事实之举证责任转换于妨碍人，从而使之陷于有败诉危险之境地，以此防止证明妨碍行为的发生；后者则认为，证明妨碍行为发生时，法院可以直接认定举证人的主张为真实，是否予以认定由法院综合考虑各项因素后予以自由裁量。而究竟应采何种学说作为相应制度确立之理论根基，学者间存有相当大的争议，而恰因这一理论上的分歧，导致了各国在司法实践中的不一致。笔者认为，从总体上讲，德国乃采取证明责任转换与自由心证相结合的作法；日本是以自由心证为指导，但不尽彻底；而我国台湾地区则运用的是完全、彻底的自由心证。证明责任转换说看到了证明责任转换（转下页）

的趋势来看，呈现自由心证逐渐替代证明责任转换的态势。[①] 故为契合该发展的趋势（或曰潮流），我国在此问题上也似应采自由心证的做法，进而应在相关实际操作规则的修改与完善上有所体现。就近期来讲，拟可将《民事审改规定》第30条与《民事证据规定》第75条中的“可以推定”更改为“可以认定”。此一词之异，从表面上看，是使得自由裁量与法律推定之间的关系得以厘清，而实质上则体现出自由心证取代举证责任转换之深层蕴意。但仅作如此改动并不完全契合自由心证之本旨，因为依《民事审改规定》第30条与《民事证据规定》第75条的现有规定，当出现证明妨碍情形时，法官仅可认定举证人关于该证据内容的主张为真实，即仅能作关于该证据本身是否为真实的认定，不能直接判断证据所能证明之事实是否为真——如前所述，此并非完整意义上彻底的自由心证。故在今后对其予以修订时，也应对法官所能认定的对象加以区分，即当举证人参

（接上页）直接、简便及可操作性较强等特点，但同时却忽视了转换之后的后果。而这正是比较而言采纳自由心证的优势所在。因为在证明责任转换情形下，败诉的风险虽应由妨碍人来承担，但此时妨碍人仍有提供相反证据（此时为本证）进行反击的机会。一般来讲，被妨碍人在举证活动中往往处于相对弱势的地位，而一旦给予妨碍人反驳的机会，其就极有可能利用自身所处的提供证据的相对优势地位使被妨碍人再次陷于举证不能的境地，进而影响法官心证的形成。易言之，证明责任转换的效果与法官心证的最终形成之间仍存在一个再次举证的过程，若采纳证明责任转换说，即不能对妨碍人产生直接的制裁效果，因为败诉的风险并不能直接等同于败诉结果本身。而采完全的自由心证说则可避免证明责任转换在制裁上的相对乏力，法官一旦依自由心证对证明妨碍行为予以认定，即能确定举证人关于证据本身的主张或其所能证明的事实为真实，而基于此即可直接导致妨碍人败诉，此时妨碍人则无任何反驳的机会，因为法官的心证已告形成，妨碍人为二次妨碍的可能性即被完全杜绝。此一方面有利于保护在举证上处于相对弱势地位的举证人；另一方面也有利于纠纷的迅速解决，从而使无谓的循环举证得以避免。

① 譬如日本，在其1996年修改民诉法之前，若当事人不服从文书提出命令或妨碍对方当事人正常使用书证，法院仅可认定对方当事人（举证人）关于该证据本身的主张为真实，不能在此基础上进一步对该证据所能证明之事实的真实性予以认定。而1996年修订之后，现行《日本民事诉讼法》第224条第3款将对证据所能证明的事实的真实性之认定也纳入法官自由裁量之范畴，从而使得法官在此问题上心证之界阈有所扩张。而我国台湾地区的变动则更为显著。其“民事诉讼法”在2000年修改前，仅规定当事人无正当理由不服从提供文书或协助勘验之命令时，法院可以认定对方当事人关于该文书或该勘验之主张为正当。其经2000年之修订，一方面规定当事人无正当理由不服从提供文书或协助勘验之命令，法院不仅可以认定对方关于该文书或该勘验之主张为真实，进而还可认定依该文书或该勘验所能证明的事实为真实；另一方面，当相关规定以第282—1条第1款（其处于“证据”节“通则”目）的面目出现时，法院可作前述认定的对象也由仅限于书证和勘验扩展至所有证据类型。

与证据作成时，可以认定其对该证据本身的主张为真实；在其未能参与的情形下，法官就不仅可以认定举证人对该证据本身的主张为真实，还可对其所能证明的事实之真实性予以认定。应提起注意的是，法官心证的重要内容之一，即要对证据的重要性加以考量。不能一出现妨碍证明的情形即认定举证人对证据本身的主张或其所能证明的事实为真实，此显然忽视了其他证据的存在并割裂了证据之间及证据与待证事实之间的内在联系。若完全仅凭证明妨碍此单一事实即对当事人关于该证据的主张及讼争事实的真实性加以认定，则其他详尽的认证规则存在的必要性亟丧失殆尽，而整个民事诉讼证据体系也有被抽空之虞。① 同时，私法上证明妨碍的制裁效果，原则上使诉讼恢复至无此妨碍的状态即告成功，绝不能使当事人在受妨碍的情形下比无此情形时居于更为有利的诉讼地位，否则即有僭越此制度设置初衷之嫌。依此要求，法院不能在任何情况下都对举证人的主张予以认定；在仅能对关于证据本身的主张加以认定时即不能考虑认定其所能证明的事实。此乃当事人双方攻防平衡、武器对等此民事诉讼的精髓使然。②

在明确由法官的心证对证明妨碍加以认定的同时，③ 应赋予当事人足

① 自由心证的“自由”绝非容许法官恣意判断。自由心证原则确立初期，其“内心确信”侧重于主观方面的证据评价标准，后来这些标准受到了各方的批评，由此有关国家在制度上和实务中为客观标准的确立开始了不断努力。现代意义上的自由心证不再是法官的自由擅断，而是一种辩证的“自由”，法官在自由心证过程中，必须遵循可观的认识规律，同时必须执行与自由心证相配套的一系列相关制度，尤其是不能逾越与之相适应的法律制度和规定的制约。故大陆法系国家和地区的立法一方面保障法官心证形成的自由，另一方面又设置了相应的、合理的制约措施。

② 当然，笔者在此处仍有另一种考虑，即在对证明妨碍行为予以处治时，有一个因素不应被忽略，即处治应能有效地预防该类行为的再次发生，故在制裁的力度上应比其不为妨碍行为、诚实提供相应证据所遭到的不利后果要严重一些，这样始能达到预防或制裁的效果，否则，当事人在考虑到为妨碍行为绝不会导致比提出证据更不利，且有可能逃脱制裁的侥幸心理之诱惑下，大肆从事毁灭、隐匿或不予提供相关证据的行为，使证据调查陷入困境。

③ 2014 年 12 月最高人民法院出台的《环境民事公益诉讼解释》第 13 条“原告请求被告提供其排放的主要污染物名称、排放方式、排放浓度和总量、超标排放情况以及防治污染设施的建设和运行情况等环境信息，法律、法规、规章规定被告应当持有或者有证据证明被告持有而拒不提供，如果原告主张相关事实不利于被告的，人民法院可以推定该主张成立”之规定仍然采取了《民事审改规定》第 30 条与《民事证据规定》第 75 条证明责任转换和自由心证态度不明的做法；而两个月后，2015 年 1 月出台的《民诉法解释》第 112 条第 2 款“对方当事人无正当理由拒不提交的，人民法院可以认定申请人所主张的书证内容为真实”之规定则表明最高人民法院在对待妨碍书证行为从私法层面予以处治的态度乃明确为自由心证。

够的知情权和充分的辩论权。在具体案件的审理中，法官在适用证明妨碍规则前应告知当事人相关证明责任的分配规则及无正当理由妨碍他方举证的后果，从而使得当事人能够正确地调整及摆正心态并拥有适当、完全的辩论机会，以此增加该规则适用的可预测性，从而防止法官擅断和突袭裁判的发生。

二　表见证明制度

（一）表见证明概述

表见证明是法院采用类推的方法根据经验法则就某一待证事实所进行的情态推定。这种推定事实以高度盖然性的经验法则为基础，从侵权行为等客观事实的过程中，直接推定具有符合法规所规定的如过失或因果关系等构成要件，无须主张具体事实和证明。表见证明是由德国法官通过判例及学者采用解释的方法创设的一种制度，[①] 亦称为第一视界证明、盖然性证明或经验证明等，[②] 在日本被称为大致的推定，[③] 是指法院利用一般生活经验法则，就一再重复出现的典型的事项，从一定客观存在的事实，推断某一待证事实的证据提出过程。[④] 这种显而易见的推定事实以高度盖然性的经验法则为基础，从基础事实的认定过程中直接推定具有符合法律所规定的要件事实。易言之，当这种推定成立时，如果对方当事人未提出证明该推定为错误或存疑的反证，那么推定的事实就此获得确认。可见，表见证明是法院采用类推的方法根据经验法则就某一待证事实所进行的情态复制，是一种经验推定。

从表见证明的内涵可以看出，其有两方面的要件构成：其一，高度盖然性（可能性）的经验法则。表见证明适用的首要条件在于存在一定的经验法则，以此为基础，法官可以对待证事实形成完全的内心确信。经验法则，是指人们在长期生产、生活中对客观现象与通常规律的一种理性认识，是人类对事物属性以及事物之间常态联系归纳抽象后获得的一般性知

① 参见陈荣宗《举证责任分配与民事程序法》，台湾三民书局 1984 年版，第 61 页。

② 参见姜世明《表见证明之研究》，载《政大法学评论》2008 年第 4 期。

③ 参见［日］兼子一、竹下守夫《民事诉讼法》，白绿铉译，法律出版社 1995 年版，第 114 页。

④ 参见陈荣宗、林庆苗《民事诉讼法》，台湾三民书局 1996 年版，第 509 页。

识或法则。经验法则不是具体的事实，但在法官针对个案作出判断时，可以成为三段论推论中的大前提。在这一点上，经验法则具有类似于法规的机能。经验法则作为诉讼证明过程中事实认定之逻辑推理的大前提在实质意义上决定了司法人员运用证据进行推理的逻辑结论，并且，经验法则作为证据发挥作用的背景性因素又进一步强化了推理结论的内在说服力，从而使之具有更加合理的可接受性。然而由于各种经验法则具有完全不同的性质和特点，故并未每个经验法则都可以促成表见证明。可以作为表见证明构成要件的经验法则只能是具有高度盖然性（可能性）的经验法则。具有高度盖然性的经验法则亦被称为定型化的事态经过，是指“无须经过一般生活经验那样详细的解明就可以认定其存在的，并基于其定型化之性质而无须考虑个别事实具体情况的事态发展过程”①。这些能够在表见证明中被加以利用的经验法则是由生活经验常识来予以验证的类似过程所决定的，基于类似的生活经历过程具有某种典型意义，故可以被用来对某些特定的待证事实所涉及的曾经发生的实际情况进行验证。这样的经验法则也可在确认某人的私人意思决定时存在。当然，在任何情况下都不允许为了以单纯的推测填补举证空白这一目的而使用表见证明。另外，因为表见证明所涉及的范畴十分繁杂，故试图对表见证明中有关经验法则采用相同的内涵加以概括的想法显然是不现实的。一般来说，表见证明只有在典型事件经过上才予以考虑，也即一方当事人只需依照普遍生活经验（普遍的经验法则）指示特定原因的事实情况。如果法院已确认这样的经验法则并确信存在该事实情况，则特定原因就已经得到证明。因此，即使在德国这种具有浓厚成文法传统的大陆法系国家，其与表见证明有关的经验法则也是在各种类型的具体案件中有法院加以提炼的。其二，基础事实。在表见证明中，不能忽视的另外一项构成要件乃基础事实。其是指在表见证明中用以推论未知事实的已经得到法律上确认的已知事实。作为表见证明前提的基础事实的认定不能适用表见证明。表见证明是一个推论的过程，如果允许认定基础事实也可适用表见证明，那么无疑形成了层层推论的局面，环节越多，可靠程度自然越低，而表见证明的效力本来就比普通的证明要弱。

① ［日］高桥宏志：《民事诉讼法》，林剑锋译，法律出版社 2003 年版，第 461 页。

（二）表见证明的本质

关于表见证明的本质，主要存在证明责任说和自由心证说两种观点。

证明责任说认为，表见证明属于证明责任的组成部分，其导致证明责任分配被转换，[①] 采用经验法则不仅可以克服证明事实真伪不明状态这一难题，而且还有助于借助表见证明来克服证明责任分配规则所造成的不公平现象，即表见证明中应当考虑到适用实体法规范的目的及对对方当事人的行为进行责难等实体性要素。简言之，表见证明的作用在于，在盖然性并没有那么高的场合对举证困难的当事人予以救助。如德国联邦最高法院即认为在特定情形下不应采用表见证明时，应以业经选择识别的经验法则难以确定为由，对法官就证据进行自由评价的权力进行限制。[②] 总之，从形态上看，表见证明似乎是证据的评价规则，但实质上却是实体法规范，其“具有修正证明责任分配不足之功能”[③]。

自由心证说则认为，表见证明是根据一般生活经验即使在对待证事实无法详细加以解明的条件下，仍可以就该事实的存在加以认定的一种证明。故基于表见证明对事实所作的认定与其他经由法官确信所作之事实认定在本质上并无不同。表见证明为法官自由心证的一种表现形式，或者至少是构成法官自由心证的必要组成部分。[④] 鉴于采用表见证明已足以使法官就有关主要事实的存在获得充分的心证，因此，无顾及证明责任问题的必要。简言之，表见证明的功能在于增强法官的自由心证，使法官的心证在经验法则及一定客观事实的运用下可以对当事人有争执而不明的事实状态进行推断。

依笔者拙见，两种学说比较而言，自由心证说较具合理性，原因有三：第一，当事人的某一事实主张如被确认为诉讼中的要件事实，而该方当事人无法通过提供直接证据予以证明，以至于遭受证明危机时，如果根据经验法则主张采用表见证明，以便有助于法官对某一特定的生活事实作出认定的，则取决于该种经验法则是否能够排除法官形成心证过程中可能会萌

---

① 参见［日］新堂幸司《新民事诉讼法》，林剑锋译，法律出版社 2008 年版，第 403 页。

② 参见［德］汉斯·普维庭《现代证明责任问题》，吴越译，法律出版社 2000 年版，第 140 页。

③ 雷万来：《民事证据法论》，台湾瑞兴图书公司 1997 年版，第 286 页。

④ ［日］中村英郎：《新民事诉讼法讲义》，陈刚、林剑锋、郭美松译，法律出版社 2001 年版，第 205 页。

发的疑点，凡不能就此排除其中疑点的，其中的一个必然结果就是导致产生证明责任。当诉讼终结时遇有要件事实真伪不明状态而根据证明责任作出判决与将表见证明作为判决的基础这两种情形并行不悖，这就决定了表见证明并非能与证明责任相混淆。第二，因表见证明是以采用事实的推演来显示同样过程的经验法则的存在为前提，如果作为原有被推演的事实还有其他与此相异的可能性存在时，则不再适用该经验法则，即如发现有其他合理的足以产生怀疑的特别情形存在时，就不得适用表见证明，此时对方当事人借助反证使之发生动摇即足以推翻表见证明。易言之，对于被法官所采纳的某一特定的表见证明加以推翻，实质上是对需要提出反证的一方当事人降低了其证明的标准，在此，可以认为尽管根据某一事物的发展趋态具有相当的盖然性，但是假如法官采用表见证明以认知这种经验规则的方式，从而使得相对一方当事人有必要提出反证来表明，为其提出的事实主张，应当属于这种盖然性之外的一种例外和特例，或者出现了某种不为常人所体察到的一种情状。证明责任说显然不能解释针对表见证明为何只要单纯提出反证，而不必顾及所提证据效果的充分性就可推翻表见证明这一核心问题。第三，表见证明并不是一个独立的证明类型，它只是一种特殊的证明方法，许多方面它还是要附属于一般证明的。同一般的证明一样，表见证明也要达到一个标准，这个标准与一般的证明标准并无二致，因为它们同样都是解释了法官对案件事实真伪的可能性的一种认识，负证明责任的一方当事人必须首先为作为表见证明成立基础的原因提出证据。

可见，表见证明“不颠倒证明责任”①。如果非要说表见证明和举证有所关涉的话，其也是与提供证据责任有关，即涉及因法院自由心证导致对方当事人从反面承担提供证据责任的责任。

（三）表见证明与环境民事公益诉讼证明责任分配

从上述分析可以看出，表见证明在民事诉讼中的作用非常突出：一方面，从当事人角度来看，可以缓解某些情况下无谓的举证负担，减少特定情形下的举证困难，进而促进当事人双方诉讼手段的实质公平，同时节约诉讼成本；另一方面，从法院角度来讲，可以便于法院更有效地对案件事实予以认定，推定诉讼的进程，促进司法资源更合理使用。从现行《民

① ［德］奥特马·尧厄尼希：《民事诉讼法》（第27版），周翠译，法律出版社2003年版，第272页。

事诉讼法》的规定来看，我国尚未明确使用表见证明这一措辞，但《环境民事公益诉讼解释》中的相关内容却隐约包含有表见证明的意思或与表见证明有所关联，[①] 但却非常的粗陋，亦未在诉讼中予以明确。在设计环境民事公益诉讼证明责任分配规则时，应厘清表见证明与事实推定的关系。

事实推定，又称为诉讼上的推定、司法推定或逻辑推定，是指法院根据经验法则，从已知事实出发，推定应证明的事实的真伪。《民事证据规定》第 9 条和《民诉法解释》第 93 条均对此做了规定，即根据已知事实和日常生活经验法则能推定出的另一事实，当事人无须举证证明，但对方当事人有相反证据足以推翻的除外。法院以事实推定来认定待证事实的真伪，其心证的形成可分为两个阶段，首先必须对作为推定基础的前提事实形成确信，即对其真实性形成高度盖然性的心证，然后，运用自由心证及经验法则，推论出待证事实的真实性。当事人欲使法院进行事实推定以证明其主张的待证事实，必须证明推定的前提事实为真实。至于法院如何适用经验法则进行推定，是否妥当，属于法官自由心证的范畴，不受当事人意思的限制。从这一点上来看，事实推定与表见证明极为相像。但必须明确的是，两者间的区别还是非常明显的：第一，表见证明要求作为经验法则适用前提的基础事实必须具有事件历程的典型性；而据以作出事实推定的基础事实的要求则低得多，只要能与经验法则相结合即足已。第二，表见证明是对事实推定的进一步评价，是事实推定的结果；事实推定可能推进和导致表见证明，是表见证明的前提。第三，表见证明对经验规则的要求较高，一般要具有高度的盖然性；而事实推定所运用的经验法则范围很广，是指通常的生活经验规则。可见，不能将事实推定与表见证明予以混同，不能以事实推定替代表见证明的职能。

三　法院阐明制度

（一）法院阐明制度概述

作为大陆法系国家和地区民事诉讼中的一项重要制度，法院阐明制度

---

① 《环境民事公益诉讼解释》第 8 条在规定原告提起环境民事公益诉讼应当提交的材料时，要求其需要提供被告的行为已经损害社会公共利益或者具有损害社会公共利益重大风险的初步证明材料。

亦称法院阐明权（或释明权）或法院阐明义务（或释明义务），是指在当事人提供的诉讼资料不明了或不完备时，法院可以就事实上及法律上的事项对当事人发问或促使其立证的制度。[①] 在采取辩论主义的大陆法系国家和地区民事诉讼领域，“很长一段时间以来，以所谓‘竞技理论’为特征的对抗性程序有其自身的问题这一点已被广泛认识。这种程序过分依赖于当事者各自所拥有的资源。开庭审理的集中对决方式总是伴随着不意打击的危险”[②]。鉴于此，如果立法可以允许法院在诉讼的适当时期对案件的相关情况对当事人予以说明，则可使因机械适用辩论主义所造成的不合理性得到修正，从而有助于适当、公平裁判的作出。作为对 1806 年《法国民事诉讼法》中当事人绝对自由主义的修正，德国早在 1877 年制定的民事诉讼法典中即对阐明制度作了规定，随后被大陆法系其他国家和地区相继效仿。法院阐明制度在大陆法系国家和地区民事诉讼中之所以能予确立，主要是基于实现以下四方面目的的考量：其一，可以查明案件真相，妥善化解纠纷；其二，可以充实言辞辩论，提升言辞辩论的效果；其三，可以保证当事人诉讼权利的有效行使，确保当事人之间的实质平等；其四，可以限制法院对诉讼指挥权的滥用，防止突袭裁判的出现。

就现今立法例来看，《德国民事诉讼法》第 139 条规定，如有必要，法院应当与当事人共同从事实与法律两方面对案件的实体和讼争关系进行阐明并发问。法院应当使当事人及时且完整地陈述所有重要的事实，并提出有利的申请，特别是在对所提出的事实说明不足时要加以补充，且要表明相应证据方法。就一方当事人显然忽略或认为不重要的观点，如果并非仅涉及附属请求时，法院仅在曾经予以阐明且赋予当事人陈述机会的情形下才可以将其作为裁判的基础。若法院所持观点与双方当事人不同，则法院亦须遵循此要求。《日本民事诉讼法》第 149 条规定，未明确诉讼关系，就事实上和法律上的事项，审判长可在口头辩论的期日或期日外向当事人发问并敦促其证明。合议庭其他法官向审判长报告后可实施前款规定的阐明行为。我国台湾地区“民事诉讼法”第 199 条规定，审判长应注

---

① 参见［日］中村英郎《新民事诉讼法讲义》，陈刚、林剑锋、郭美松译，法律出版社 2001 年版，第 178 页。

② ［日］谷口安平：《程序的正义与诉讼》（增补本），王亚新、刘荣军译，中国政法大学出版社 2002 年版，第 28 页。

意令当事人就诉讼关系之事实及法律为适当完全之辩论。审判长应向当事人发问或晓谕，令其为事实上及法律上陈述、声明证据或为其他必要之声明及陈述；其所声明或陈述有不明了或不完足者，应令其叙明或补充之。第199条之一规定，依原告之声明及事实上之陈述，得主张数项法律关系，而其主张不明了或不完足者，审判长应晓谕其叙明或补充之。被告如主张有消灭或妨碍原告请求之事由，究为防御方法或提起反诉有疑义时，审判长应阐明之。可见，德国民事诉讼中阐明的具体方式有发问、晓谕和商议三种；日本民事诉讼中阐明的方式仅发问一种；我国台湾地区民事诉讼中阐明有发问和晓谕两种具体方式。

对于法院阐明制度的性质，向来存有不同认识。理论上有权限说、①义务说②以及权限义务双重说③等观点。从立法层面来看，即便是同一国家或地区的立法，不同时期亦采取不同的态度。如在1877年《德国民事诉讼法》颁布之前，该法的草案即采取权限说；④ 1890年《日本民事诉讼法》即将法院阐明制度设定为义务形式，而1926年修正时则将其改成权限形式。就上述大陆法系国家和地区当今立法例观之，德国目前乃是将法院阐明设定为义务，而日本和我国台湾地区则将其设定为权限。笔者认为，单纯就法律概念的内涵而言，法院权限的行使与义务的履行存在明显的差别，其相应的方式、范围以及后果等均有所差异。就制度层面而言，阐明乃为实现诉讼上的特定目的，故对受诉法院课以相应义务从而推动该目标的实现自然顺理成章；但就个案来说，阐明行为的实施则因时因事而异，即具体行使交由主审法官自由裁量较为妥当，故此时亦具有权限的色彩。因此，阐明制度具有权限与义务双重属性的认识应属适当。就立法形式而言，若采用权限的形式，则权限行使的性质较为突出，义务履行的因素即较为淡化，主审法官的自由裁量空间即较大；若采用义务的形式则刚好相反，具体制度布设的侧重点即有所不同。

因阐明制度所具有的权限与义务双重属性，有观点将阐明制度区分为

---

① 参见骆永家《阐明权》，载民事诉讼法研究基金会编《民事诉讼法之研讨》（四），台湾三民书局1993年版，第175页。

② 参见［德］奥特马·尧厄尼希《民事诉讼法》（第27版），周翠译，法律出版社2003年版，第125页。

③ 参见［日］新堂幸司《新民事诉讼法》，林剑锋译，法律出版社2008年版，第314页。

④ 参见吕太郎《民事诉讼之基本理论》（二），台湾元照出版公司2009年版，第76页。

“不应阐明”“可以阐明”和“应阐明”三个层次予以区别对待：所谓“不应阐明”，法院如果阐明乃属于过度阐明，属于当事人异议及申请回避的事由；所谓“可以阐明”，乃属于法官自由裁量权范畴，法官阐明与否原则上不构成因违法而可以上诉的理由；所谓“应阐明”，则属于义务范围，如若违反则构成上诉的事由。[①] 而具体到阐明的形式来看，主要有对事实问题的阐明和对法律问题的阐明两种。对事实问题的阐明是传统意义上的阐明，包括不明了的阐明、除去不当的阐明、补充诉讼资料的阐明以及提出新诉讼资料的阐明。[②] 所谓不明了的阐明，是指对目的不明了、内容不特定、存在矛盾或易使人误解的当事人诉讼行为进行阐明，使之明了、不发生矛盾以及确定。所谓除去不当的阐明，是指对目的或内容虽已明确但存在不当或错误的当事人诉讼行为进行阐明，使之适当、正确。所谓补充诉讼资料的阐明，是指对内容有欠缺而无法发生应有效果的当事人诉讼行为进行阐明，使之得以补足。所谓提出新诉讼资料的阐明，是指对于裁判必须而当事人未提出的诉讼资料进行阐明，要求其予以提出。对法律问题的阐明是阐明制度中较新的形式，具体包括对法律关系的阐明和对法律见解的阐明。对法律关系的阐明，又称法律关系的晓谕义务，是指依当事人主张的事实，在实体法上可以主张数项法律关系而当事人主张不明确或不充足时，法院应通过晓谕使之确定或补足。[③] 对法律见解的阐明，又称法律见解的表明义务，是指受诉法院在言辞辩论终结以前，适度表明其所持法律观点，以协同当事人整理法律上争点，并使其集中于此进行辩论。[④]

（二）我国现有相关规定评述

纵观中华人民共和国成立以来的相关立法，我国民事诉讼领域并无涉及法院阐明制度的明确规定。如前所述，法院阐明制度乃建立在辩论主义基础之上，其是以辩论主义修正和补充者的姿态出现在大陆法系国家和地区民事诉讼中的。而对于在事实认定领域长期采取职权探知主义（甚至

① 参见姜世明《法官阐明制度发展之评估》，载《台湾法学杂志》2007 年第 11 期。

② 参见［日］高桥宏志《民事诉讼法——制度与理论的深层分析》，林剑锋译，法律出版社 2003 年版，第 358 页。

③ 参见许士宦《法律关系之晓谕义务》，载《台湾法学杂志》2007 年第 9 期。

④ 参见许士宦《法律见解之表明义务》，载《台湾法学杂志》2008 年第 8 期。

是超职权主义）的我国民事诉讼来说，在诉讼中占据绝对主导地位的人民法院无须通过阐明制度的设置即能有效地掌控事实审理的进程和结果。1982年颁行的《民事诉讼法（试行）》第56条第2款“人民法院应当依照法定程序，全面地、客观地收集和调查证据”和第149条“第二审人民法院必须全面审查第一审人民法院认定的事实和适用的法律，不受上诉范围的限制”之规定即集中彰显了这一点。随着改革开放的日渐推进，人民法院对民事诉讼的绝对主导已难以适应民事审判的快速发展，加之对民事审判规律认识的不断深入，从1988年开始，我国法院系统开始进行民事审判方式改革，其核心便是凸显当事人的主体地位，淡化法院的职权色彩，具体到事实审理上，便是要“依法强调当事人的举证责任，本着‘谁主张，谁举证’的原则，由当事人及其诉讼代理人提供证据，法院则应把主要精力用于核实、认定证据上”[①]。在1991年颁布的现行《民事诉讼法》中，第64条第1款“当事人对自己提出的主张，有责任提供证据”和第168条“第二审人民法院应当对上诉请求的有关事实和适用法律进行审查”之规定即反映了这一改革动向的部分成果。随后，相关的改革继续推进，重点仍是改变庭审方式，变询问式审判方式为辩论式审判方式，同时强调当事人的举证责任。[②] 可见，与西方国家日益强调法院对民事审判的指挥和控制的作法相反，我国民事审判方式改革的目标之一则是弱化法院的职权。“这固然是对以往超职权主义的一种矫正，但是在辩论主义没有确立，当事人主体地位没有充分保障的前提下，单纯削弱法官的职权，只会将辩论主义中过分依赖当事人所带来的缺陷适当放大”[③]，导致当事人在极为陌生的诉讼程序中茫然四顾、不知所措，从而使得不明了、不适当或不完备的诉讼状态时常发生，进而影响案件真相的发现和审判的实际效果，最终对司法的公信力和权威性造成消极影响。

鉴于此，最高人民法院在2001年颁布的《民事证据规定》中，明确

① 任建新：《充分发回国家审判机关的智能作用，更好地为“一个中心、两个基本点”服务》，1988年7月18日在第十四次全国法院工作会议上的报告。

② 参见马原《改进民事审判方式，正确执行民事诉讼法》，1994年7月6日在全国民事审判工作座谈会上的讲话。

③ 蔡虹：《释明权：基础透视与制度构建》，载《法学评论》2005年第1期。

将第3条第1款对举证指导的规定[①]以及第33条第1款关于送达举证通知书并载明相关事项的规定[②]定性为人民法院应予阐明的事项，[③]在我国民事诉讼辩论原则的框架下督促法官认真履行审判职责，适当地与当事人就事实问题进行合理程度上的沟通，使当事人能够在一定程度上对诉讼的进程和后果作出合理预期，同时着手进行相应准备，从而有效保障其诉讼权利。此外，按照《民事证据规定》第35条第1款“诉讼过程中，当事人主张的法律关系的性质或者民事行为的效力与人民法院根据案件事实作出的认定不一致的，不受本规定第三十四条规定的限制，人民法院应当告知当事人可以变更诉讼请求”的规定，在一定条件下，人民法院应当告知当事人可以变更诉讼请求。就最高人民法院的理解来看，其亦将法院此时的告知行为纳入阐明的范围，[④]但从本质上来看，该行为并不符合阐明制度的应有属性。首先，从范畴上来看，阐明制度是与辩论主义相对应的，而法官告知当事人变更诉讼请求则对应于处分权原则。[⑤]如前所述，阐明制度是对辩论主义的修正和补充，而人民法院告知当事人变更诉讼请求涉及的则是当事人对诉讼请求的处分，其乃是对处分权原则的增补和完善，两者所属的范畴明显不同。其次，从行为状态来看，阐明需以当事人的声明、陈述不当或不明确为前提，同时应阐明而未阐明的可成为当事人上诉的理由，[⑥]而告知则无须符合这些要求。再次，从语境上看，在当事人主张的法律关系的性质或者民事法律行为的效力与受诉人民法院的认定不一致时，若人民法院仅是提示该当事人根据法律关系的性质或者民事行为的效力对诉讼资料的提出进行相应调整，则应属于阐明的范围，但若人民法

---

① 《民事证据规定》第3条第1款规定：“人民法院应当向当事人说明举证的要求及法律后果，促使当事人在合理期限内积极、全面、正确、诚实地完成举证。”

② 《民事证据规定》第33条第1款规定：“人民法院应当在送达案件受理通知书和应诉通知书的同时向当事人送达举证通知书。举证通知书应当载明举证责任的分配原则与要求、可以向人民法院申请调查取证的情形、人民法院根据案件情况指定的举证期限以及逾期提供证据的法律后果。”

③ 参见李国光主编《最高人民法院〈关于民事诉讼证据的若干规定〉的理解与适用》，中国法制出版社2002年版，第48、270页。

④ 同上书，第280页。

⑤ 参见赵钢《论法官对诉讼请求变更事项的告知义务——以〈关于民事诉讼证据的若干规定〉第35条为分析基础》，载《法商研究》2005年第6期。

⑥ 参见蔡虹《释明权：基础透视与制度构建》，载《法学评论》2005年第1期。

院直接告知当事人变更诉讼请求则涉及攻击防御行为本身，已远超出诉讼资料的范围。最后，从规则层面来看，由上述大陆法系国家和地区关于阐明制度的立法例可知，法院可以从事实和法律两方面进行阐明，但均未将告知当事人变更诉讼请求归入阐明之列。

（三）完善的建议

鉴于法院阐明对环境民事公益诉讼证明责任分配的重要作用，在全面构建我国环境民事公益诉讼证明责任分配规则体系时，应对该制度的完善予以充分重视。笔者认为，应从以下几方面对法院阐明制度予以布设：

第一，明确法院阐明制度设立的基础。如上所述，阐明制度是大陆法系国家和地区对传统绝对辩论主义的矫正和完善，是对民事诉讼中法院职权的适度扩张，从而为当事人权利的顺利实现提供更为充分的保障。而我国截至目前仍未在规则层面确立辩论主义，虽然当事人对程序的主导性日益增强，但人民法院在民事诉讼程序的推进和证据的调查上仍占据显著的优势地位。从表面上看，该现状已可足够保证人民法院向当事人提示诉讼资料提出的要求而无须阐明制度的存在；但就本质而言，此种人民法院对诉讼的主导反映出的乃是公权力对私权纠纷解决的过度染指和干涉，并不符合民事诉讼的应有机理，进而即不应在错误的基础上得出所谓正确的结论。更何况人民法院的此种绝对主导地位使得人民法院的上述提示行为不受任何约束，从而可能出现无效提示或过度提示的情况，导致当事人之间的利益难以得到有效平衡，进而损及失权制度的适用效果。鉴于此，只有科学、完备的阐明制度方契合民事诉讼的内在规律和应然要求，而其设定则需以辩论主义在我国民事诉讼领域的全面确立为基础和前提。

第二，明确法院阐明的具体方式。无论是不明了的阐明或除去不当的阐明，还是补充诉讼资料的阐明或新诉讼资料的阐明，人民法院均可根据实际情况通过发问和晓谕两种具体方式进行。发问是法院以询问的形式要求当事人就其提出的攻击防御方法中不明确、不适当或不充分的地方予以说明，从而使当事人意识到其所提的攻击防御方法的局限性，进而在法定或指定的期限内予以补充或完善的阐明方式。晓谕则是人民法院以说明的形式直接向当事人提示其所提诉讼资料中不明确、不适当或不充分的地方，进而要求当事人在法定或指定的期限内予以补充或完善的阐明方式。两种方式最明显的区别在于，人民法院对当事人所提诉讼资料的内容和目的不甚清楚，尚需通过询问来掌握其不明确、不适当或不充分之处时，法院乃运用发问的方式予以阐明；而当法院对当事人所提诉讼资料的内容和目的相当清楚时，则可直接运用晓谕的方式达到阐明的目的。鉴于此，发问和晓谕两种方式均应设定在今后我国民事诉讼的阐明制度中，由人民法院根据对具体案情的掌握情况选择适用。

第三，明确法院阐明的程度。在明确阐明具体方式的前提下，人民法院还要注意阐明的程度，即人民法院在阐明时应充分考虑到其阐明行为对双方当事人之间权益保护的平衡，不应因阐明使一方当事人受到额外的照顾而损及另一方当事人的利益。以诉讼时效为例，从规则层面来看，对法院在诉讼中能否主动适用或向当事人予以阐明存在明显分野：一种是主动援引。如《民诉适用意见》第153条即规定："当事人超过诉讼时效期间起诉的，人民法院应予受理。受理后查明无中止、中断、延长事由的，判决驳回其诉讼请求。"1993年最高人民法院在《关于企业或个人欠国家银行贷款逾期两年未还应当适用民法通则规定的诉讼时效问题的批复》中也强调："国家各专业银行及其他金融机构系实行独立核算的经济实体。它们与借款的企业或公民之间的借贷关系，是平等主体之间的债权债务关系。国家各专业银行及其他金融机构向人民法院请求保护其追偿贷款权利的，应当适用民法通则关于诉讼时效的规定。确已超过诉讼时效期间，并且没有诉讼时效中止、中断或者延长诉讼时效期间情况的，人民法院应当判决驳回其诉讼请求。"另一种是不主动援引。如《拿破仑法典（法国民法典）》① 第2223条规定："审判员不得自行援用时效的方法。"《日本民法典》② 第145条规定："除非当事人援用时效，法院不得根据时效进行裁判。"近年来，我国亦开始与上述大陆法系各国的做法趋向一致。2008年最高人民法院颁布的《关于审理民事案件适用诉讼时效制度若干问题规定》（以下简称《诉讼时效规定》）第3条即规定："当事人未提出诉讼时效抗辩，人民法院不应对诉讼时效问题进行释明及主动适用诉讼时效的规定进行裁判。"该规定与上述《民诉适用意见》第153条人民法院主动审查并援引诉讼时效的做法形成鲜明对比。促使最高人民法院作出

① 参见李浩培、吴传颐、孙鸣岗译《拿破仑法典（法国民法典）》，商务印书馆1979年版。以下对《法国民法典》条文的引用，如无特别说明，均以此版本为准。

② 参见王书江译《日本民法典》，中国人民公安大学出版社1999年版。以下对《日本民法典》条文的引用，如无特别说明，均以此版本为准。

这一调整的直接原因，乃是其逐渐认识到，对诉讼时效的阐明对权利人权利保护影响重大，人民法院主动介入会使权利人和义务人之间的利益严重失衡，有损公平。[①] 基于私法自治的原则，法律显然不能强迫债务人接受时效利益。“仅仅因为过了一定的时间，就想逃避承担一种确定无疑的存在的义务，这种行为至少在以前的某些交易圈中被视为是不名誉的事情。因此，债务人在这里应当有可能不提出消灭时效之抗辩，而将其抗辩的内容限制在其他的证据上，如付款、抵销或者撤销”[②]。因此，在当事人不以诉讼时效为由提出抗辩的情形下，“如果人民法院主动对诉讼时效问题进行释明，则无异于提醒和帮助义务人逃债，有违诚实信用的基本原则，也有违法院居中裁判的中立地位”[③]。可见，即便诉讼时效届满，人民法院亦应对案件进行审理。哪怕是在缺席判决时，人民法院亦不应主动援引诉讼时效。缺席应视为缺席方承认对方当事人的主张，故缺席时即可认为其放弃行使包括诉讼时效在内的所有抗辩权。若当事人虽未到庭或在退庭前未提出诉讼时效抗辩，但其提交的书面答辩意见中提到诉讼时效抗辩的，则应认定其已提出。要注意的是，在我国诉讼实践中，各基层人民法院一般会向当事人发放诉讼风险提示书，其中即包含有关于诉讼时效的提示。笔者认为，该种提示乃是一种法院为保护当事人合法权利、普及法律知识所进行的抽象性说明，并非针对具体案件，因而不能算作对诉讼时效的主动适用，故不属于人民法院阐明的范围。当然，人民法院不予阐明诉讼时效抗辩的前提是“当事人未提出诉讼时效抗辩”。从平衡双方当事人利益的角度来考虑，应当对该前提条件作狭义理解，即当事人根本没有提出诉讼时效抗辩的任何意思表示；倘若有相关意思表示，只是表述不够充分、清晰或准确，则应认定该当事人有提出诉讼时效抗辩的意思表示，人民法院即应就此通过发问的方式使之明确。

第四，明确当事人的异议权。从某种意义上讲，法院应在斟酌双方当事人利益平衡的基础上确定对诉讼资料提出之阐明的内容和程度。而法院

① 参见奚晓明主编《最高人民法院关于民事案件诉讼时效司法解释理解与适用》，人民法院出版社 2008 年版，第 80 页。

② ［德］迪特尔·梅迪库斯：《德国民法总论》，邵建东译，法律出版社 2000 年版，第 85 页。

③ 宋晓明、刘竹梅、张雪楳：《〈最高人民法院关于审理民事案件适用诉讼时效制度若干问题的规定〉的理解与适用》，载《人民司法》2008 年第 11 期。

的自由裁量难免会因各种原因使得一方或双方当事人感到不公，为此，应赋予当事人对法院阐明行为的异议权，使当事人可以通过适当的渠道对法院的阐明行为提出质疑，从而在最大程度上增强阐明结果的可接受性。如《德国民事诉讼法》第140条即规定："参与言辞辩论的当事人，如果认为审判长关于诉讼指挥的命令或审判长以及合议庭其他成员的发问违法而提出异议时，由法院予以裁判。"《日本民事诉讼法》第150条亦规定："当事人对指挥言辞辩论的审判长命令或前条第一、二款所规定的审判长或合议庭其他成员的行为提出异议时，法院应对该异议作出裁定。"我国台湾地区"民事诉讼法"第201条规定："参与辩论人，如以审判长关于指挥诉讼之裁定，或审判长及陪席法官之发问或晓谕为违法而提出异议者，法院应就其异议为裁定。"就我国而言，在当事人对阐明行为表示不服时，首先可以向实施阐明行为的人民法院提出异议，人民法院应在法定的期限内予以回应（以裁定方式为宜），若人民法院拒绝回应或回应的内容仍难使当事人平服，则当事人可以通过上诉或申请再审的方式对该阐明行为的正当性提出进一步质疑。

第五，明确阐明的法律效力。对于当事人提出诉讼资料不明确、不适当或不充分的情形，人民法院可予以适当阐明。若当事人并不依照人民法院阐明的要求按期提供相应诉讼资料，则法院阐明行为的实施即成为触发失权制裁的"导火索"。此时，可以说人民法院已经"仁至义尽"，当事人对后续怠于提出诉讼资料行为的发生显然存在过错，即具备了处治的可归责性，故人民法院在适当情形下即可对当事人怠于提出的诉讼资料予以驳回。为防止怠于提出诉讼资料的当事人不承认人民法院先期阐明行为的存在，人民法院应在进行阐明时制作相应笔录，并由当事人签字或盖章确认，以之成为后续施以相应处治的依据。

四　证据交换制度

（一）证据交换制度概述

证据交换，是指在庭审开始之前，一方当事人将自己已掌握的证据交换对方当事人已持有而自己没有的证据，从而为诉讼的进一步展开做准备的审前机制。与证据失权制度一样，证据交换制度也是审前准备程序的重要内容，两者都可以促使当事人适时地提出证据并让对方当事人知道彼此所持有的证据，从而有效地预防"证据突袭"，避免法庭审理的反复和拖延，保证质证活动得以顺利进行。但二者在实现这一目标中的功能却是不同的，仅有证据失权制度而没有证据交换制度加以保障，证据失权的约束力便会流于浮泛，难以避免当事人的“证据突袭”；而仅有证据交换制度而无证据失权制度加以支撑，证据交换便会遥遥无期，很难达到加快诉讼节奏、推进诉讼进程的目的。

（二）我国现有相关规定评述

相当长时间内，我国《民事诉讼法》上并无关于证据交换的规定，只是在审前原告通过人民法院递交给被告的起诉状副本中有“证据和证据来源、证人姓名和住址”部分，但该项对原告并无任何实质约束力，在实践中完全流于形式，原告可以完全不予理会；而对于被告，则连庭前与证据提出有关的形式上的要求都没有，被告通过法院递交给原告的答辩状副本中根本无相关证据部分。加之依民事诉讼法的规定，我国采取的是证据随时提出主义，使得我国的庭审在一无争点和证据的事先准备、二无证据时限要求的情况下常常陷入久拖不决的状态，严重损害了诉讼解决纠纷的功能与效用。1998 年 7 月最高人民法院颁布的《民事审改规定》第 5 条第（7）项规定，案情比较复杂，证据材料较多的案件，人民法院可以在开庭前组织当事人交换证据。从而初步确立了我国民事诉讼中的证据交换制度。但这一规定显然过于抽象和空乏，难以指导具体的诉讼实践。2001 年出台的《民事证据规定》则较为详细和具体地对我国民事诉讼中的证据交换制度进行了设置。其第 37 条规定：“（1）经当事人申请，人民法院可以组织当事人在开庭审理前交换证据。（2）人民法院对于证据较多或者复杂疑难的案件，应当组织当事人在答辩期届满后、开庭审理前交换证据。”第 38 条规定：“（1）交换证据的时间可以由当事人协商一致并经人民法院认可，也可以由人民法院指定。（2）人民法院组织当事人交换证据的，交换证据之日举证期限届满。当事人申请延期举证经人民法院准许的，证据交换日相应顺延。”第 39 条规定：“（1）证据交换应当在审判人员的主持下进行。（2）在证据交换的过程中，审判人员对当事人无异议的事实、证据应当记录在卷；对有异议的证据按照需要证明的事实分类记录在卷并记载异议的理由。通过证据交换确定双方当事人争议的主要问题。”第 40 条规定：“（1）当事人收到对方交换的证据后提出反驳并提出新证据的，人民法院应当通知当事人在指定的时间进行交换。（2）证据交换一般不超过两次。但重大、疑难和案情特别复杂的案件，人民法院认为确有必要再次进行证据交换的除外。”2012 年修改后的《民事诉讼法》第 133 条第（4）项规定，需要开庭审理的，法院可以通过要求当事人交换证据等方式明确争议焦点。由此第一次在基本法领域确立了证据交换制度。而后，2015 年出台的《民诉法解释》第 224 条、第 225 条和第 226 条指出，法院可以在答辩期届满后，通过组织证据交换、召集庭前会议等方式，做好审理前的准备。法院应当根据当事人的诉讼请求、答辩意见以及证据交换的情况，归纳争议焦点，并就归纳的争议焦点征求当事人的意见。

（三）完善的建议

上述相关规定无疑能够对我国民事诉讼中的证据交换活动提供有效的指引，但亦必须承认，现有规定仍存在不尽如人意之处，应从以下几方面予以改进：

第一，界定证据交换的适用范围。证据交换的适用范围包括案件适用范围和证据适用范围。案件适用范围是指何种案件需要进行证据交换。但依笔者拙见，实践中以案情难易或证据多寡为标准来确定证据交换适用的制度存在太大的主观随意性，而且，案情的难易及证据的多寡在证据交换前根本就无法确定。因此，证据交换的适用应完全由法律予以明确规定，不应由当事人申请或法官臆断，即应当采用法定型的证据交换，而非申请型或法官裁量型的证据交换。同时，应当将证据交换作为一般原则，而由法律明确规定不适用的例外情形。至于证据交换适用的证据范围，依举证的基本理论可推知，凡是与案件在事实上和法律上有关联的，将在法庭上使用的证据方法，原则上都应被提交和交换。

第二，明确证据交换的主体。现有规定虽然规定由审判人员主持证据交换，但并未具体明确是由合议庭组成人员还是由其他审判人员主持。理论上对此产生了不少争议，实践中也出现了不同做法。一种观点认为，为防止证据交换可能对审案法官产生预决，应采取证据交换主持法官与庭审法官相分离的原则，由立案庭法官或专门法官主持证据交换；另一种观点认为，由立案庭法官或专门法官主持证据交换，在实际操作中容易造成庭前准备工作与案件审判工作相脱节，使庭审法官对案件整体的把握受到限制，故应由合议庭评审法官来主持交换，但同时应禁止审判人员与当事人单独接触。[①] 依笔者拙见，当事人交换证据只是为了查阅、辨认和掌握对方的证据，为当庭质证做准备。法官主持交换证据的目的是明确和固定双方的诉讼请求和争点，并非是在开庭前对证据进行实质性的调查。只要在庭前证据交换中严格把握程序性原则，只进行程序性的交换与核对，不进行证据的质证和认证，无论是由立案庭法官或专门法官主持，还是由合议庭评审法官主持，都应当是被允许的。目前有些人民法院在推行证据交换制度过程中，主持法官不仅对证据进行交换，而且进一步对证据进行质证和认证，使证据交换变为成预备庭审或开庭审理。这种做法不仅不符合庭前证据交换制度的设立目的，而且也不符合我国目前的审判组织形式。对于普通案件的审理，我国人民法院行使审判权的组织是合议庭，而非某个法官个人，故对证据的质证和认证应由合议庭全体成员共同进行。主持证据交换的法官即便是合议庭法官之一，其个人也只能主持进行证据交换的程序性工作，证据的质证和认证只能由合议庭在庭审时共同进行。

第三，限定证据交换的时间、地点和次数。从《民事证据规定》第38条可以看出，证据交换制度和举证期限制度的时间刚好对接，两者的适用在时间上存在连续性，证据交换之日即为举证期限届满之日，人民法院准许当事人延期举证的，证据交换日相应顺延。对于证据交换的地点，虽然《民事证据规定》未予明确，但根据我国的民事审判实践，一般应由当事人亲自到交换地人民法院进行，如有一方当事人确属特殊情况无法亲自到达交换地人民法院，可以委托其诉讼代理人代为办理证据交换，如果确实无法到场，人民法院可以视具体情况，允许其以邮寄、传真或电子邮件等方式交换证据。由于证据的种类和表现形式的不同，以及当事人对不同证据的认识不同，诉讼实践中对对方当事人提出的证据完全不加反驳的情形是非常少见的。因此，人民法院主持证据交换时，一次达到目的的情况并不多，为平等保护当事人诉讼权利法院应组织多次证据交换，但为了防止当事人尤其是被告利用证据的多次交换来拖延诉讼，应对证据的次数做出必要的限制，依《民事证据规定》第40条第2款的规定，一般不应超过两次，且对再次举证的期限应从严控制。

第四，理顺证据交换和当庭举证、质证、认证的关系。依我国《民

① 参见李国光主编《最高人民法院〈关于民事诉讼证据的若干规定〉的理解与适用》，中国法制出版社2002年版，第298页。

事诉讼法》的规定，举证、质证和认证应该当庭进行，其目的在于充分保护双方当事人参与诉讼的权利，保障法院所作裁判的中立性、公开性和公正性。而证据交换则是庭审前在人民法院的主持下由双方当事人共同参与就案件的证据进行程序性处理，其目的在于固定和保全证据，确立案件争点，为庭审中对证据的认证和对事实的认定作出准备。在庭前证据交换过程中，除当事人自己对案件证据和事实作出实体认可和处分外，人民法院在证据交换中不涉及对实体问题的处理。当事人的当庭举证应当以在庭前证据交换过程中提出举证主张为前提，即使当事人在庭前证据交换过程中，确因客观原因不能出示证据的，也应当以证据目录或其他的形式提出提交该证据的主张，否则，除非对方当事人同意，人民法院一般不组织当庭质证。因此，证据交换制度与当庭举证、质证和认证是统一的，前者的有效实行是后者顺利进行的基础和保障，后者的顺利推进则是前者实行的目的和任务。

五　证据失权制度

（一）证据失权制度概述

从时间上对当事人提出证据的权利进行合理约束，亦称证据失权，是指当事人在法定或法院指定的期限内未向法院提交证据的，即在后续程序中丧失提出证据的权利。从某种意义上说，证据是攻击防御方法的核心内容，而证据失权自然是最典型意义上的当事人失权①类型。证据失权包含两方面的内容，一为期限，即法律规定或法院指定的期间；二为后果，即对特定事实负有证明责任的当事人在此期间不提供或不能提供相关证据则会产生诉讼法上的后果——当事人逾期提出的证据不能为法院所采纳进而丧失其证明效力。

---

① 当事人失权，是指在民事诉讼过程中，当事人无正当理由而未在法定或指定期限内行使特定诉讼权利时，在后续程序中便丧失行使该诉讼权利的制度。为合理配置司法资源，兼顾诉讼经济的要求，并维护当事人的程序利益，同时基于诉讼上诚实信用原则的考量，从规则层面对当事人提出诉讼资料的时间予以限制乃民事诉讼程序运行的必然要求。与之相适应，当事人逾时提出诉讼资料即应产生相应的诉讼法上的效果。由此观之，当事人失权制度具有双重功能：其一，迟延排除功能，即法院在一般情况下对当事人逾时提出的诉讼资料不予审查，从而避免可能发生的诉讼迟延；其二，间接强制功能，即当事人考虑到失权制度的制裁效果，主动地尽早或及时提出诉讼资料。

不同国家和地区的立法对证据失权的定位有所不同。如《德国民事诉讼法》第356条规定："因为有不定期的障碍致不能调查证据，法院应规定一定期间，如在期间内仍不能调查，那么，只有在法院依其自由心证，认为不致拖延诉讼程序时，才可以在期间后使用该证据方法。此项期间可以不经言辞辩论定之。"同法第367条规定："（1）当事人一方或双方于调查证据的期日不到场，依案件情况调查证据仍能进行时，即仍进行。（2）如果不致拖延诉讼，或者当事人能释明对前次期日不到场并无过失时，法院可以依申请，在据以为判决的言辞辩论终结前命令追行调查证据；如果当事人能释明，因其未到场，调查证据有重大遗漏时，法院也可依申请，在据以为判决的言辞辩论终结前，命令补充调查证据。"可见，在德国，证据失权应属酌定失权，① 一方面由法院来指定当事人举证的期限；另一方面由法院来判断逾期举证的效果。而我国台湾地区"民事诉讼法"第209条规定："法院调查证据，除别有规定外，于言辞辩论期日行之。"同"法"第285条第2款规定："声明证据，于言辞辩论期日前，亦得为之。"同"法"第287条进一步规定："因有窒碍不能预定调查证据之时期者，法院得依声请定其期间。但期间已满而不致延滞诉讼

① 根据法院对失权制裁的实施有无自由裁量权的不同，可以将民事诉讼当事人失权分为法定失权和酌定失权。所谓法定失权，是指失权的效果由立法明确规定，只要当事人逾期提出攻击防御方法的行为符合失权制度的构成要件，则法院必须驳回该攻击防御方法。法定失权往往与诉讼中的法定期间相联系。所谓法定期间，是指由法律明确规定的诉讼期间。法定期间又称不变期间，除法律另有规定外，人民法院不得依职权或者依当事人、其他诉讼参与人的申请而予以变更［参见赵钢、占善刚、刘学在《民事诉讼法》（第二版），武汉大学出版社2010年版，第158页］。如《德国民事诉讼法》第224条第2款即规定，法定期间的延长或缩短以法律有特别规定者为限。一般来讲，在法定期间内的任何时候，当事人均可行使相应的诉讼权利，而也只有在法定期间内所进行或完成的攻击防御行为才是有效的诉讼行为，方可产生相应的诉讼法上的法律效果；否则即必会遭致失权的制裁。所谓酌定失权，是指立法虽设定了当事人失权制度的构成要件，但对具体案件中当事人逾期提出攻击防御方法的行为是否施以失权制裁，则由主审法官根据案情予以自由裁量。每一具体案件均有自身独特之处，鉴于此，对当事人逾期提出攻击防御方法的行为从各方面予以具体分析应属妥当，同时，主审法官从案件整体予以全面考量后再行决定是否施以失权制裁对促进纠纷的顺利解决亦较为有利。酌定失权一般乃与诉讼中的指定期间相联系。所谓指定期间，是指法律明确授权人民法院根据审理和执行案件的具体情况和实际需要，依职权决定当事人或其他诉讼参与人实施或完成某种诉讼行为的期间。如我国台湾地区"民事诉讼法"第160条第1款规定："期间，除法定者外，由法院或审判长酌量情形定之。"指定期间是法定期间的必要补充，是一种可变期间，故其在适用刚性上不像法定期间那样强［参见赵钢、占善刚、刘学在《民事诉讼法》（第二版），武汉大学出版社2010年版，第158页］。当然，为确保该制度运行的严肃性和规范性，期间的指定应慎重为之，且一旦指定就不应随意更改。同时，法院对逾期所提攻击防御方法的认定亦应保证基本的确定性，从而使得酌定失权的制裁效果能够落到实处。

者，仍应为调查。”可见，在我国台湾地区，除特殊情形外，证据失权应属法定失权，失权制裁的效果不能由法院斟酌判断，而已为立法所明确。从效果上看，证据失权仅关乎当事人举证的权利，并不直接影响当事人的实体权利，故其应属单纯失权。[①]

（二）我国现有相关规定评述

2012 年 8 月修改之前的《民事诉讼法》并未对约束证据提出权的证据失权制度予以设定。对于第一审程序中当事人举证的要求，修改之前的《民事诉讼法》第 125 条规定，当事人在法庭上可以提出新的证据。当事人要求重新进行调查、鉴定或者勘验的，是否准许，由人民法院决定；第 132 条第（3）项进一步规定，需要通知新的证人到庭，调取新的证据，重新鉴定、勘验，或者需要补充调查的，法院可以决定延期开庭审理。在第二审程序中，修改之前的《民事诉讼法》第 151 条规定，第二审人民法院应当对上诉请求的有关事实和适用法律进行审查；第 153 条第（3）项规定，对原判决认定事实错误，或者原判决认定事实不清，证据不足的上诉案件，第二审人民法院经过审理应裁定撤销原判决，发回原审人民法院重审，或者查清事实后改判。至于再审程序，修改之前的《民事诉讼法》第 179 条第 1 款第（3）项规定，当事人因有新的证据，足以推翻原判决、裁定而申请再审的，人民法院应当再审。可见，在 2012 年 8 月修改之前，《民事诉讼法》乃将我国民事诉讼领域当事人提出证据的方式定性为随时提出主义，当事人既可在开庭审理之前提出证据，亦可在开庭审理之时提出新证据，还可在开庭审理之后提出新证据；既可在第一审程序中随时提出证据，亦可在第二审程序中提出新证据，甚至可因新证据的提出启动再审程序。

---

① 根据失权的效果或影响范围的不同，可以将民事诉讼当事人失权分为单纯失权和复杂失权。所谓单纯失权，是指法院对当事人逾期提出攻击防御方法的行为施以失权制裁之后，即会对当事人的相关诉讼权利产生影响，但不会直接触及当事人的实体权利（虽然间接影响在所难免）。现有规则层面的失权制裁一般均为单纯失权，其仅针对当事人逾期提出攻击防御方法的行为本身。所谓复杂失权，是指法院对当事人逾期提出攻击防御方法的行为所施以之失权制裁不仅导致当事人丧失相关诉讼权利，亦会直接影响当事人实体权利的实现。如在英美法系主要国家民事诉讼中，倘若被告在法定期间不予答辩，则法院可依原告申请不经实质审理而直接判决被告败诉。较之单纯失权，复杂失权对当事人利益影响甚巨，立法对此类情形的确定自然极为慎重，对适用条件的要求非常严格，只有在当事人逾期（或不予）提出攻击防御方法的行为确会对诉讼产生重大消极影响时，方会准予复杂失权的适用。

考虑到在所有诉讼资料中，证据的适时提出对诉讼的进程及结果影响最为直接和显著，故我国在2001年颁布的《民事证据规定》中确立了以举证期限为核心的证据失权制度。作为规则层面对提出证据时间以及相应效果的界定，证据失权制度通常由期限和法律后果两方面内容组成，而其核心内容则为举证期限（或称举证时限）的设定。该期限要求对特定事实的成立或存在承担证明责任的当事人应在一定期限内提出证明其主张的相应证据，逾期不举证则要承担证据失权的后果。我国现行立法和司法解释没有直接使用“证据失权”一词，而是用举证期限来界定证据失权制度的运行和效果。

2012年8月修改之前的《民事诉讼法》并未对举证时间及逾期举证的效果做出限制，这一制度缺漏极易对审判实践造成消极影响。故最高人民法院在1992年颁布的《民诉适用意见》第76条中对当事人提出证据的时间做出了限制，即“人民法院对当事人一时不能提交证据的，应根据具体情况，指定其在合理期限内提交。当事人在指定期限内提交确有困难的，应在指定期限届满之前，向人民法院申请延期。延长的期限由人民法院决定”。该规定可以理解为以人民法院指定期限的方式设定了举证时限。然而，该条款未对延期届满后是否可以再次申请延期作出规定，即法院无禁止当事人持续申请延期的权力。同时，该条款亦未明确当事人超出举证时限应承担的法律后果，人民法院对于当事人随时提出的证据无拒绝采纳的依据。故严格讲可以认为，《民诉适用意见》第76条实质上并未确立证据失权制度，依然无法满足司法实践中对证据失权的需求。

经过近10年的探索，最高人民法院在2001年12月颁布的《民事证据规定》中确立了以举证时限为核心的证据失权制度。其第33条规定，人民法院应当在送达案件受理通知书和应诉通知书的同时向当事人送达举证通知书。举证通知书应当载明举证责任的分配原则与要求、可以向人民法院申请调查取证的情形、人民法院根据案件情况指定的举证期限以及逾期提供证据的法律后果。举证期限可以由当事人协商一致，并经人民法院认可。《民事证据规定》第34条则进一步明确了失权的效果，即当事人应当在举证时限内向人民法院提交证据材料，否则视为放弃举证权利。对于当事人逾期提交的证据材料，人民法院审理时不组织质证，对方当事人同意质证的除外。

为缓和《民事证据规定》中证据失权制度适用的效果，2008年最高人民法院发布的《关于适用〈关于民事诉讼证据的若干规定〉中有关举证时限规定的通知》（以下简称《举证时限通知》）第1条规定："举证期限届满后，针对某一特定事实或特定证据或者基于特定原因，人民法院可以根据案件的具体情况，酌情指定当事人提供证据或者反证的期限。"该规定明确降低了《民事证据规定》第34条对举证时限的刚性要求，将当事人逾期举证是否导致失权的后果交由主审法官自由裁量。

2012年8月修改后的《民事诉讼法》则在法律层面确立了以举证期限为核心的证据失权制度。现行《民事诉讼法》第65条规定："（1）当事人对自己提出的主张应当及时提供证据。（2）人民法院根据当事人的主张和案件审理情况，确定当事人应当提供的证据及其期限。当事人在该期限内提供证据确有困难的，可以向人民法院申请延长期限，人民法院根据当事人的申请适当延长。当事人逾期提供证据的，人民法院应当责令其说明理由；拒不说明理由或者理由不成立的，人民法院根据不同情形可以不予采纳该证据，或者采纳该证据但予以训诫、罚款。"其中，"人民法院根据当事人的主张和案件审理情况，确定当事人应当提供的证据及其期限"之规定即确立了举证期限制度，并将具体期限的确定交予法院根据具体案情予以斟酌；而"可以不予采纳该证据"即从后果上对逾期所提证据予以排除提供了依据。①

① 《民诉法解释》细化了《民事诉讼法》对举证期限的相关规定。其第99条规定："（1）人民法院应当在审理前的准备阶段确定当事人的举证期限。举证期限可以由当事人协商，并经人民法院准许。（2）人民法院确定举证期限，第一审普通程序案件不得少于十五日，当事人提供新的证据的第二审案件不得少于十日。（3）举证期限届满后，当事人对已经提供的证据，申请提供反驳证据或者对证据来源、形式等方面的瑕疵进行补正的，人民法院可以酌情再次确定举证期限，该期限不受前款规定的限制。"第100条规定："（1）当事人申请延长举证期限的，应当在举证期限届满前向人民法院提出书面申请。（2）申请理由成立的，人民法院应当准许，适当延长举证期限，并通知其他当事人。延长的举证期限适用于其他当事人。（3）申请理由不成立的，人民法院不予准许，并通知申请人。"第101条规定："（1）当事人逾期提供证据的，人民法院应当责令其说明理由，必要时可以要求其提供相应的证据。（2）当事人因客观原因逾期提供证据，或者对方当事人对逾期提供证据未提出异议的，视为未逾期。"第102条规定："（1）当事人因故意或者重大过失逾期提供的证据，人民法院不予采纳。但该证据与案件基本事实有关的，人民法院应当采纳，并依照民事诉讼法第六十五条、第一百一十五条第一款的规定予以训诫、罚款。（2）当事人非因故意或者重大过失逾期提供的证据，人民法院应当采纳，并对当事人予以训诫。（3）当事人一方要求另一方赔偿因逾期提供证据致使其增加的交通、住宿、就餐、误工、证人出庭作证等必要费用的，人民法院可予支持。"除了规制的后果方面与修改后的《民事诉讼法》保持一致外，其他方面与《民事证据规定》基本相同。

（三）完善的建议

在明确证据失权制度的合理性和必要性的前提下，必须承认，我国现有的以举证期限为核心的证据失权制度确也存在明显的疏漏和不足，应从以下几方面予以改进和完善。

1. 合理设置举证期限的确定方式

证据失权制度最大的功能在于防止诉讼的迟延，并以此为源发展出例如加速集中审理、促进证据交换、减轻当事人负担以及防止“证据突袭”等多种具体功能。但不可否认，依现有规定所建立起来的证据失权制度缺乏明显的合理性和科学性，这必然阻碍在实践中其应有功能的全面发挥。该问题的症结便出在举证期限确定的方式上。依照现有规定，目前我国举证期限的确定主要有人民法院指定和当事人协商并经人民法院认可两种模式。但笔者认为，第二种方式并不具备实质性价值，在某种程度上还会减缓诉讼进程。因为，若要求双方当事人通过自行协商的方式来确定举证期限必然需要人民法院另行通知双方当事人同时到场，这无疑会给当事人造成额外的麻烦与不便。同时，诉讼中的当事人双方天然地处于针锋相对、互不信任的地位，要求处于这种紧张状态下的双方协商确定一个共同认可的举证期限往往难有结果。而且，从诉讼心理上来说，当事人往往认为较长的举证期限对其更为有利，故双方可能商定出一个相当漫长的举证期限，而其自然会因延滞诉讼进程而无法得到人民法院认同，最终仍然会由法院来指定期限，从而使这种协商流于浮泛。有些法院虽然也尝试过召集双方当事人协商确定举证期限的改革措施，但并未达到预期的效果。[①] 从我国司法实践的情况来看，当事人协商确定举证期限的方式操作性很差，双方当事人很难达成一致意见。[②] 此外，《民事证据规定》第33条第1款要求法院应当在举证通知书中告知当事人本案受诉人民法院根据案情指定的举证期限，但该条第2款又规定当事人可以协商一致确定举证期限，从条文之间的逻辑关系来看，既然举证通知书中已经由人民法院指定了举证

① 参见赵钢、华桦《民事诉讼中当事人商定举证期限与法院指定举证期限之应然关系》，载《法学论坛》2004年第6期。

② 参见王胜明主编《中华人民共和国民事诉讼法释义》（最新修正版），法律出版社2012年版，第153页。

期限则根本不存在当事人之间另行协商的余地。[①] 实践中，人民法院在送达给当事人的举证通知书中即直接给当事人指定了明确的举证期限，根本不给当事人所谓协商确定举证期限的机会。

另外，举证期限从本质上讲乃是一种期间。从现有的两种方式来看，我国现有的举证期限应属指定期间而非法定期间。[②] 此种期间是人民法院在诉讼中行使指挥权的体现，人民法院可以根据个案的具体审理情况对举证期限作出相应的变更，而此种变更并不需要法律明确规定的理由，且人民法院也可以根据具体情况对逾期举证行为的有效性进行判断。因此，只要非故意拖延诉讼，就可以采纳提交的证据材料。

由此观之，赋予当事人商定举证期限的权利既不现实，亦无实益。为保障该制度运作的有效性和合理性，应如大陆法系国家和地区那样将举证期限的确认完全交由拥有诉讼指挥权的法院行使方较为妥当。

2. 科学界定举证期限届满的时间

作为一项推进诉讼顺利进行的制度，证据失权本身即包含有兼顾直接审理原则和集中审理原则之意。若深入到如何设置才能平衡两者之间的关系，则关键在于举证期限的终结时点。现行《民事诉讼法》第 65 条虽然在法律层面明确了举证期限制度，但对举证期限的截止时间并未予明确。就理论层面而言，目前主要有两种观点，多数人主张截止时间为第一审法庭辩论终结之时，少数人主张应为开庭审理之日，即当事人须在开庭审理前提出证据。[③]

笔者认为，举证期限纳入审前准备程序进行考量较为妥帖。我国现行《民事诉讼法》在第 12 章“第一审普通程序”中专设“审理前的准备”一节。依其第 125—133 条的规定，我国的审前准备程序主要包括送达起诉状副本和答辩状副本、告知当事人诉讼权利义务和合议庭组成人员、审核诉讼材料、调查收集必要证据以及追加当事人等活动。就内容观之，《民事诉讼法》所确定的审前准备程序主要是供法官从事一些事务性的准备工作以及调查其认为对查清案件事实有利的证据，至于证据的提供和争

① 参见赵钢《民事诉讼证据制度的新发展——兼述举证时限与证据交换制度》，载《河南大学学报》（社会科学版）2003 年第 1 期。

② 我国《民事诉讼法》第 75 条第 1 款规定：“期间包括法定期间和人民法院指定的期间。”

③ 参见江伟主编《民事诉讼法学原理》，中国人民大学出版社 1999 年版，第 513 页。

点的整理等事项则并未提及。如前所述，《民事诉讼法》第 133 条虽然规定了审前证据交换制度，但并未赋予其任何程序法上的实际效力，当事人仍可以在以后的审理过程中随时提出新的证据。人民法院也可以不受当事人在审前证据交换中所提交证据范围的限制，从而导致审前证据交换形如具文。其中最根本的原因，即在于现行法未于审前准备程序中设置证据失权制度。如明确要求当事人在审前提供证据，则既可促成部分案件通过审前证据交换达成和解，亦可加快部分案件争点的梳理，从而加速审判的进程，真正防止诉讼迟延的发生。

3. 适度柔化失权制裁的适用条件

证据失权制度运行效果的发挥是通过对当事人提供证据的行为设定时间限制的方式来实现的，即要求当事人在特定的期限或诉讼阶段提出其准备在庭审中使用的所有证据，并通过对逾期提出的证据予以排除来迫使当事人遵守期间的规定。证据失权制度虽然兼有公平与效率两项价值之考量，但作为一项限制当事人权利行使时间的制度，其规则布设时往往会因功利主义的驱使不自觉地向效率方面予以倾斜。作为一项由期限和法律后果两方面构成的制度，证据失权的制度布设自然应从该两方面予以着手。就规则的具体设置而言，最虑及效率因素亦是刚性最强的做法便是直接将举证期限设定为具体、明确的法定期间，超出该期间的证据一概予以失权；效力稍缓但刚性亦较强的做法是将举证期限设定为指定期间，由人民法院根据具体案件情况为当事人指定一个具体的举证期限，当事人逾期举证时即发生失权的效果；而效力最弱但于个案适应性最佳的做法则是从时间上将举证期限交由人民法院指定，从效果上将失权制裁实施与否的决定权交由法院自由裁量。

为淡化证据失权制度的功利性，在查明事实真相和追求诉讼效率之间找到平衡点，上述第一种方案显然不应被采纳。一方面从认识论的角度来看，对案件真相的探求是无止境的，而相应证据亦是被不断发现的，故很难给证据的收集设定一个契合所有个案实际的统一的、明确的期限。该方案从行为界定到制裁实施上的绝对刚性一方面会激化当事人之间的矛盾，加剧诉讼的紧张情绪，另一方面亦会使审理具体案件的人民法院陷入被动地位，难以有效掌控案件的审理节奏。特别是在相关证据明显真实可靠、对案件的结果有决定性影响、将其因逾法定期限绝对排除便是依错裁判的情况下，当事人自然会对裁判不服，公众对此亦难以接受，久而久之必会损害诉讼的公信力，以致影响司法权威。与第一种方案相比，第二种方案的刚性已大为缓和，其虽保留了制裁效果上的法定性，但已将个案期限的决定权赋予了人民法院，从而增强了该制度在适用上的灵活性，此即我国《民事证据规定》的选择。但《民事证据规定》的这一规定在实际运行中却明显走样。一方面，该规定虽明确了当事人商定和法院指定两种不同的方式，但对于两者中何者具有优先地位以及如何协调两者之间的关系等问题却未作出细致的规制，[①] 直接导致的结果便是实践中当事人协商确定的规定沦为具文。受诉人民法院为图省事，往往在举证通知书中直接明定了统一适用于所有案件的所谓指定期限，而并未根据具体个案酌情指定，从而将《民事证据规定》中的指定期限变相地转化为法定期限。而与此同时，因此种期限的实质性统一显然难以适应个案审理的实际需要，当事人无法在所谓指定期限内有效举证的现象比比皆是。而若按《民事证据规定》的要求一概予以失权则难以使当事人平服，进而对举证通知书中的所谓指定期限提出质疑，从而使受诉人民法院陷于被动。鉴于此，司法实践中，受诉人民法院对于当事人逾期提出的证据，只要不是特别过分，一般仍会予以采纳，这实际上是将《民事证据规定》对失权效果的刚性约束变相地转化为柔性约束。而这一受诉人民法院在诉讼实践中对《民事证据规定》中证据失权制度的规定从期限确定到效果界定两方面一正一反的两个变相操作，使得该制度面目全非，成为严重“形骸化”的“空头”规范，这无疑使之在当事人心目中的地位大打折扣，对司法的权威性造成消极影响。而《举证时限通知》虽在一定程度上从制裁效果上缓和了《民事证据规定》的刚性约束，但与其说该通知是最高人民法院对证据失权制度认识进一步深化的必然产物，不如说其是对司法实践中受诉人民法院在该问题上的“法律虚无主义”态度的无奈接受，其并未就证据失权制度的有效运行祭出真正的可行性方案。

---

① 最高人民法院在 2003 年颁布的《关于适用简易程序审理民事案件的若干规定》（以下简称《简易程序规定》）中就简易程序中当事人双方同时到基层人民法院请求解决纠纷或被告经简便方式传唤到庭的情形下当事人协商确定举证期限和法院指定举证期限的关系有较为科学的界定。《简易程序规定》第 22 条规定：“当事人双方同时到基层人民法院请求解决简单的民事纠纷，但未协商举证期限，或者被告一方经简便方式传唤到庭的，当事人在开庭审理时要求当庭举证的，应予准许；当事人当庭举证有困难的，举证的期限由当事人协商决定，但最长不得超过十五日；协商不成的，由人民法院决定。”即简易程序中举证期限的确定乃由双方当事人先协商，协商不成再由受诉法院指定。

如前所述，根据法院对失权制裁的实施有无自由裁量权，可以将民事诉讼当事人失权分为法定失权和酌定失权。在上述关于证据失权制度布设的三种方案中，前两种均属法定失权范畴，第三种则属于酌定失权之列。观之上述域外立法例，在与我国立法传统和司法习惯相近的大陆法系国家和地区，其在当事人失权制度上一般均采取酌定失权的做法，这样既可增强该制度在实际运行中的适应性，亦可凭具备高度职业素养的法官以及相应救济机制确保该制度运行的可靠性。鉴于此，笔者认为，考虑到制度运行的长期性和可持续性，将我国的证据失权制度设置为酌定失权较为妥当。详言之，在期限的确定上，应将决定权交给受诉人民法院，由其根据个案具体情况分别指定期限；在制裁的实施上，亦应交由受诉人民法院自由心证，由其根据逾期举证的实情决定是否失权。从2012年8月修改后的《民事诉讼法》第65条“人民法院根据当事人的主张和案件审理情况，确定当事人应当提供的证据及其期限”和“拒不说明理由或者理由不成立的，人民法院根据不同情形可以不予采纳该证据，或者采纳该证据但予以训诫、罚款”之规定来看，其应是将我国的证据失权定位为酌定失权，一方面将确定期限的决定权交给受诉人民法院，由其根据个案具体情况分别指定期限；另一方面，将制裁的实施权亦交由受诉人民法院，由其根据逾期举证的实情决定是否失权。[①] 对于《民事诉讼法》规定的人民法院可以“采纳该证据但予以训诫、罚款”等形式来惩治逾期举证的当事人的做法，[②] 笔者持有不同意见。训诫、罚款等司法上的强制制裁措施虽在一定程度上可以

---

① 在《民事诉讼法》修改之前，2011年10月全国人大常委会公布的《民事诉讼法修正案（草案）》对举证期限的规定有所不同。该修正案（草案）第10条规定：“当事人对自己提出的主张应当及时提供证据。未及时提供证据的，人民法院应当责令其说明理由。理由不成立的，人民法院根据不同情形予以训诫、罚款、赔偿拖延诉讼造成的损失、不予采纳该证据。”

② 在规则起草者看来，从我国实际情况来看，司法实践中律师的诉讼代理尚不普遍充分，有的当事人对自身的程序利益认识还比较模糊，一些相关的配套制度，包括当事人调查收集证据制度、证人伪证制裁制度、法官阐明义务制度等还不完善，对逾期提供证据的当事人处以严厉制裁的条件尚不具备。同时，民事案件类型众多、情况复杂，具体个案中可能存在大量的证据，有的证据事关诉讼成败，有的证据涉及案件标的范围，有的证据仅起辅助证明作用；当事人逾期提供证据的主观过失也有很大不同，有的是恶意拖延诉讼，有的因重大过失未能及时提供，有的因法律知识、诉讼能力的欠缺导致逾期提供。对复杂程度不一的案件、重要性不同的证据、主观过失不同的当事人，应当承担的法律后果应有区别，在民事诉讼法中统一作出规定是不合适的。参见王胜明主编《中华人民共和国民事诉讼法释义》（最新修正版），法律出版社2012年版，第155页。

对意图逾期举证的当事人起到一定程度上的威慑作用，但当这些强制措施对当事人造成的不利影响小于（或远小于）逾期举证给当事人带来的丰厚回报时，惩罚机制的震慑作用即会荡然无存，一个“理性”的当事人必会选择逾期举证，并“乐于”接受不伤及其“筋骨”且“无伤大雅”的训诫或罚款等制裁。真若具体实施开来，一方面需要具体、详细的制度安排和布设来保证其运行的有效性和妥帖性；另一方面恐怕还会导致整个民事诉讼格局的大转变和大调整，这两点无疑会大大超出全国人大常委会对该制度设置的心理预期，显然在短期内不具可行性。同时，《民事诉讼法》给予了人民法院处理当事人逾期举证行为过多的且无具体标准的选择权，如若付诸实施，很可能在司法实践中出现两种不利局面：一方面，当事人总会对人民法院对具体措施的选择和确定表示不满并提出质疑；另一方面，人民法院亦会受困于具体案件中相应措施的合理确定。而且，在具体措施的选择和确定中是否会存在人民法院权力的滥用亦是该做法难以有效运行的重要掣肘因素之一。鉴于此，笔者认为，杜绝当事人逾期举证行为发生的关键并不在于“罚”，动辄施以强制惩罚等草率行事的做法往往事倍功半，于问题之妥善、有效解决实属不利。既然当事人逾期举证的目的在于使对方当事人不能有效地进行攻击或防御，则将当事人逾期举证的行为与失权制裁相挂钩即已足够，对逾期举证的当事人实施该行为所欲获得的诉讼上的利益予以消减即可从根本上达到遏制逾期举证行为的目的。此外，《民事诉讼法》要求当事人“及时”提出证据——这一表述过于模糊和空泛，应将其界定为人民法院指定的特定期间，时间的明确化乃是该制度有效运行的必备条件。

在赋予受诉人民法院对当事人逾期举证的自由裁量权的同时，亦应对其予以合理的约束：一方面，限制裁量的范围，即受诉人民法院在裁量是否施以失权制裁时只能从当事人是否存在过错以及是否会导致诉讼迟延两方面予以判断，不得斟酌考虑其他因素，并应以相应证据为依托，且要将心证理由公开；另一方面，设置救济机制，即对于当事人不服的处理结果（包括制裁或不制裁），应将其作为当事人可予提起上诉或申请再审的理由之一，允许当事人就此寻求救济。此外，为提升法官裁量实施失权制裁的效果，应不断提高法官的职业素质并加强制度约束，此亦为推动司法改革整体前进的必然要求。

4. 准确诠释“新证据”的范围

修改后的《民事诉讼法》虽已明确了证据失权制度，但亦有相关规定对审判过程中新证据的提出予以认可。现行《民事诉讼法》第139条第1款规定：“当事人在法庭上可以提出新的证据。”同法第146条第(3)项随后明确强调，需要通知新的证人到庭，调取新的证据，重新鉴定、勘验，或者需要补充调查的，人民法院可以延期开庭审理。而同法第200条第1款第(1)项足以推翻原裁判的新证据可作为人民法院再审事由的规定则进一步将新证据的提出扩展至再审程序。但如果对当事人提出新证据的时间不加任何限制，则关于举证期限的规定就会从根本上失去意义。[①] 故为防止当事人举证权的过度滥用，作为证据失权制度的一部分，《民事证据规定》对民事诉讼不同阶段中当事人可予提出的“新证据”的范围进行了限缩，即一般情况下，当事人超过举证期限所提出的证据不得被人民法院采纳，但在符合“新证据”的情况下，该证据可作为庭审质证以及法院认定案件事实的依据。

(1) 第一审程序

按照《民事证据规定》第41、42条的要求，在第一审程序中，“新证据”有两种：一是当事人在第一审举证期限届满后新发现的证据；二是当事人确因客观原因无法在举证期限内提供，经人民法院准许，在延长的期限内仍无法提供的证据。对此，当事人应在第一审开庭前或者开庭审理时提出。《民事证据规定》第43条第1款进一步明确规定：“当事人在举证期限届满后提供的证据不是新的证据的，人民法院不予采纳。”该规定与《民事证据规定》第34条关于逾期举证失权的效力在内容上相互联系、互为补充。

第一种情形下的新证据，又包括两种具体情况：一是举证期限届满之前客观上没有出现的证据；二是举证期限届满之前虽然出现，但在通常情况下当事人无法知道其已经出现的证据。第二种情形下的新证据，是指当事人在第一审举证期限届满之前已经知道该证据的存在，但在一般情况下难以在举证期限届满前完成相应举证任务，经申请延长举证期限并经人民法院允许后，在延长的期限内仍然无法提供的证据。而《民事证据规定》

① 参见赵钢、刘学在《实务性诠释与学理性批判——〈最高人民法院关于民事诉讼证据的若干规定〉初步研习之心得》，载《珞珈法学论坛》2002年春季号。

第 43 条第 2 款“当事人经人民法院准许延期举证，但因客观原因未能在准许的期限内提供，且不审理该证据可能导致裁判明显不公的，其提供的证据可视为新的证据”之规定乃是通过法律上拟制的方式对第二种情形下新证据的进一步补充。《民事证据规定》第 43 条第 2 款中对新证据的拟制仅出现在第一审程序中，因为只有在第一审程序中才可能存在有人民法院准许延期举证的问题。但须明确的是，《民事证据规定》第 43 条第 2 款对新证据的拟制与《民事证据规定》第 41 条所规定的第一审程序中第二种情形下的新证据存在本质上的区别：前者乃是指当事人本可提供相关证据，但由于其自身客观原因而未在法院准许延长的期限内提出，即其本非属于新证据之列，仅是因其攸关裁判的实质性结果而通过技术处理等同于新证据；而后者则是当事人不管如何尽力在法院准许延长的期限内仍然难以提出的证据，即便人民法院亲自为之亦难以获取，其比仅因当事人自身原因无法提供的理由更为充分、难度相应更大，不论是否会对裁判结果产生实质性影响，其均须成为人民法院审理的对象。当然，对两种情形下导致当事人不能按期举证的原因须进一步具体研究和分析，否则仍可能造成认识上的混乱，进而影响实际运用的效果。①

（2）第二审程序

依据《民事证据规定》第 41 条、第 42 条的规定，在第二审程序中，“新证据”也有两种：一是第一审庭审结束后新发现的证据；二是当事人在第一审举证期限届满前申请人民法院调查取证未获准许，第二审人民法院经审查认为应当准许并依当事人申请调取的证据。对此，当事人应在第二审开庭前或者开庭审理时提出；第二审不需要开庭审理的，应在人民法院指定的期限内提出。

第一种情况下的新证据应在第二审人民法院指定的举证期限届满前提交，最迟也应在庭审或法庭调查前提交。第二种情况下，当事人在第一审举证期限届满前已经按规定向第一审法院提出了调取特定证据的申请，但第一审人民法院因种种原因未批准该申请从而未予调查收集，而第二审人民法院经审查认为应当准许当事人在第一审举证期限届满前已经按规定向人民法院提出的调查取证申请。

---

① 参见赵钢、刘学在《实务性诠释与学理性批判——〈最高人民法院关于民事诉讼证据的若干规定〉初步研习之心得》，载《珞珈法学论坛》2002 年春季号。

（3）再审程序

依据《民事证据规定》第 44 条的规定，在再审程序中，“新证据”乃指原审庭审结束后新发现的证据。对此，当事人应在申请再审时提出。然而，该界定并未从根本上解决再审程序中新证据的定位问题，对再审程序中是否存在新证据以及新证据范围的具体界定等仍争议不断。在 2007 年修改后的《民事诉讼法》第 179 条第 1 款第（1）项明确将新证据作为当事人申请再审的法定事由之后，最高人民法院在 2008 年颁布的《关于适用民事诉讼法审判监督程序若干问题的解释》（以下简称《审判监督程序解释》）第 10 条中将再审程序中的“新证据”细化为三种：一是原审庭审结束前已客观存在庭审结束后新发现的证据；二是原审庭审结束前已经发现，但因客观原因无法取得或在规定的期限内不能提供的证据；三是原审庭审结束后原作出鉴定结论、勘验笔录者重新鉴定、勘验，推翻原结论的证据。此外，当事人在原审中提供的主要证据，原审未予质证、认证，但足以推翻原判决、裁定的，应当视为再审中的“新证据”。2015 年颁布的《民诉法解释》第 388 条第 1 款对再审程序中“新证据”的界定亦为三种：一是在原审庭审结束前已经存在因客观原因于庭审结束后才发现的证据；二是在原审庭审结束前已经发现但因客观原因无法取得或者在规定的期限内不能提供的证据；三是在原审庭审结束后形成无法据此另行提起诉讼的证据。

应当明确，不管是《审判监督程序解释》抑或是《民诉法解释》，两者所界定的第一种情况属于新发现的证据，第二种情况属于新取得的证据，第三种则属于新出现的证据。在再审实务中，新证据占再审事由的比例并不大，但再审改判率较高，[①] 而当事人依据新出现的证据申请再审的情况更是极少发生的，相对多发的是依据新发现的证据申请再审。[②] 就新发现的证据的判断标准而言，应从客观上来予以认定。即在通常条件下，当事人在原审中无法知悉该证据已经存在。对此，当事人不能信口开河，而应提出证据来证明自己发现不能。需明确的是，倘若当事人因认知能力

① 参见李后龙、花玉军、葛文《再审新证据认定和运用的实证分析》，载《人民司法》2009 年第 21 期。

② 参见李浩《民事诉讼法典修改后的“新证据”——〈审监解释〉对“新证据”界定的可能意义》，载《中国法学》2009 年第 3 期。

所限或自身其他原因未认识到特定证据对证明案件的重要性而未予提供，在后来认识到其重要性后又因客观原因所限而无法收集，亦不向人民法院申请调取的，则不得认定为新证据。

对于将当事人在原审中提供的、未经质证和认证，但足以推翻原裁判的主要证据视为新证据的做法，主要出发点乃在于，原审中当事人在举证期限届满后方提出重要的证据，另一方当事人可以超出举证期限为由不予质证，原审人民法院即因此不会在裁判中予以认定；但由于该证据足以证明已生效的裁判确有错误，在申请再审得不到支持的情况下，当事人的反映自然会特别强烈，其可能会选择其他更为激进的方式（如信访等）来寻求救济，进而对社会稳定造成负面影响。鉴于此，现有规定通过法律上的拟制这一技术处理的方式赋予了人民法院一定的自由裁量权。

此外，提出“新证据”除对案件本身产生影响外，还会产生以下两方面的后果：其一，对人民法院来说，由于当事人的原因未能在指定期限内举证，致使案件在二审或者再审期间因提出新的证据被人民法院发回重审或者改判的，原审裁判不属于错误裁判案件；① 其二，对当事人来说，一方当事人请求提出新证据的另一方当事人负担由此增加的差旅、误工、证人出庭作证、诉讼等合理费用以及由此扩大的直接损失，人民法院应予支持。②《审判监督程序解释》第 39 条第 2 款更进一步规定：“申请再审人或者申请抗诉的当事人提出新的证据致使再审改判，被申请人等当事人因申请再审人或者申请抗诉的当事人的过错未能在原审程序中及时举证，请求补偿其增加的差旅、误工等诉讼费用的，人民法院应当支持；请求赔偿其由此扩大的直接损失，可以另行提起诉讼解决。”即用诉费制裁和提起损害赔偿请求之诉的方式促使当事人在原审程序中遵循举证权限的相关要求。与此前类似规定不同的是，《审判监督程序解释》第 39 条第 2 款将被申请人主张由此增加的差旅、误工等费用的性质明确界定为诉讼费

① 参见《民事证据规定》第 46 条。最高人民法院 1998 年颁布的《关于民事经济审判方式改革问题的若干规定》（以下简称《民事审改规定》）第 38 条亦规定：“第二审人民法院根据当事人提出的新证据对审件改判或者发回重审的，应当在判决书或者裁定书中写明对新证据的确认，不应当认为是第一审裁判错误。”

② 参见《民事证据规定》第 46 条。《民事审改规定》第 39 条亦规定：“在第二审中，一方当事人提出新证据致使案件被发回重审的，对方当事人有权要求其补偿误工费、差旅费等费用。”

用，且人民法院一旦认定，当事人不能对此提出上诉；至于被申请人要求申请人赔偿由此扩大的直接损失的，该解释将其归入侵权损害赔偿诉讼范畴，赋予被申请人以申请人为被告另行起诉予以主张的权利。[①]《民诉法解释》第411条亦遵循了这一做法。

从当前的诉讼实践来看，第一审和第二审程序中对新证据的设定比较宽泛，当事人提出的证据大多在第一审和第二审阶段成为人民法院定案的依据，再审时当事人提出新证据的可能性即大大降低。从诉讼原理上来看，这着实是一种可喜的现象，当事人在第一审和第二审中越是充分行使其举证权，将来在再审中使用新证据推翻原审裁判的情况就越少发生，自然就越能维护生效裁判的稳定性和公信力。

六　摸索证明制度

（一）摸索证明制度概述

在民事诉讼中，决定当事人胜败与否的证明责任按照一定规则在当事人之间进行分配，一般由对特定事实承担证明责任的当事人承担收集和提供相应证据的任务。但在某些特殊情况下，对特定事实负有证明责任的当事人可能因各种原因无法获知待证事实与相关证据的详细关系，从而难以获取相应的具体证据，进而无法取得有效的证明效果。此时，当事人可就证明主题仅进行一般性、抽象性的主张，经由法院随后的证据调查从对方当事人处获取相关详细的证据资料，从而达到预期的证明效果。此即所谓民事诉讼中的摸索证明。因该种证明活动的对象模糊、手段不定，把握不好即可能损及对方当事人的合法权益，故其能否在诉讼中被采用即存在极大的争议。

1. 摸索证明的含义

摸索证明（Ausforschungsbeweis）又称为“摸索证据”[②]，最早是德国民事诉讼证据调查程序中的一个概念。所谓摸索证明，是指民事诉讼中负

---

① 《民诉法解释》第411条规定：“当事人提交新的证据致使再审改判，因再审申请人或者申请检察监督当事人的过错未能在原审程序中及时举证，被申请人等当事人请求补偿其增加的交通、住宿、就餐、误工等必要费用的，人民法院应予支持。”

② ［德］汉斯·约阿·希姆穆泽拉克：《德国民事诉讼法基础教程》，周翠译，中国政法大学出版社2005年版，第249页。

有证明责任的当事人在无法获知待证事实与相关证据的详细关系时，就证明主题仅进行一般性、抽象性的主张，从而期待经由法院的证据调查从对方当事人处获得相关详细证据资料的活动。易言之，在当事人就其主张或抗辩成立所必要的事实和证据未能充分掌握或了解时，可以向法院申请对他方当事人掌握的相关证据进行调查，并试图通过该调查程序获取新事实或新证据，进而以该事实或证据作为支持其请求成立的依据。

在民事诉讼中，双方当事人就某一事实的存否及真伪发生争执是当事人提供证据和法院进行证据调查的前提条件。① 即一般来讲，主张权利存在的当事人应首先对可以认定权利存在的事实予以具体说明，当对方当事人对该事实有异议时，法院才有必要进行证据调查。但在特殊情形下，即当相关事实和证据偏重于由主张者的相对方持有时，对该事实负主张责任和对相应证据负证明责任的当事人自然会在证据的提供上出现困难，同时也往往无法就纠纷产生及经过等事实进行具体说明和陈述，从而导致其在主张证据时难以具体、详细地表明应证事实。只有在对方当事人提出某些证据后，通过法院的证据调查活动，当事人才能进一步知悉并掌握可能作为裁判依据的特定案件事实以及相关的其他证据。由于主张特定事实及证据的一方当事人在主张对象上的模糊性和手段上的不确定性，从而使该证据收集和提供的过程充满了探寻及搜索等不确定因素，故被冠之以“摸索证明”之名。摸索证明主要有以下几方面的特征：

首先，从性质来看，摸索证明是一种当事人的证据收集手段。摸索证明并非法院认定案件事实的一种方式，而是作为法院认定案件事实基础的相关证据的收集和提供的手段，② 即不属于法院认证的范畴，而属于当事人举证的范畴。但与通常举证所不同的是，当事人的通常举证必须目的明确，否则视为未完成举证任务；而摸索证明的目的则并非十分明确，其乃是一种通过举出目的性不甚明确的证据来促使法院敦促对方当事人提供相应证据，进而达到最终举证目的的证据收集手段。

其次，从主体来看，摸索证明是由对特定事实承担主张责任及对相应

---

① 参见［日］松原弘信《当事人对立主义论》，载《熊本大学法学》1999 年第 1 期。

② 参见［日］吉田元子《文书提出义务与民事诉讼法的最新动向》，载《上智大学法学论集》2007 年第 4 期。

证据负有证明责任的一方当事人所从事的行为。在法的适用过程中，当事人向法院请求作出具有一定法律效果的判决时，如果不就一定的事实进行主张，法院自然无法将法规规范适用于具体的案件审理之中，即难以将抽象的法律具体化。与之相应，证明责任则要求当事人对自己所主张的事实提供证据予以证明，否则即会承担败诉的不利后果。摸索证明是由对特定事实承担主张责任及对相应证据负有证明责任的一方当事人所从事的行为，而这种行为从外观上看恰是该方当事人未能完成主张责任和证明责任。

再次，从过程来看，摸索证明会引发法院证据调查程序的开启，进而促使对方当事人提供一定的证据。摸索证明虽然只是主张方就证明主题所进行的一般性、抽象性的主张，但由于证明主题和证明过程的特殊性，法院直接会基于此发动证据调查程序，并在证据调查中促使对方当事人提供相应的证据。

最后，从效果来看，摸索证明可在一定程度上减轻主张者提供证据的负担。一般来讲，负有证明责任的当事人必须提供使待定事实得以充分确定为真的证据，而待证事实本身的具体、明确更是无须殆言。而摸索证明下，主张者只需对待证事实予以较为模糊、抽象的说明，而对该事实具体的主张及详细证据的提供则在随后进行的证据调查中由法院督促对方当事人提出，这样自然减轻了主张者提供证据的负担。

最典型的摸索证明存在于非婚生子女对生父所提起的亲子关系确认之诉中。原告（非婚生子女）起诉请求法院确认被告为其生父。被告尽管没有具体线索，也不能确定具体的对象，但依然主张原告的生母与除了自己之外的其他男性保持关系。被告为证明其主张，请求法院传唤原告的生母作为证人出庭接受询问并进行特定医学上的鉴定。此案中，被告对原告生母与除自己之外的其他男性保持关系进而要求法院在证据调查程序中对其生母进行询问及鉴定的主张即为摸索证明。

2. 摸索证明的主要形态

在摸索证明下，当事人的主要目的在于通过法院的证据调查程序获悉有利于己方的新事实和证据，再将此类新事实和证据提交于法院，从而获得对自己有利的裁判结果。细究之下可以发现，摸索证明可因程度的高低表现为不同的形态：

第一，当事人明确陈述待证事实，但未能确定具体证据。如在缔约过失之诉中，原告为证明自己在被告（商场）营业场所跌倒的事实，申请法院传唤当时在场的被告单位某员工出庭作证，其仅能就该员工衣着等做大致描述，未能确定该员工究竟为何人（如姓名、特征及住所等）。再如在违约之诉中，针对原告的主张，被告以原告与第三方签订相关合同为抗辩事由，并要求原告提供商业账簿，以便查明其是否与第三方签订了类似合同。

第二，当事人明确提供相应证据，但对待证事实未能具体确定，仅能概括地作一般性陈述。如在因拆迁事故导致的侵权损害赔偿之诉中，原告申请在拆迁现场的工人甲出庭作证，待证事实为被告施工单位拆迁时存在过失，但未能主张过失的具体情形或事实，即究竟是何种原因导致过失的存在。

第三，当事人对于待证事实和相应证据均未能予以具体确定。如在因产品质量导致的侵权损害赔偿之诉中，原告仅陈述被告产品存在瑕疵，并表明生产该产品的某些文件可作为证据，但对于瑕疵的具体内容和属性却未能予以具体陈述，同时对于有关证明文件的相应内容也不能予以具体提供。

此外，还有一种最初也属于摸索证明范畴的证明行为，即当事人所陈述的事实纯属凭空臆断，毫无依据。[①] 如李某偶感风寒，即无端怀疑是与其毫无联系的邻居张某传染所致，便以此为据诉至法院要求张某予以赔偿。此种行为要么是有意识地违背事实真相，要么是完全没有事实基础的“胡编乱造”，纯属当事人举证不能下的“碰运气”之举，自然不应得到法院支持，更不会导致后续证据调查程序的开启，与上述三种形态实不可同一而语。

（二）摸索证明的理论基础和实际运用

1. 传统民事诉讼理论对摸索证明的否定

在摸索证明出现之初，立法和判例并未予以采纳，学界多认为其与大陆法系国家和地区民事诉讼基本准则——辩论主义的内涵相悖。[②] 辩论主

① 参见［日］安西明子《文书提出命令与当事人的主张责任》，载《法政论集》2008年第1期。

② 参见［德］奥特马·尧厄尼希《民事诉讼法》，周翠译，法律出版社2003年版，第277页。

义，是指当事人有权决定以什么样的事实和证据来支持自己的主张和请求，法院不得超越当事人选择的事实和证据范围进行认定（英美法系国家和地区虽未使用“辩论主义”一词，但诉讼实践中显然采取相同的做法）。辩论主义具体包含三方面的内容：其一，法院不能采用当事人未主张的事实作为判决的资料；其二，法院应当采用双方当事人无争议的事实作为判决的资料；其三，法院在通过证据对当事人争议的事实进行认定时，应当限于当事人提出的证据。可见，辩论主义从事实的主张和证据的提出角度划定了当事人与法院的角色分工和权利（权力）义务范围，[①] 体现了私权自治的民事诉讼基本理念。而当事人为摸索证明时，显然对特定事实和证据并未作出具体的主张，仅是提供了某些抽象的线索，反将具体事实和证据的发掘寄希望于法院发起的证据调查程序，这自然有违由当事人主导案件事实与证据认定这一辩论主义的精髓，从而与强调私权自治理念的民事诉讼整体构造向抵牾，因而不能承认其效力。

同时，摸索证明也与民事诉讼中当事人的具体化义务相左。具体化义务，是指当事人对于主张或抗辩的相关事实应尽可能作详细或具体的陈述。[②] 为使对方当事人能够有的放矢，同时使法院的证据调查能够以案件的争议为焦点有针对性进行，从而最终保证审理的质量，促进诉讼的高效运行，民事诉讼法上一般均要求当事人在主张或抗辩时应使相关事实及相应证据具体化，不能仅流于空洞的泛泛之谈，否则即不能被法院所采纳而进入后续的证据调查程序。而摸索证明却恰恰表现为一种对事实和证据的一般性、抽象性主张，在一定程度上需要进一步的调查方能使之具体化，这自然也与具体化义务的总体要求相矛盾。

2. 民事诉讼理论发展对摸索证明的承认

但随着时代的不断发展，以辩论主义为基础的传统民事诉讼机制日益受到挑战，这也促使民事诉讼理论在对待相关问题的态度上发生转变，而对摸索证明容许性的松动便是该趋势的集中体现。

（1）辩论主义的修正

民事诉讼之所以采纳辩论主义，是因为在以当事人平等对抗为显著特

---

① 参见［日］松村和德《辩论主义考》，载《早稻田法学》1997 年第 4 期。

② 参见［日］松本博之《当事人的具体事实陈述与证据提出义务（5）》，载《大阪市立大学法学杂志》2000 年第 4 期。

征的民事诉讼中，其是查明案件真实情况的最佳手段。[①] 在程序保障充分的条件下，当事人基于趋利避害和追求胜诉的心理，一方面会竭力主张、收集和提出相关资料；另一方面也会尽量反对他方提出的不利资料，从而最大限度地促进案件真相的发现。

随着科技的突飞猛进，在物质文明高度发展的同时，也导致了两极分化严重、交通事故频发、环境污染层出、缺陷产品致损及商业秘密盗用等各种新型社会问题的出现。与之相应便出现了诸如污染侵权诉讼、产品缺陷损害诉讼、医疗事故诉讼及专利侵权诉讼等现代型诉讼。在这些诉讼中，民事主体双方的平等性和互换性基本上完全丧失，[②] 侵权和被侵权的主体在社会结构层次上固定下来，原、被告的角色几乎没有互换的可能，而且这种互换性的丧失在诉讼中则常常表现为当事人实质地位和掌握武器的不对等。由于诸多在传统民事诉讼机制确立时所不可想象的原因使原告的举证能力大大弱于被告，如果仍按严格意义上辩论主义的要求进行主张和举证，则原告往往会陷入举证困难或举证不能的境地，从而导致败诉的不利后果，这显然有悖于民事诉讼的实质公平理念。在此背景下，辩论主义的内容得到了部分修正，改变了传统辩论主义完全要求当事人提供诉讼资料、法官不做任何介入的做法，而是在承认由当事人提供诉讼资料的同时，允许法院在必要时对当事人进行阐明（或释明），[③] 以协助和促使当事人提出诉讼资料，从而更好地发现案件真实，保护当事人的合法权益。

摸索证明也因辩论主义内容的修正得以逐渐融入现代民事诉讼。摸索证明可以使一方当事人在因客观原因难以接触相关事实和证据时，通过证据申请开启证据调查程序，在法院的调查下获得具体的事实和证据，从而实质性地实现诉讼公平。可见，辩论主义的修正解决了特定情形下当事人虽不为具体主张和举证法院却可主动开启证据调查程序的问题，从法院角度确立了摸索证明成立的基础。

---

① 参见［日］二羽和彦《辩论主义下诉讼各方的地位》，载《高冈法科大学纪要》2001年第1期。

② 参见［日］高田昌宏《辩论主义的基础与界限》，载《比较法学》2001年第1期。

③ 参见［日］渡边泰子《辩论主义与裁判官的释明权》，载《同志社法学》2007年第7期。

（2）事案解明义务的确立

针对现代型诉讼中举证活动所出现的新情况，在修正传统辩论主义以增强法院在证据收集和调查中主动性的同时，民事诉讼理论和实践的发展也对当事人提出了一定要求，即确立了当事人的事案解明义务。事案解明义务，是指对特定事实或证据负有主张及证明责任的当事人因客观原因无法充分主张或举证时，不负主张或证明责任的对方当事人在法定条件下负有一般性的协助解明案件真实的义务。[①] 因其专属于对特定事实或证据不负主张及证明责任的当事人，故又称“非负证明责任一方当事人的说明义务”[②]。依此义务之要求，负有证明责任的当事人因非可归责于自身的原因处于无法解明案件真相时，若其对自己的权利主张展现出一定的合理性，且不负证明责任的当事人反而更具解明案件真相的可能性，则不负证明责任的当事人应对事实真相的发现负责任。虽然对于事案解明义务的具体范围目前仍存在不同的认识，[③] 但该义务已然成为民事诉讼中推进程序顺利开展的利器。

事案解明义务的确立使得摸索证明的推进成为可能。当对某一事实承担主张责任及对相应证据负有证明责任的一方当事人因客观原因无法具体获取对方当事人所掌握的信息和证据时，在法定条件下，经由一般性主张开启法院证据调查程序后，继而可依事案解明义务之宗旨要求对方当事人提供某些证据以及明确某些事实，从而获取对己有利的相应结果。可见，事案解明义务的确立解决了特定情形下当事人可要求对方提供具体证据和事实的问题，从对方当事人角度确立了摸索证明成立的基础。

3. 摸索证明的实际运用

大陆法系国家和地区在民事诉讼领域逐渐开始认可摸索证明的价值，并在不同程度上承认了摸索证明的效力。在德国，虽然《德国民事诉讼法》本身尚未认可摸索证明，但在民事实体法上则有相当多的规定（如《德国民法典》第 260 条、第 402 条、第 444 条、第 713 条、第 716 条及

---

① 参见［日］小林秀之《新证据法》（第 2 版），弘文堂 2003 年版，第 142 页。

② ［日］伊东俊明：《证明责任的分配与当事人的事案解明义务》，载《商学研究》2001 年第 2 期。

③ 参见［日］安井英俊《案件解明义务的法律依据与适用范围》，载《同志社法学》2006 年第 7 期。

第799条等）承认民事法律关系中一方当事人有权请求他方当事人提供信息、开示文书资料。甚至在民事实体法上欠缺明文规定时，法院亦基于诚信原则而在个案中承认一方当事人对他方当事人的证据开示请求权。[①]而证据开示请求权的行使中便经常包含有摸索证明活动的开展。在日本，由于近年来在开庭前确立了类似于美国法上证据开示制度的当事人照会制度，该种程序已部分具备了庭审中证据调查程序的作用，摸索证明在其中自然可以发挥独特的功效。[②] 在我国台湾地区，当事人的推测性主张如果具备一定的可能性并提出一定的合理依据，即可开启相应的证据调查程序。[③] 而“民事诉讼法”第277条“当事人主张有利于己之事实者，就其事实有举证之责任。但法律另有规定，或依其情形显失公平者，不在此限”中但书部分的规定即可作为承认摸索证明合法性的依据。

至于英美法系国家和地区民事诉讼，在证据开示制度下，由于双方当事人均负有提供与诉讼有关的事实和证据的义务，对待证事实和相关证据具体化的要求远低于大陆法系立法例，[④] 因此摸索证明（fishing expedition）从未被禁止，只是在运用时要考虑相关时间及成本的投入，不能陷入无休止的摸索之中，从而妨碍诉讼的正常进行。

（三）摸索证明在我国环境民事公益诉讼证明责任分配规则中的设置

在对摸索证明据以立足之理论基础进行阐析并对域外相关实例予以解明后，可以发现摸索证明极具实践价值，能够在现代型诉讼中较好地解决双方攻防手段不平衡的问题，同时可以确保诉讼的顺利推进。但在我国环境民事公益诉讼证明责任分配领域确立该制度时，应充分考虑其与我国现有相关制度的协调和融合，从而使该制度得以发挥实效。总的来讲，应从三方面入手来夯实确立摸索证明的基础。

1. 摸索证明与证据交换的融合

现代民事诉讼中，世界各国均在不同程度上要求当事人庭审前的证据收集和提供情况应相互公开，其中最具代表性的便是美国的证据开示制度

---

① 参见［德］罗森贝克、施瓦布、戈特瓦尔德《德国民事诉讼法》（第16版），李大雪译，中国法制出版社2007年版，第863页。

② 参见［日］高桥宏志《重点讲义民事诉讼法》（下），有斐阁2003年版，第80页。

③ 参见姜世明《摸索证明例外性容许之考量因素》，载《月旦法学教室》2006年第9期。

④ 参见［日］户塚贵晴《民事诉讼法上的文书提出义务研究》，载《金融研究》1999年第3期。

和日本的当事人照会制度。前者规定任何一方当事人都可以要求对方当事人提出与诉讼标的有关联，并且不属于保密特权的任何资料（《美国联邦民事诉讼规则》第 26 条第 2 款）；后者规定当事人为了准备主张或证明所必要的事项，可以向对方当事人提出书面照会，要求其在指定的适当期间内，以书面作出回答（《日本民事诉讼法》第 163 条）。借鉴这两种制度，最高人民法院在 2001 年颁布的《民事证据规定》规定了我国民事诉讼中的证据交换制度（《民事证据规定》第 37 条、第 38 条、第 39 条、第 40 条），2012 年修改后的《民事诉讼法》以及 2015 年出台的《民诉法解释》均延续了该做法。如前所述，证据交换制度的确立主要基于两方面因素的考虑：一方面，可以使双方当事人针对他方的主张和证据进行事先准备，使庭审时有的放矢，更快实现诉讼目的，同时使法官了解双方当事人的主张和证据，并据此确立庭审的争点，从而有效地组织、指挥案件的审理，指挥当事人进行举证和质证，避免庭审的拖沓和冗长，加快审理进程，提高诉讼的效率；另一方面，可以使双方当事人在庭审前了解对方的主张和赖以存在的证据，有效地防止对方故意隐藏证据，避免在庭审中出现突袭举证，有助于司法公正的实现。

据此可知，证据交换中，当事人一方面总是担心对方提供的证据不够全面，另一方面又一直唯恐自己提供给对方的过多过细，在这种趋利避害的心理驱使下，交换的整个过程中充满了双方当事人相互猜疑、揣测、比较和试探等不确定因素。正因证据交换这一“相互保留”的显著特质，如果不在适用中引入相应机制加以约束，交换证据无疑会流于浮泛，收效甚微。为了最大化地促使当事人在证据交换中提出证据，可以将摸索证明引入交换程序。“相互保留”的基础是双方当事人认为对方不完全了解己方的攻防手段，而建立在主张一般性和抽象性基础上的摸索证明恰好可以打破这一僵局。在摸索证明下，当事人即便不完全了解对方掌握的事实和证据，但只要其对事实和证据一般性的陈述具有合理性，且不违反诚实信用原则，即可导致法院要求对方当事人对相应事实予以具体陈述并提出相关证据，从而真正使得证据交换能够发挥实效。

2. 摸索证明与法院查证的协调

我国继承苏联之民诉理念，在证据提供和事实认定上采职权探知主义，即由法官决定证据的提供与认定，强调国家的干预。我国理论和实践中虽确立了辩论原则，但与辩论主义的意旨却大相径庭，其最根本的区别在于，职权探知主义模式下当事人辩论对法官裁判的非约束性。辩论主义之核心乃法官裁判之依据被限制在言辞辩论中当事人主张范围内；而辩论原则仅为一种当事人的抽象权利性规范，局限于对当事人辩论权利的认可，当事人之间的辩论仅为法官获取信息的渠道之一，法官对实体问题的判断完全可依自己的调查结果为依据，而不受当事人辩论内容的约束。这在现行《民事诉讼法》第64条第2款“当事人及其诉讼代理人因客观原因不能自行收集证据，或者人民法院认为审理案件需要的证据，人民法院应当调查收集”之规定中深得体现。虽然职权探知主义因其较为浓厚的职权色彩长期为人所诟病，[①] 但在诉讼双方证据收集能力和手段失衡之情形日益凸显之现状下，完全放弃法院对民事诉讼的干预亦有违民事诉讼实质公平之本旨，只要法院对证据收集的介入维持在合理的限度内，其积极意义自然甚为明显。因此，《民诉法解释》第94条规定对于由国家有关部门保存，当事人及其诉讼代理人无权查阅调取的、涉及国家秘密、商业秘密或者个人隐私的以及当事人及其诉讼代理人确因客观原因不能自行收集的证据，当事人及其诉讼代理人可以申请人民法院调查收集证据；第96条规定可能损害国家利益、社会公共利益的、涉及身份关系的、涉及公益诉讼的、当事人有恶意串通损害他人合法权益可能的以及涉及依职权追加当事人、中止诉讼、终结诉讼、回避等程序性事项的证据可由法院依职权主动调查收集。

如前所述，传统辩论主义对当事人主导民事诉讼证据提供的绝对化要求导致了只有对其予以修正、增强法院在证据提供上的主动性后，大陆法系国家和地区民事诉讼中才可容下摸索证明。而这一难题在我国职权探知主义诉讼模式下则可化为无形。也即对于当事人提出的摸索证明，如果法院通过审查认为其具备合理性，同时符合《民诉法解释》第94条或第96条规定之情形，即可开启证据调查程序，若相关证据由对方当事人掌握，即可要求对方提出，或采取一定强制措施予以调取。如果对方当事人不予配合，则可依据《民事证据规定》第75条“有证据证明一方当事人持有证据无正当理由拒不提供，如果对方当事人主张该证据的内容不利于证据持有人，可以推定该主张成立”和《环境民事公益诉讼解释》第13条

---

① 参见［日］小岛明美《职权探知主义的调整——以中国民事诉讼法为研究对象》，载《法政论丛》2008年第2期。

“原告请求被告提供其排放的主要污染物名称、排放方式、排放浓度和总量、超标排放情况以及防治污染设施的建设和运行情况等环境信息，法律、法规、规章规定被告应当持有或者有证据证明被告持有而拒不提供，如果原告主张相关事实不利于被告的，人民法院可以推定该主张成立”之规定，将对方当事人妨碍举证的行为与裁判结果相挂钩，对妨碍人实施妨碍举证行为所欲获得的诉讼上的利益予以消减。可见，在《民诉法解释》明确了法院查证范围的前提下，摸索证明的确立则可为法院查证的具体运行提供可行的路径，从而使得法院的查证行为更具合理性和可行性。

3. 摸索证明与证据保全的协作

证据保全，是指在诉讼前或诉讼中，在法定的情形下，法院根据当事人的请求或依职权采取措施对特定证据加以固定和保护并进行调查的程序。我国一直以来便将证据保全的功能界定为保护和固定相关证据，为将来法庭调查中的举证和质证提供保障。相关立法亦秉承该认知，《民事诉讼法》第 81 条和《海事诉讼法》第 62 条均将证据保全看作一种一般情况下法院根据一方当事人单方申请（即不需双方当事人参与）所采取的保存或固定证据的措施。这一观念尚处于对证据保全认识的初级阶段，即仅意识到证据保全具有保全证据以备将来使用的消极功用。[①] 随着对证据保全认识的不断深入，人们逐渐意识到，证据保全除可以消极固定证据外，法院在实施保全行为过程中实质上即可同时对被保全的证据进行调查，从而有助于法院于审理本案诉讼时发现真实及妥适进行诉讼，以达到审理集中之目的。[②] 易言之，即将证据保全程序从一种消极的保存程序发展为一种积极的先期证据调查程序，从而得以对事实予以确定。证据保全的结果与本诉讼所进行的证据调查具有相同的效力，如在证据保全过程中对证人进行了询问，则将其视为已经在本案诉讼中进行了证人讯问程序。从大陆法系国家证据保全的发展趋势来看，有逐渐凸显该机能的倾向。如《德国民事诉讼法》上的证据保全部分原名为“证据保全”，1990 年修改

① 参见［日］井上治典《证据保全——证据的收集（1）》，载《法学教室》1982 年第 9 期。

② 参见［日］滨崎録《起诉前证据收集手段之考察》，载《九州大学法学》2005 年第 3 期。

后将证据保全的适用期间从诉讼系属中扩展至诉讼系属之前，并将本部分更名为“独立证据程序”，从而显现出证据调查的意味。而我国对证据保全功能定位的滞后也给司法实践带来了诸多不便，如在通过不具证据调查性质的证据保全行为对病危的证人进行询问并制成笔录后，在庭审的证据调查阶段仍应对证人进行询问，否则即不能作为认证的依据，若证人在此之前死亡，则对于该证人的证言即不能进行当庭质证，这必然会影响法庭调查的效果，进而损及认证结果的正当性。

而在扩大证据保全机能的同时，应该将摸索证明引入保全程序，将摸索证明作为实施证据保全的标准。证据保全毕竟是一种诉前程序，当事人在申请证据保全时因各种条件所限不可能像进入诉讼程序一样对主张的事实和证据通常作具体陈述，此时只要能对特定事实和证据进行一般性、抽象性陈述即可，当然应具备一定的合理性而不能凭空臆造。同时，只有以一种带有证据调查属性的面貌出现，证据保全才能认可法院的证据调查程序，摸索证明方能因此从对方当事人处获取相应的事实和证据，进而推进诉讼的顺利开展。

总之，在我国环境民事公益诉讼证明责任分配领域应当引入摸索证明，这样才能更好地应对当事人因客观原因难以具体举证的难题。在具体设置上，应注意与证据交换、法院查证和证据保全三项制度的融合和协调，从而使之得以发挥实效。

七 证据共通原则

（一）证据共通原则概述

1. 证据共通原则的含义

在民事诉讼中，决定当事人胜败与否的证明责任虽按照一定规则在当事人之间进行分配，但法院对证据的认定及采纳并非以负证明责任的当事人所提出的为限。所有的案件事实均被视为一个整体而不划分归属于某一特定当事人，任何一方所举出的证据均可以作为证明同一案情来使用，任一当事人提出的证据如果对他人有利而对自己不利，法院亦应当认定该证据与本案有关。这一做法被称为证据共通原则。

一般来讲，所谓证据共通原则，是指“一旦法院对当事人申请的某一证据进行调查后，无论该证据在事实认定中对提出申请的当事人一方有利还是不利，均会发生作用”[①]。从适用的主体来看，对证据共通原则内涵的界定有两种观点：一种认为，该原则仅适用于对立的双方当事人之间，即“一方当事人所提出之证据，不仅系为其提出之当事人有利之事实所利用，而且法院得将其为相对人有利事实之认定而利用之原则”[②]。另一种则认为，该原则不仅适用于对立的双方当事人之间，在共同诉讼人之间同样可以适用，即“当事人虽负举证责任，但法院所采摘证据，不以该负举证责任之当事人所提出者为限，纵由某一当事人声明并提出之证据，但于两造间或共同诉讼人间，法院均得共同采酌，作为判决资料之基础”[③]。从诉讼经济和程序公正的角度来看，笔者认为应将证据共通原则适用的范围作较宽的界定，即在对立的双方当事人之间及共同诉讼人之间均可适用。

证据共通原则主要有两方面的要求：从法院角度来说，其在认定某一当事人所主张的事实之际，不应局限于通过该方当事人证据申请而形成的证据调查结果，也可以在其他共同诉讼人或对方当事人提出申请的证据资料中寻求证据原因；从当事人的角度而言，自己提出申请的证据一旦被法院调查，那么该证据既有可能有利于自己，也有可能有利于其他共同诉讼人或对方当事人。

2. 证据共通原则的本质

证据共通原则是现代诉讼中法院自由心证主导诉讼进程的显著体现，易言之，其是贯彻自由心证的应然要求；同时，其亦与作为民事诉讼制度构建根基的辩论主义相契合。

在民事诉讼中，从法官的心理来看，随着收集、整理资料活动的进行，法官在经历了一个“时而判断该事实存在、时而判断该事实不存在”的心理波动后，逐渐接近判断出事实的真相。这种从动态视角来把握的法院对事实的判断，即所谓心证，而达到该确信的状态，被称为形成心证。即法律不预先设定机械的规则来指示或约束法官，一切诉讼证据的证据力的大小及其取舍均由法官，针对具体案情，根据经验法则、逻辑规则和自

① ［日］高桥宏志：《重点讲义民事诉讼法》，张卫平、许可译，法律出版社2007年版，第44页。

② 陈荣宗、林庆苗：《民事诉讼法》，台湾三民书局1996年版，第515页。

③ 陈计男：《民事诉讼法论》（上），台湾三民书局2002年版，第444页。

己的理性良心等来自由判断证据和认定事实。如果法院在调查证据时，还要受制于该证据有利于提出证据的当事人，仅仅注意对提出证据的当事人有利的相关资料，必然不能对案件事实作出合理的判断，因为从理论上讲，事实的真伪只有一个，即共通的事实，相应地，作为心证基础的证据自然也应相同。在提交法庭的证据能够证明事实真相的情况下，却“刻意”避开而要求当事人提交其他证据证明主张，所谓通过自由心证发现案件真实会成为不切实际，即不符合实体真实发现的需要。可见，证据共通原理是自由心证主义的内在要求，自由心证主义是证据共通原则的理论根基，法官对案件事实进行认定，势必综合审查各方证据，而不局限于证据提出者的证明目的。

把握证据共通原则本质的另一重要问题，便是要厘清其与民事诉讼制度构建之根基——辩论主义之间的关系，于此之上，该原则才能在民事诉讼中真正得以确立。作为一项将有关事实的判断资料的提出责任赋予当事人承担的原则，辩论主义要求法院在认定事实时只能调查当事人提出的证据方法。在一般情形下，当事人都会提出能证明于己有利事实的证据，但关于证据价值的认定乃由法官依经验法则以自由心证进行，在斟酌证据调查结果及辩论整个过程后，就事实的真伪作出判断。易言之，当事人提出证据的目的虽然是让法官作出于其有利的事实认定，但此种目的并不能约束法官，法官有权自由判断该项证据的证据价值，法官判断的结果有时反而对提出证据的当事人不利。辩论主义仅决定证据方法究竟是由法院收集还是由当事人提供，并不解决证据方法在当事人之间的分配问题。因此，只要是由当事人一方所提出的证据，法院即可将其作为判决的基础，而不问该证据是否由负证明责任的当事人所提供。当事人向法院提供证据仅仅是提出证据方法，证据的评价在自由心证主义下，乃法院自由裁量的范围，即当事人提供的证据的取舍及依证据的事实认定属于法官证据调查的范畴，“法院只以当事人主张的事实为判决的基准，但是，由当事人提供的事实，无论是原告还是被告提供的均可以作为审判的基础（事实共通或主张共通原则）”①。可见，证据共通是要求作为法官心证基础的调查证据结果的共通，而非证据方法的共通。易言之，己方提出的证据方法成

① ［日］中村英郎：《新民事诉讼法讲义》，陈刚、林剑锋、郭美松译，法律出版社2001年版，第176页。

为对他方有利的证据资料时，也不能阻止该证据方法成为证据原因。当事人提出来的事实本身是中性的，不管由哪一方在辩论中提出来的事实，法院都可以作为裁判的基础，即使在当事人自己主动陈述于己不利的事实时，也不妨碍法院作出于其不利的判决。只要当事人提出了证据，辩论主义所期待的当事人任务就告完成，而如何将这种证据调查的结果用于事实的认定则是属于辩论主义领域外的问题，其专属于法院的职责。当通过证据共通原则将基于对方证据申请而形成的证据调查结果，使用于有利于一方当事人的事实认定时，同样也不需要该方当事人提出援用该证据调查结果之主张。实际上，纵使当事人实施了这种援用的行为，那么这种行为也不过是敦促法官予以关注的事实行为。

3. 证据共通原则的功能

证据共通原则确立的目的在于保障法官可以在综合各种证据的基础上合理自由的认定事实。这样一来，证明责任在对立的当事人之间的分配会在一定程度上被弱化。

一方面，证据共通原则的适用可以促进案件真实的发现。证据共通原则的适用是建立在证据关联性的基础之上，是由证据本身的关联性所决定的。事实真相是唯一的，法院在认定事实之际，无视于同一证据方法上明显之其他反对资料，而仅注意在对提出此证据方法之当事人有利之资料，其结果必不能基此资料而为合理判断。[①] 故证据共通原则可以使与案件有关的、能够证明案件事实的各种证据材料都能作为法官认定案件事实的基础，从而有助于推进案件真实的发现，更好地促进纠纷的解决。

另一方面，证据共通原则的适用可以提高案件审理的效率。民事诉讼是追求公正和效率的统一体。在探求案件真相的同时，亦须注意程序的运行时间，一方面使得有限的司法资源可以得到更好地分配，另一方面也尽量减少当事人的诉讼成本。这就要求为实现特定的诉讼目的，如果有可供选择的数种手段，应当采取耗费较少同时给当事人造成较小负担的手段。证据共通原则使可以证明某一案件事实的证据只需由某一当事人提出一次即可成为法院判断的对象，这自然有利于案件的迅速审结，避免诉讼资源

① 参见王甲乙、杨建华、郑健才《民事诉讼法新论》，台湾三民书局 2002 年版，第 420 页；吕太郎《民事诉讼之基本理论》（一），中国政法大学出版社 2003 年版，第221 页。

的浪费，从而不致发生同一诉讼手续反复不已之弊，[①] 符合诉讼经济和效率的要求。

(二) 证据共通原则在对立当事人之间的适用规则

解决私人之间民事纠纷的民事诉讼，基于私权自治之基点，理应以较能尊重当事人意思的诉讼程序和裁判方法为宜。因此，在辩论主义模式下，不管是原告还是被告，只要提出了利己的案件事实，在通常情况下对此事实就得承担证明责任。一般情况下，当事人对自己有利的证据才会提出，而对自己不利的证据则会隐瞒甚至毁灭。其结果是使作为当事人双方对抗武器的证据本身不可避免地贴上了诸如“原告的证据”或“被告的证据”这样具有鲜明专属色彩的标签。

当事人提出证据的目的虽然是为了让法官作出于己有利的事实认定，但这毕竟是其一厢情愿，并不能约束法官，法官有权自由进行证据评价。“当事人于诉讼实务上时常就他造所提出之证据，陈述‘有利于自己部分愿予援用’，或仅陈述‘援用该证据’，此项陈述只有促请法院注意依职权判断事实之效力而已，法院不问有无是项陈述，仍应依证据通用之原则，判断事实之真伪”[②]。易言之，对于一方当事人提出的证据，对方当事人可基于证据共通原则，而援引该证据以要求法院作出于己有利的事实认定，但法院将该证据用于于对方当事人有利的事实认定并不以对方当事人提出请求或援用证据调查结果为前提，因为此乃法官职责之范围。

如此一来，当事人提出的证据，在法院进行证据调查程序以前，当事人可以自由撤回该证据；但在法院的证据调查程序开始之后，当事人则不能自由撤回证据，除非征得对方当事人的同意；而一旦法院完成了对该证据的调查程序，该调查证据所获的结果，即属于共通的证据，则无论如何均不许撤回。因为在证据共通原则下，一旦证据调查开始，就有可能产生对对方当事人有利的证据资料，此时证据调查的结果已经对法官的心证产生了影响，而且这种影响是难以消除的，即证据对对方当事人有利的可能性被现实化，因此除非取得对方当事人的同意，否则提出证据申请的当事

---

① 参见蔡章麟《民事诉讼法上诚实信用原则》，载杨建华主编《民事诉讼法论文选编》(上)，台湾五南图书公司 1984 年版，第 5 页。

② 王甲乙：《辩论主义》，载杨建华主编《民事诉讼法论文选编》(上)，台湾五南图书公司 1984 年版，第 377 页。

人不能撤回申请。可见，证据共通原则将会促使提供证据的一方当事人更为谨慎和小心。

（三）证据共通原则在共同诉讼人之间的适用规则

民事诉讼一般是由一个原告诉一个被告的单一情形，但不可否认的是，在日常生活中也大量存在原、被告一方或双方人数为二人或二人以上的情况。为处理此类复杂局面，包括我国在内的世界各国和地区均创设了"为共同辩论和调查证据集中众多诉讼"① 的共同诉讼制度，使必须参加诉讼的人参加到同一诉讼程序中来，从而有利于法院查清案件的事实，正确、彻底地解决当事人之间的纠纷，避免对同一问题作出互相矛盾的判决，同时，亦可节省人力、物力，符合诉讼经济原则的要求。所谓共同诉讼，是指当事人一方或双方为二人以上，诉讼标的共同或同一种类、法院认为可以合并审理并经当事人同意，一同在法院进行的诉讼。其中诉讼标的物共同的为必要的共同诉讼；诉讼标的物同一种类的为普通的共同诉讼。一同在法院起诉的共同原告，或一同在法院应诉的共同被告，即为共同诉讼人。

由于必要共同诉讼当事人之间的诉讼标的是共同的，故受诉法院对于必要共同诉讼必须合并审理，合一确定当事人之间的实体权利义务。无论何种情况，受诉法院均不得分别为证据调查及组织当事人分开进行言辞辩论，以求事实认定的同一。在民事诉讼理论和实践中，在处理必要的共同诉讼人之间的关系问题上采取的是"有利"原则，即共同诉讼人中一人或数人的诉讼行为有利于其他共同诉讼人时，该行为对其他共同诉讼人发生效力，不利于其他共同诉讼人的行为则对全体共同诉讼人无效。至于该一人或数人的行为是否有利于其他人，对法官而言仅是从形式上来判断，而非从裁判的结果上加以判断，具体而言，就是看该一人或数人所提出的诉讼请求、在法庭上所作的诉讼行为是否有利于共同诉讼人全体，同时还应将该一人或数人在遵守期间和发生诉讼程序中止或中断事由的效力及于共同诉讼人全体。同样，"对方当事人的行为，即便是仅针对共同诉讼人中的一人做出的，也产生针对全体的效力"②。可见，为维护其他共同诉

① ［德］奥特马·尧厄尼希：《民事诉讼法》（第27版），周翠译，法律出版社2003年版，第422页。

② ［日］新堂幸司：《新民事诉讼法》，林剑锋译，法律出版社2008年版，第549页。

讼人的利益，必要共同诉讼中一人提出的证据自然应对其他共同诉讼人产生效力，当然也是从形式上来判断，而不涉及最终的效果；而对方当事人针对共同诉讼中一人所提出的证据不管有利还是无利，亦对其他共同诉讼人产生效力。简言之，证据共通原则在必要共同诉讼中理应得到适用。

普通共同诉讼从性质上来讲属于可分之诉，即本可由受诉法院作为数个单一之诉分别审理与裁判，只是由于该数诉在诉讼标的上具有一定的牵连关系，为求共通事实认定上的统一性以及诉讼经济原则的贯彻才将其作为共同诉讼合并审理，也即受诉法院合并为证据调查并组织当事人一起进行言辞辩论（在合并审理反而导致程序繁杂混乱的情形下，受诉法院可依职权组织各当事人分别进行言辞辩论）。因此，普通共同诉讼人之间一般应遵循独立性原则，一个普通共同诉讼人所实施的诉讼行为仅对其本人有效，不及于其他共同诉讼人。但事实的真相有且仅有一个。如果在同一时间、同一诉讼程序中，受诉法院针对不同共同诉讼人对于同一事实做出不同的认定，即便符合上述普通共同诉讼独立性原则，但无疑与常理明显相悖。易言之，在普通共同诉讼中，“事实或真或伪必居其一，不能有既认定真实复认定虚伪之情形，因此，对表现在同一辩论上之事项，必须依自由心证而予同一认定，故为心证基础之证据，不得不成为共通”①，即亦应适用证据共同原则。在证据共通原则下，普通共同诉讼人中一人或数人提出的证据，直接被视为其他共同诉讼人的提出，法院得依据该证据来认定同一或共通的事实。但是，与必要共同诉讼相比，普通共同诉讼毕竟是数个独立之诉的合并，故共同诉讼人之间利益不一致的情形在所难免，共同诉讼人之间对事实和证据容易产生不同的主张和看法。因此，处于程序公正性的考量，应当允许其他共同诉讼人对证据共通原则的适用提出异议，即对于共同诉讼人中一人提出的证据影响到其他共同诉讼人的部分，应当保障其异议权的行使。其他共同诉讼人没有提出异议或者异议不合理的，法院才能基于证据共通原则对特定事实予以认定。否则，其他共同诉讼人可以此为由提起上诉或者申请再审。

总之，民事诉讼中的证据共通原则是自由心证主义的必然要求，亦与辩论主义的内涵相融合，同时符合公正和效率这两项民事诉讼的基本价值，其既适用与相对立的对方当事人之间，亦可被共同诉讼人所利用，应

① 吕太郎：《民事诉讼之基本理论》（一），中国政法大学出版社2003年版，第234页。

在环境民事公益诉讼的证明责任分配领域予以引入。

八　证据保全制度

（一）证据保全制度概述

证据保全，是指民事诉讼前或诉讼中，在法定情形下，法院根据当事人的请求或依职权采取措施对特定证据加以固定和保护并进行调查的程序。因其关乎证据收集和提出的效果，进而影响诉讼的成败，因此对民事诉讼整体程序的顺利开展起到相当重要的作用。

证据保全始创于寺院法，后继受德国普通法并沿传至今，[①] 为大陆法系许多国家和地区的立法所采用。在英美法系证据法上，因有证据开示制度保障证据的提出与展示，其功能和作用与大陆法系证据法上的证据保全制度基本相当，故未在证据开示制度之外又规定一套独立的证据保全制度。在大陆法系国家和地区，证据保全的功能主要有以下几项：

第一，保存固定功能。虽然人人皆知证据对于解决争端时所能起到的重要作用，但是，一般来讲，出于情面、关系等种种因素的考虑，普通主体基于防患于未然而在纠纷发生前对证据加以保全的观念仍然相当淡薄，一旦事后发生争端，则因证据灭失或者发生客观上的障碍难免产生诉讼上的不利后果。而证据调查通常是在诉讼系属以后，诉讼程序进行到一定程度并认为有必要时方予进行，此时难免因情势变迁、物理上的变化或其他意外原因而发生证据有碍使用的隐患，[②] 因此，证据保全最直接的功能即在于事前防范，使特定证据得以顺利进入证据调查程序，保障调查的顺利开展。

第二，证据调查功能。传统意义上证据保全的功能即在于上述的证据保存，为后续的证据调查做准备。该认识的基点在于将证据保全和证据调查视为两项完全不同机能的制度。一般认为，“诉讼中，法院依职权调查或就当事人所提出之证据调查，在与应证事项有关之条件下而经由辩论者，即可资为裁判之基础。但依证据保全程序所保全之证据，法院经就其证据之存否予以调查，既不问其与应证事实确否有关，尤不得直接资为裁

① 参见［日］松岗义正《民事证据论》，张知本译，中国政法大学出版社 2004 年版，第 331 页。

② 参见王甲乙、杨建华、郑健才《民事诉讼法新论》，台湾三民书局 2002 年版，第420 页。

判之基础；必待举证后并经辩论程序者始可采用”①。而随理论及实践的不断发展，对证据保全的认识亦日益深入，人们逐渐意识到，证据保全除可以消极地固定证据外，法院在实施保全行为过程中实质上即可同时对被保全的证据进行调查，从而有助于法院于审理本案诉讼时发现真实及妥适进行诉讼，以达到审理集中之目的。易言之，即将证据保全程序从一种消极的保存程序发展为一种积极的先期证据调查程序，从而得以对事实予以确定。证据保全的结果与本诉讼所进行的证据调查具有相同的效力，在其后进行的诉讼中，“即便被保全之证据能够付诸于正规的证据调查，证据保全也不丧失其效力”②，如在证据保全过程中对证人进行了讯问，则将其视为已经在本案诉讼中进行了证人讯问程序。从大陆法系国家和地区证据保全制度的发展趋势来看，有逐渐凸显该机能的倾向，与之相配套的是即是延长证据调查的期间，从诉讼中延伸至诉前证据保全程序中。如《德国民事诉讼法》上的证据保全部分原名为“证据保全”，1990 年修改后，将证据保全的适用期间从诉讼系属中扩展至诉讼系属之前，并将本部分更名为“独立证据程序”③，从而显现出证据调查的意味。而该法第 492 条第 1 款“调查证据，依适用于有关的证据方法的规定进行”和第 493 条第 1 款“一方当事人在诉讼中援引作为独立证据的事实时，该独立的调查证据与受诉法院所为的证据调查有同等效力”之规定则更明确了其证据调查的作用。《日本民事诉讼法》第 234 条同样的规定：“法院认为，如不预先进行调查证据则产生难以使用该证据的情形时，根据申请，依照本章的规定，可以进行调查证据。”我国台湾地区“民事诉讼法”亦以第 368 条第 2 款“前项证据保全，应适用本节有关调查证据方法之规定”明确了证据调查规则在证据保全程序中的适用。

第三，疏减讼源功能。诉讼的发生并非完全是双方当事人各持己见的结果，而是常常因为一方当事人未能保全其证据，他方趁机否认其权利所致。如果证据能够保全完整无缺，在相当程度上便可减少案件发生的概率。同时，当事人如果能申请证据保全，还可以利用法院所保全的证据了解案件的实际状况，并有可能就某些事项达成一致，从而促成争议的解

① 陈玮直：《民事证据法研究》，台湾新生印刷厂，1970 年，第 88 页。

② ［日］新堂幸司：《新民事诉讼法》，林剑锋译，法律出版社 2008 年版，第 426 页。

③ 参见许世宦《起诉前之证据保全》，载《台大法学论丛》2003 年第 6 期。

决，避免纠纷的扩大。而且当事人即使在证据保全程序中未能就某些事项达成一致，其事后仍然可通过和解、调解或仲裁等多种方式促成纠纷的解决。可见，证据保全深层次的功能乃在于疏减讼源，化解纠纷。如《德国民事诉讼法》第 492 条第 3 款规定：“在预期可以达成一致时，法院可传唤双方当事人进行口头讨论；和解应记入法庭记录。”我国台湾地区“民事诉讼法”在 2000 年修改之后，也增加了第 376 条之一“保全证据程序中之协议及其笔录”的内容。

（二）我国证据保全功能的再定位

如前所述，德国、日本和我国台湾地区等大陆法系代表国家和地区随着对证据保全功能认识的不断深化，对证据保全适用的范围和领域亦不断拓宽，证据保全从以前单一保存证据的行为逐渐发展为一种促进诉讼中证据调查顺利、高效进行的独立的证据调查程序。而观之我国，理论上一直以来便将证据保全界定为一种行为（或措施），[①] 以之保护和确认相关证据，以便将来能够加以利用，从而防止可能出现的举证困难，保证诉讼活动的顺利进行，确保人民法院可以据证作出正确裁判，即其根本目的在于为将来法庭调查中的举证和质证提供保障。相关立法亦秉承该认知，《民事诉讼法》第 81 条[②]和《海事诉讼法》第 62 条[③]均将证据保全看作一种一般情况下法院根据一方当事人的单方申请（即不须双方当事人参与）所采取的保存或固定证据的（强制）措施。这一观念无疑尚处于上述大陆法系代表国家和地区对证据保全认识的初级阶段，即仅意识到证据保全具有保全证据以备将来使用的消极功用，没有认识到其同时还可以发挥证据调查进而推进诉讼或促进裁判外纷争解决的积极功效。而且，仅将证据保全作为一种行为（或措施）对待，即仅强调其是针对特定情况采取的某种处理方法，重点在于经处理方法所获得的结果。而若将证据保全作为一种独

① 参见江伟主编《民事诉讼法》（第四版），中国人民大学出版社 2008 年版，第 192 页。

② 《民事诉讼法》第 81 条规定：“（1）在证据可能灭失或者以后难以取得的情况下，当事人可以在诉讼过程中向人民法院申请保全证据，人民法院也可以主动采取保全措施。（2）因情况紧急，在证据可能灭失或者以后难以取得的情况下，利害关系人可以在提起诉讼或者申请仲裁前向证据所在地、被申请人住所地或者对案件有管辖权的人民法院申请保全证据。（3）证据保全的其他程序，参照适用本法第九章保全的有关规定。”

③ 《海事诉讼法》第 62 条规定：“海事证据保全是指海事法院根据海事请求人的申请，对有关海事请求的证据予以提取、保存或者封存的强制措施。”

立的证据调查程序，则其不仅要为结果服务，同时也要注意处理过程本身的公正与效率。既然没有将证据保全看作一种证据调查程序，当然谈不上对域外证据保全所具有的新型功能予以认识，在该过程中也就自然谈不上当事人的参与权、到场权、对证据方法及调查过程的要求等程序性的保障问题。而这种对证据保全功能定位的滞后也给司法实践带来诸多不便。譬如，在通过不具证据调查性质的证据保全行为对病危的证人进行询问并制成笔录后，在庭审的证据调查阶段仍应对证人进行询问，否则即不能作为认证的依据。而若证人在此之前死亡，则对于该证人的证言即不能进行当庭质证，这必然会影响法庭调查的效果，进而损及认证结果的正当性。

（三）完善的建议

通过上述对证据保全功能的阐析可以看出，要使该制度契合环境民事公益诉讼证明责任分配规则体系之构建，即需要对现有该制度之相关规定予以改进，扩大保全的适用领域。我国现有相关规定对证据保全范围的界定极为有限，仅囿于“证据有灭失或以后难以取得”（《民事诉讼法》第 81 条、《专利法》第 67 条、[①]《商标法》第 58 条[②]及《著作权

---

① 《专利法》第 67 条对我国专利诉讼领域的诉前证据保全进行了规定：（1）为了制止专利侵权行为，在证据可能灭失或者以后难以取得的情况下，专利权人或者利害关系人可以在起诉前向人民法院申请保全证据。（2）人民法院采取保全措施，可以责令申请人提供担保；申请人不提供担保的，驳回申请。（3）人民法院应当自接受申请之时起四十八小时内作出裁定；裁定采取保全措施的，应当立即执行。（4）申请人自人民法院采取保全措施之日起十五日内不起诉的，人民法院应当解除该措施。该规定乃是从 2001 年 6 月 7 日最高人民法院颁布的《关于对诉前停止侵犯专利权行为适用法律问题的若干规定》（以下简称为《专利诉前禁令》）演进而来。该规定第 16 条第 1 款指出：“人民法院执行诉前停止侵犯专利权行为的措施时，可以根据当事人的申请，参照民事诉讼法第 81 条的规定，同时进行证据保全。”从而以司法解释的形式首次在我国的专利诉讼领域确立了诉前证据保全制度。

② 《商标法》第 66 条规定，为制止侵权行为，在证据可能灭失或者以后难以取得的情况下，商标注册人或者利害关系人可以依法在起诉前向人民法院申请保全证据。该规定乃是从 2001 年 12 月 25 日最高人民法院颁布的《关于诉前停止侵犯注册商标专用权行为和保全证据适用法律问题的解释》（以下简称《商标诉前禁令》）演进而来。其第 2 条确立了诉前证据保全的法院，即被申请人住所地法院乃对商标案件的证据保全具有管辖权的人民法院。第 3 条第 2 款明确了当事人申请证据保全的条件，强调当事人申请证据保全时应当递交记载有当事人的基本情况、申请保全证据的具体内容、范围、所在地点、请求保全的证据能够证明的对象及申请理由（包括证据可能灭失或者以后难以取得，且当事人及其诉讼代理人因客观原因不能自行收集的具体说明）的书面申请状。第 5 条、第 6 条对法院关于证据保全之申请所作之裁判作了规范：其一，法院作出保全证据的裁定事项应限于商标注册人或者利害关系人申请的范围；其二，申请人申请诉前保全证据可能涉及被申请人财产损失的，法院可以责令其提供相应的担保。第 12 条重申了《商标法》设置的对证据保全的解除条件。第 15 条则规定了对被申请人不遵从证据保全命令的制裁，强调对于被申请人可以采取民事诉讼法第 102 条所规定的关于妨害民事诉讼的强制措施进行制裁。

法》第50条[①]）之时，为进一步体现证据保全调查证据及疏减讼源等现代型功能，应增加两种可予保全的情形：

第一种情形是对方当事人同意。在传统证据保存与固定意义下，证据保全不需具备当事人两造对立的讼争结构，只要申请人提起的申请符合法定条件，即便无相对人，法院亦可进行证据保全。但随着证据保全程序调查证据及认定事实功能的日渐显现，其逐渐发展为诉讼中证据调查程序的一部分。这就要求在一般情况下，证据保全并非只有申请人参与，而是应在明确对方当事人参与权的前提下，通过证据的保存来确定案件的相关事实，并预用于后续的诉讼程序，从而一则促进案件真实的发现，另则增加和解的可能。因此，证据虽无灭失或以后难以取得的危险，如果经过对方当事人同意，当事人也可以向法院声请证据保全。此种情形主要目的不在于保存证据的现状或维持其效用，而在于事前确定事实关系，不必等到诉讼中的证据调查阶段再为证据调查，有助于实现诉讼经济。《德国民事诉讼法》第485条第1款即规定，除在证据方法有灭失或难于使用之虞外，当事人同意时，在诉讼程序进行中或开始前，依一方当事人的申请，可以命令进行勘验、讯问证人或由鉴定人为鉴定。我国台湾地区"民事诉讼法"第368条第1款也规定，经他造同意者，当事人得向法院声请保全。

第二种情形是确定事、物的现状。如前所述，证据保全的机能除了消极地保存证据而使之不致灭失外，更重要的在于经由先行的证据调查以确

---

① 《著作权法》第51条对诉前证据保全予以明确：（1）为制止侵权行为，在证据可能灭失或者以后难以取得的情况下，著作权人或者与著作权有关的权利人可以在起诉前向人民法院申请保全证据。（2）人民法院接受申请后，必须在48小时内作出裁定；裁定采取保全措施的，应当立即开始执行。（3）人民法院可以责令申请人提供担保，申请人不提供担保的，驳回申请。（4）申请人在人民法院采取保全措施后15日内不起诉的，人民法院应当解除保全措施。此外，最高人民法院在2002年10月12日颁布的《关于审理著作权民事纠纷案件适用法律若干问题的解释》（以下简称《著作权解释》）第30条第2款规定：人民法院采取诉前措施，参照《商标诉前禁令》的规定办理。从而商标专用权领域确立了诉前证据保全的具体适用规范。2006年12月20日最高人民法院颁布的《关于审理涉及计算机网络著作权纠纷案件适用法律若干问题的解释》（以下简称《计算机网络著作权解释》）第7条第2款对计算机网络著作权诉讼程序中的诉前证据保全进行了明确界定：著作权人出示上述证明后网络服务提供者仍不采取措施的，著作权人可以依照《著作权法》第49条、第50条的规定在诉前申请人民法院作出停止有关行为和财产保全、证据保全的裁定，也可以在提起诉讼时申请人民法院先行裁定停止侵害、排除妨碍、消除影响，人民法院应予准许。

定案件事实，一方面有助于在本案诉讼系属中可集中力量就法律问题或其他较复杂的事实问题进行审理；另一方面也可以因某种程度上事实的查清而有助于促成当事人以裁判外的方式解决纠纷。而确定事、物的现状这种情形就集中地反映了这一目的。如在医疗纠纷中，医院的病历通常并无灭失或以后难以取得的危险，但为确定案件事实，避免遭到篡改，即有申请保全该书证的必要。又如，对于遭受人身伤害的当事人的人身伤害程度及原因也可以申请鉴定。此时，要以特定事、物的现状与当事人有一定利害关系方能进行。原则上并不须以本案诉讼的进行是否有胜诉的可能性为判断基准，一则证据保全所确定的事实有助于纠纷的解决从而避免诉讼即可，即“使当事人在了解、掌握事实之全貌后，得以判断是否有起诉之必要，或循调解、和解等其他裁判外纷争解决途径予以处理，以免提起不必要之诉讼，徒增当事人及法院之负担”[①]；另则即便进入诉讼，如果可以推进程序的迅速推进也属于该情形，即“不仅在于得以避免发生诉讼（有和解之可能），并应扩及于得为诉讼资料之准备（构成诉讼上请求权之基础）之情形”[②]。当然，对于利害关系的判断亦要谨慎判断，避免当事人动辄引用该规定，对程序的安定性产生纷扰。

值得注意的是，在特定案件中，如果符合同时符合上述三种情形中的两种或三种，则当事人无须同时提起两种或三种申请，只需提出一种即可，即只要其中的一个获得法院同意，即可达到证据保全的目的。当然，若当事人据以提起申请的某一情形未能得到法院支持，则其可以换一种情形再次提出申请。另外，在不同的证据方法分别符合上述不同情形时，当事人应分别提出保全申请，法院也应分别进行审查和判断，进而分别实施保全措施，即其中的某一项或某几项申请的未予支持不影响对其他申请的支持。

① 沈冠伶：《证据保全制度》，载《月旦法学杂志》2001年第9期。

② 刘玉中：《证据保全之认知与运用》，载《玄奘法律学报》2004年第2期。

参考文献

一　著作

[英] 艾伦:《英国证据法实务指南》(第四版),王进喜译,中国法制出版社 2012 年版。

[美] 安德森等:《证据分析》(第二版),张保生等译,中国人民大学出版社 2012 年版。

[德] 奥特马・尧厄尼希:《民事诉讼法》(第 27 版),周翠译,法律出版社 2003 年版。

白绿铉:《美国民事诉讼法》,经济日报出版社 1998 年版。

白绿铉编译:《日本新民事诉讼法》,中国法制出版社 2000 年版。

白彦:《民事公益诉讼理论问题研究》,北京大学出版社 2016 年版。

柏拉图:《理想国》,郭斌和、张竹明译,商务印书馆 1986 年版。

[美] 彼得・哈伊:《美国法律概论》(第二版),沈宗灵译,北京大学出版社 1997 年版。

毕玉谦:《民事证据法及其程序功能》,法律出版社 1997 年版。

毕玉谦:《民事证明责任研究》,法律出版社 2007 年版。

卞建林译:《美国联邦刑事诉讼规则和证据规则》,中国政法大学出版社 1998 年版。

卞建林主编:《证据法学》,中国政法大学出版社 2000 年版。

卞建林主编:《证据法学》,中国政法大学出版社 2002 年版。

别涛主编:《环境公益诉讼》,法律出版社 2007 年版。

蔡彦敏、洪浩:《正当程序法律分析——当代美国民事诉讼制度研究》,中国政法大学出版社 2000 年版。

蔡颖雯:《环境污染与高度危险》,中国法制出版社 2010 年版。

柴发邦主编:《民事诉讼法教程》,法律出版社 1983 年版。

陈聪富：《侵权归责原则与损害赔偿》，北京大学出版社 2005 年版。

陈聪富：《侵权违法性与损害赔偿》，北京大学出版社 2012 年版。

陈冬：《美国环境公民诉讼研究》，中国人民大学出版社 2014 年版。

陈刚：《证明责任法研究》，中国人民大学出版社 2000 年版。

陈计男：《民事诉讼法论》（上），台湾三民书局 1999 年版。

陈亮：《环境公益诉讼研究》，法律出版社 2015 年版。

陈荣宗：《举证责任分配与民事程序法》，台湾三民书局 1984 年版。

陈荣宗、林庆苗：《民事诉讼法》（修订五版），台湾三民书局 2009 年版。

陈瑞华：《比较刑事诉讼法》，中国人民大学出版社 2010 年版。

陈世雄等：《民刑事诉讼法大意》，台湾五南图书公司 1986 年版。

陈小平、潘善斌、潘志成：《环境民事公益诉讼的理论与实践探索》，法律出版社 2016 年版。

陈一云主编：《证据法学》，法律出版社 2004 年版。

［美］戴斯·贾丁斯：《环境伦理学——环境哲学导论》，林官明、杨爱民译，北京大学出版社 2002 年版。

［英］戴维·M. 沃克：《牛津法律大辞典》，邓正来等译，光明日报出版社 1988 年版。

［美］丹尼尔·A. 法伯、罗杰·W. 芬德利：《环境法精要》（第 8 版），田其云、黄彪译，南开大学出版社 2016 年版。

［德］狄特·克罗林庚：《德国民事诉讼法律与实务》，刘汉富译，法律出版社 2000 年版。

段文波：《要件事实理论视角下民事案件证明责任分配实证分析》，厦门大学出版社 2014 年版。

［美］Edmund M. Morgan：《证据法之基本问题》，李学灯译，台湾世界书局 1982 年版。

［美］E. 博登海默：《法理学——法哲学及其方法》，邓正来、姬敬武译，华夏出版社 1987 年版。

樊崇义主编：《证据法学》（第三版），法律出版社 2004 年版。

樊崇义主编：《证据法学》，法律出版社 2001 年版。

［美］弗里尔：《美国民事诉讼法》（第 2 版），张利民等译，商务印书馆 2013 年版。

傅贤国：《环境民事公益诉讼制度研究》，法律出版社 2016 年版。

［日］高桥宏志：《民事诉讼法——制度与理论的深层分析》，林剑锋译，法律出版社 2003 年版。

［日］高桥宏志：《重点讲义民事诉讼法》（下），有斐阁 2004 年版。

［日］高桥宏志：《重点讲义民事诉讼法》，张卫平、许可译，法律出版社 2007 年版。

高翔：《海洋石油开发环境污染法律救济机制研究——以美国墨西哥湾漏油事故和我国渤海湾漏油事故为视角》，武汉大学出版社 2013 年版。

［美］戈尔德堡：《纠纷解决——谈判、调解和其他机制》，蔡彦敏等译，中国政法大学出版社 2004 年版。

［法］格拉松：《法国民事诉讼程序的起源》，巢志雄译，北京大学出版社 2013 年版。

［日］谷口安平：《程序的正义与诉讼》（增补本），王亚新、刘荣军译，中国政法大学出版社 2002 年版。

［日］谷口安平：《程序的正义与诉讼》，王亚新、刘荣军译，中国政法大学出版社 1996 年版。

郭卫原著、施霖修编：《民事诉讼法释义》（二十世纪中华法学文丛），中国政法大学出版社 2005 年版。

［德］汉斯·普维庭：《现代证明责任问题》，吴越译，法律出版社 2000 年版。

［德］汉斯·约阿希姆·穆泽拉克：《德国民事诉讼法基础教程》，周翠译，中国政法大学出版社 2005 年版。

何家弘、刘品新：《证据法学》，法律出版社 2004 年版。

何家弘主编：《外国证据法》，法律出版社 2003 年版。

何家弘主编：《证据调查》（第二版），中国人民大学出版社 2005 年版。

何孝元：《诚实信用原则与衡平法》，台湾三民书局 1992 年版。

贺海仁主编：《公益诉讼的新发展》，中国社会科学出版社 2008 年版。

侯佳儒：《中国环境侵权责任法基本问题研究》，北京大学出版社 2014 年版。

胡学军：《具体举证责任论》，法律出版社 2015 年版。

[英] 霍布斯:《利维坦》,黎思复、黎廷弼译,商务印书馆 1985 年版。

[美] 吉恩·马基雅弗利·艾根:《毒物侵权法精要》(第 4 版),李冰强译,南开大学出版社 2016 年版。

[日] 吉村德重、竹下守夫、谷口安平:《讲义民事诉讼法》,青林书院 1982 年版。

季桥龙:《民事举证责任概念研究》,中国政法大学出版社 2011 年版。

贾爱玲:《环境侵权损害赔偿的社会化制度研究》,知识产权出版社 2011 年版。

[日] 兼子一:《民事诉讼法》,弘文堂 1972 年版。

[日] 兼子一、竹下守夫:《民事诉讼法》,白绿铉译,法律出版社 1995 年版。

江伟、邵明、陈刚:《民事诉权研究》,法律出版社 2002 年版。

江伟、肖建国主编:《民事诉讼法》,中国人民大学出版社 2013 年版。

江伟主编:《民事诉讼法》(第三版),高等教育出版社 2007 年版。

江伟主编:《民事诉讼法学原理》,中国人民大学出版社 1999 年版。

江伟主编:《中国民事诉讼法专论》,中国人民大学出版社 2005 年版。

姜世明:《举证责任与证明度》,厦门大学出版社 2017 年版。

姜世明:《新民事证据法论》,学林文化出版事业有限公司 2003 年版。

[日] 交告尚史等:《日本环境法概论》,田林等译,中国法制出版社 2014 年版。

[美] 杰弗里·C. 哈泽德、米歇尔·塔鲁伊:《美国民事诉讼法导论》,张茂译,中国政法大学出版社 1998 年版。

[美] 杰克·H. 弗兰德泰尔、玛丽·凯·凯恩、阿瑟·R. 米勒:《民事诉讼法》(第三版),夏登峻、黄娟、唐前宏、王衡译,中国政法大学出版社 2003 年版。

[德] K. 茨威格特、H. 克茨:《比较法总论》,潘汉典、米健、高鸿钧、贺卫方译,法律出版社 2003 年版。

[奥] 凯尔森：《法与国家的一般理论》，沈宗灵译，中国大百科全书出版社 1996 年版。

[美] 柯芬：《美国上诉程序——法庭、代理、裁判》，傅郁林译，中国政法大学出版社 2009 年版。

[德] 克劳思・罗科信：《刑事诉讼法学》（第 24 版），吴丽琪译，法律出版社 2003 年版。

[德] 拉德布鲁赫：《法律哲学概论》，徐苏中译，中国政法大学出版社 2007 年版。

雷万来：《民事证据法论》，台湾瑞兴图书公司 1997 年版。

冷罗生：《日本公害诉讼理论与案例评析》，商务印书馆 2005 年版。

李国光主编：《最高人民法院〈关于民事诉讼证据的若干规定〉的理解与适用》，中国法制出版社 2002 年版。

李浩：《民事证明责任研究》法律出版社 2003 年版。

李浩培、吴传颐、孙鸣岗译：《拿破仑法典（法国民法典）》，商务印书馆 1979 年版。

李交发：《中国诉讼法史》，中国检察出版社 2002 年版。

李金昌等：《生态价值论》，重庆大学出版社 1999 年版。

李木贵：《民事诉讼法》，台湾元照出版公司 2007 年版。

李楯主编：《环境公益诉讼观察报告（2015 年卷）》，法律出版社 2016 年版。

李学灯：《证据法比较研究》，台湾五南图书出版社 1992 年版。

李卓：《公益诉讼与社会公正》，法律出版社 2010 年版。

[美] 理查德・A. 波斯纳：《法律的经济分析》（上），蒋兆康译，中国大百科全书出版社 1997 年版。

梁书文主编：《〈关于民事诉讼证据的若干规定〉新释解》，人民法院出版社 2006 年版。

廖永安等译：《马萨诸塞州证据规则指南》，湘潭大学出版社 2012 年版。

林莉红主编：《亚洲六国公益诉讼考察报告》，中国社会科学出版社 2010 年版。

林仁栋主编：《马克思主义法学的一般理论》，南京大学出版社 1990 年版。

刘超：《环境侵权救济诉求下的环保法庭研究》，武汉大学出版社2013年版。

刘超：《问题与逻辑：环境侵权救济机制的实证研究》，法律出版社2012年版。

刘年夫、李挚萍主编：《正义与平衡——环境公益诉讼的深度探索》，中山大学出版社2011年版。

刘荣军：《程序保障的理论视角》，法律出版社1999年版。

刘学在：《民事公益诉讼制度研究》，中国政法大学出版社2015年版。

［法］卢梭：《社会契约论》，何兆武译，商务印书馆1980年版。

吕太郎：《民事诉讼之基本理论》，中国政法大学出版社2003年版。

吕忠梅等：《环境法原理》，复旦大学出版社2007年版。

吕忠梅等：《环境损害赔偿法的理论与实践》，中国政法大学出版社2013年版。

吕忠梅主编：《环境公益诉讼：中美之比较》，法律出版社2009年版。

吕忠梅主编：《理想与现实：中国环境侵权纠纷现状及救济机制构建》，法律出版社2011年版。

［德］罗森贝克：《证明责任论：以德国民法典和民事诉讼法典为基础撰写》（第四版），庄敬华译，中国法制出版社2002年版。

［德］罗森贝克、施瓦布、戈特瓦尔德：《德国民事诉讼法》，李大雪译，中国法制出版社2007年版。

［美］罗伯特·V. 珀西瓦尔：《美国环境法——联邦法院法官教程》，赵绘宇译，法律出版社2014年版。

［美］罗伯特·考特、托马斯·尤伦：《法和经济学》，张军等译，上海三联书店1994年版。

［美］罗纳德·J. 艾伦、理查德·B. 库恩斯、埃莉诺·斯威夫特：《证据法（文本、问题和案例）》（第3版），张保生、王进喜、赵滢译，高等教育出版社2006年版。

［美］罗纳德·J. 艾伦主编：《艾伦教授论证据法》，张保生、王进喜、汪诸豪译，中国人民大学出版社2014年版。

［美］罗斯科·庞德：《通过法律和社会控制、法律的任务》，沈宗

灵、董世忠译，商务印书馆 1984 年版。

罗结珍译：《法国新民事诉讼法》，中国法制出版社 1999 年版。

罗玉珍、高委主编：《民事证明制度与理论》，法律出版社 2003 年版。

骆永家：《既判力之研究》，台湾三民书局 1999 年版。

骆永家：《民事举证责任论》，台湾商务印书馆 1987 年版。

［德］马克西米利安·福克斯《侵权行为法》，齐晓琨译，法律出版社 2006 年版。

［美］麦考密克：《麦考密克论证据》（第五版），汤维建等译，中国政法大学出版社 2004 年版。

［美］梅利曼：《大陆法系》，顾培东、禄正平译，法律出版社 2004 年版。

［日］梅本吉彦：《民事诉讼法》，信山社 2002 年版。

［日］门口正人编集代表：《民事证据法大系》（第 2 卷），青林书院 2004 年版。

［意］莫诺·卡佩莱蒂等：《当事人基本程序保障权与未来的民事诉讼》，徐昕译，法律出版社 2000 年版。

潘申明：《比较法视野下的民事公益诉讼》，法律出版社 2011 年版。

齐树洁主编：《美国司法制度》，厦门大学出版社 2006 年版。

齐树洁主编：《民事审前程序》，厦门大学出版社 2009 年版。

齐树洁主编：《民事诉讼法》，厦门大学出版社 2012 年版。

［美］乔纳凯特：《美国陪审团制度》，屈文生译，法律出版社 2013 年版。

邱联恭：《程序制度机能论》，台湾三民书局 1996 年版。

邱联恭：《司法之现代化与程序法》，台湾三民书局 1997 年版。

邱联恭：《争点整理方法论》，台湾三民书局 2001 年版。

［日］萩原金美：《诉讼中主张证明的法理》，信山社 2002 年版。

［日］上田徹一郎：《民事诉讼法》（第 4 版），法学书院 2004 年版。

邵建东主编：《德国司法制度》，厦门大学出版社 2010 年版。

邵勋、邵锋：《中国民事诉讼法论》（华东政法学院珍藏民国法律名著丛书），中国方正出版社 2005 年版。

沈德咏主编：《最高人民法院环境侵权责任纠纷司法解释理解与适

用》，人民法院出版社 2016 年版。

沈德咏主编：《最高人民法院民事诉讼法司法解释理解与适用》，人民法院出版社 2015 年版。

沈冠伶：《诉讼权保障与裁判外纷争处理》，北京大学出版社 2008 年版。

石志泉：《民事诉讼条例释义》（华东政法学院珍藏民国法律名著第二辑），中国政法大学出版社 2006 年版。

［美］史蒂文·苏本、玛格瑞特·伍：《美国民事诉讼的真谛：从历史、文化、实务的视角》，蔡彦敏、徐卉译，法律出版社 2002 年版。

［日］松本博之、上野泰男：《民事诉讼法》（第 4 版），弘文堂 2005 年版。

［日］松岗义正：《民事证据论》，张知本译，中国政法大学出版社 2004 年版。

宋冰编：《读本：美国与德国的司法制度及司法程序》，中国政法大学出版社 1999 年版。

宋世杰：《证据学新论》，中国检察出版社 2002 年版。

［美］苏本等：《民事诉讼法：原理、实务与运作环境》，傅郁林等译，中国政法大学出版社 2004 年版。

孙国华主编：《法理学教程》，中国人民大学出版社 1994 年版。

孙洪坤：《检察机关参与环境公益诉讼的程序研究》，法律出版社 2013 年版。

孙茜：《海洋油污侵权责任研究》，人民法院出版社 2013 年版。

汤维建主编：《美国民事诉讼规则》，中国检察出版社 2003 年版。

［法］特鲁仕主编：《法国司法制度》，丁伟译，北京大学出版社 2012 年版。

［日］藤原弘道：《民事裁判与证明》，有信堂 2001 年版。

［日］田山辉明：《日本侵权行为法》，顾祝轩、丁相顺译，北京大学出版社 2011 年版。

［日］田中成明：《现在社会与审判：民事诉讼的地位和作用》，郝振江译，北京大学出版社 2016 年版。

托马斯·阿奎那：《阿奎那政治著作选》，马清槐译，商务印书馆 1982 年版。

汪劲、严厚福、孙晓璞编译：《环境正义：丧钟为谁而鸣——美国联邦法院环境诉讼经典判例选》，北京大学出版社 2007 年版。

王慧：《美国环境法的改革——规制效率与有效执行》，法律出版社 2016 年版。

王甲乙、杨建华、郑健才：《民事诉讼法新论》，台湾三民书局 2002 年版。

王进喜：《美国联邦证据规则（2011 年重塑版）条解》，中国法制出版社 2012 年版。

王进喜译：《澳大利亚联邦证据法》，中国法制出版社 2013 年版。

王景琦编：《欧美民事诉讼程序》，法律出版社 1998 年版。

王莉：《环境侵权救济研究》，复旦大学出版社 2015 年版。

王莉：《环境侵权救济制度研究：以环境正义为视角》，河南人民出版社 2011 年版。

王明远：《环境侵权救济法律制度》，中国法制出版社 2001 年版。

王胜明主编：《中华人民共和国民事诉讼法释义》（最新修正版），法律出版社 2012 年版。

王圣扬：《诉讼证明责任与证明标准研究》，中国人民公安大学出版社 2012 年版。

王雄飞：《检察官证明责任研究》，中国人民公安大学出版社 2009 年版。

王亚新：《对抗与判定——日本民事诉讼的基本结构》，清华大学出版社 2002 年版。

王亚新：《社会变革中的民事诉讼》，中国法制出版社 2001 年版。

王以真主编：《外国刑事诉讼法学》，北京大学出版社 1994 年版。

王泽鉴：《民法总则》（增订版），中国政法大学出版社 2001 年版。

吴良志、熊靖等：《环境侵权受害者司法保护》，中国法制出版社 2017 年版。

吴明轩：《中国民事诉讼法》（修订六版），台湾三民书局 2004 年版。

吴明轩：《中国民事诉讼法》，台湾三民书局 1993 年版。

吴应甲：《中国环境公益诉讼主体多元化研究》，中国检察出版社 2017 年版。

武从斌：《环境民事侵权诉讼举证责任问题研究》，武汉大学出版社

2007 年版。

奚晓明主编:《最高人民法院关于环境民事公益诉讼司法解释理解与适用》,人民法院出版社 2015 年版。

奚晓明主编:《最高人民法院关于民事案件诉讼时效司法解释理解与适用》,人民法院出版社 2008 年版。

项焱主编:《公益诉讼的理念与实践》,武汉大学出版社 2010 年版。

[日] 小岛武司:《诉讼制度改革的法理与实证》,陈刚、郭美松译,法律出版社 2001 年版。

[日] 小岛武司:《要论民事诉讼法》,中央大学出版部 1977 年版。

[日] 小林秀之:《新证据法》(第 2 版),弘文堂 2003 年版。

[日] 小山昇:《民事诉讼法》,青林书院 1979 年版。

[日] 小室直人等:《新民事诉讼法》(Ⅱ),日本评论社 2003 年版。

肖建国、包建华:《证明责任——事实判断的辅助方法》,北京大学出版社 2012 年版。

肖建华:《民事诉讼当事人研究》,中国政法大学出版社 2002 年版。

肖建华主编:《民事证据法理念与实践》,法律出版社 2005 年版。

谢怀栻译:《德意志联邦共和国民事诉讼法》,中国法制出版社 2002 年版。

[日] 新堂幸司:《新民事诉讼法》(第 3 版补正版),弘文堂 2005 年版。

[日] 新堂幸司:《新民事诉讼法》,林剑锋译,法律出版社 2008 年版。

[日] 新堂幸司、铃木正裕、竹下守夫:《注释民事诉讼法》(3),有斐阁 1993 年版。

[日] 新堂幸司、铃木正裕、竹下守夫:《注释民事诉讼法》(6),有斐阁 1995 年版。

熊志海等编译:《英国成文证据法》,中国法制出版社 2007 年版。

徐国栋:《民法基本原则解释》,中国政法大学出版社 2001 年版。

徐卉:《通向社会正义之路:公益诉讼理论研究》,法律出版社 2009 年版。

徐祥民主编:《生态文明建设与环境公益诉讼》,知识产权出版社 2011 年版。

徐祥民、胡中华、梅宏：《环境公益诉讼研究——以制度建设为中心》，中国法制出版社 2009 年版。

许士宦：《新民事诉讼法》，北京大学出版社 2013 年版。

［古希腊］亚里士多德：《政治学》，吴寿彭译，商务印书馆 1981 年版。

颜运秋：《公益诉讼法律制度研究》，法律出版社 2008 年版。

杨建华：《问题研析民事诉讼法》（四），台湾三民书局 1997 年版。

杨建华、郑杰夫：《民事诉讼法要论》，北京大学出版社 2013 年版。

杨建华、郑杰夫：《民事诉讼法要论》，台湾三民书局 2001 年版。

杨建华主编：《海峡两岸民事程序法》，台湾月旦出版公司 1997 年版。

杨荣新主编：《民事诉讼法教程》，中国政法大学出版社 1991 年版。

杨严炎、章武生：《外国环境公益诉讼和集团诉讼案例评析》，法律出版社 2014 年版。

姚瑞光：《民事诉讼法论》，台湾大中国图书出版公司 2000 年版。

姚瑞光：《民事诉讼法论》，台湾大中国图书出版公司 2004 年版。

叶自强：《举证责任》，法律出版社 2011 年版。

叶自强：《举证责任及其分配标准》，法律出版社 2005 年版。

［日］伊藤真：《民事诉讼法》（第 3 版），有斐阁 2004 年版。

［日］伊藤滋夫：《要件事实讲义》，商事法务株式会社 2008 年版。

应松年主编：《中国行政诉讼法讲义》，中国政法大学出版社 1994 年版。

［日］原田尚彦：《环境法》，于敏译，法律出版社 1999 年版。

［美］约翰·罗尔斯：《正义论》，何怀宏、何包钢、廖申白译，中国社会科学出版社 1988 年版。

［美］约瑟夫·L. 萨克斯：《保卫环境——公民诉讼战略》，王小钢译，中国政法大学出版社 2011 年版。

［日］斋藤秀夫：《注解民事诉讼法》（1），第一法规出版株式会社 1982 年版。

［日］斋藤秀夫：《注解民事诉讼法》（4），第一法规出版株式会社 1983 年版。

［美］詹姆斯·萨尔兹曼、巴顿·汤普森：《美国环境法》（第四

版)，徐卓然、胡慕云译，北京大学出版社 2016 年版。

占善刚、刘显鹏：《证据法论》（第二版），武汉大学出版社 2013 年版。

占善刚、刘显鹏：《证据法论》（第三版），武汉大学出版社 2015 年版。

占善刚、刘显鹏：《证据法论》，武汉大学出版社 2009 年版。

张宝：《环境侵权的解释论》，中国政法大学出版社 2016 年版。

张海燕：《美国联邦民事诉答程序制度研究》，中国政法大学出版社 2012 年版。

张辉：《美国环境法研究》，中国民主法制出版社 2015 年版。

张式军：《环境公益诉讼原告资格研究》，山东文艺出版社 2012 年版。

张挺：《环境侵权中侵害排除理论研究：以中日法比较为视角》，中国社会科学出版社 2015 年版。

张卫平：《民事诉讼法》，法律出版社 2013 年版。

张文显：《二十世纪西方法哲学思潮研究》，法律出版社 1996 年版。

张文显：《法哲学范畴研究》（修订版），中国政法大学出版社 2001 年版。

张文显主编：《法理学》（第四版），高等教育出版社、北京大学出版社 2011 年版。

张新宝：《侵权责任法》，中国人民大学出版社 2006 年版。

张艳蕊：《民事公益诉讼制度研究——兼论民事诉讼机能的扩大》，北京大学出版社 2007 年版。

张永泉：《民事诉讼证据原理研究》，厦门大学出版社 2005 年版。

章武生等：《司法现代化与民事诉讼制度的构建》，法律出版社 2000 年版。

赵钢、占善刚、刘学在：《民事诉讼法》（第二版），武汉大学出版社 2010 年版。

赵万一、郑佳宁主编：《〈月旦法学〉民事法判例研究汇编》，北京大学出版社 2016 年版。

赵震江、付子堂主编：《现代法理学》，北京大学出版社 1999 年版。

［日］雉本朗造：《民事诉讼法の诸问题》，有斐阁 1955 年版。

［日］中村英郎：《新民事诉讼法讲义》，陈刚、林剑锋、郭美松译，法律出版社2001年版。

［日］中西又三等：《21世纪日本法的展望》，江利红译，中国政法大学出版社2012年版。

［日］中野贞一郎、松浦馨、铃木正裕：《新民事诉讼法讲义》（第2版），有斐阁2004年版。

周叔厚：《证据法论》，台湾三民书局2000年版。

周永坤：《法理学——全球视野》，法律出版社2000年版。

邹雄：《环境侵权救济研究》，中国环境科学出版社2004年版。

邹雄等：《环境侵权法疑难问题研究》，厦门大学出版社2010年版。

最高人民法院民事审判第一庭著，黄松有主编：《民事诉讼证据司法解释的理解与适用》，中国法制出版社2002年版。

最高人民检察院法律政策研究室编译：《支撑21世纪日本的司法制度——日本司法制度改革审议会意见书》，中国检察出版社2004年版。

最高人民检察院民事行政检察厅编：《检察机关提起公益诉讼实践与探索》，中国检察出版社2017年版。

［德］Adolf Schonke，*Zivilprozeßrecht. Eine systemmatische Darstellung*，Berlin，1938.

［德］*Bericht der Kommission zur Vorbereitung einer Reform der Zivilgerichtsbarkeit*，1961.

［美］Bryan A. Garnar，*Black' s Law Dictionary*，*8th Edition*，West，Thomson Business，2004.

［德］Bundesjustizministerium（Hrsg），*Bericht der Kommission zur Vorbereitung einer Reform der Zivilgerichtsbarkeit*，1961.

［德］Bundesministerium der Justiz（Hrsg），*Bericht der Kommission fur das Zivilprozeßrecht*，1977.

［美］Charles E. Clark，*Objectives of Pre－Trial Procedure*，17 Ohio St. L. J.，1956.

［德］Ebel，*Die Berufung im Zivilprozessrechtsreformgesetz*，ZPO，2001.

［德］Gehrlein，*Zivilprozessrecht nach der ZPO-Reform* 2002，2001.

［德］Grunsky，*Taktik im Zivilprozeß*，2. Aufl.，Koln，1996.

［德］Hannich/MeyerSeitz，*ZPOReform*2002mit Zustellungsreformgesetz.

［英］Ian Grainger & Michael Fealy, *An Introduction to the New Civil Procedure Rules*, Cavendish Publishing Limited, 1999.

［英］I. H. Dennis, *The Law of Evidence*, Sweet & Maxwell, 1999.

［英］John O'Hare & Kevin Browne, *Civil Litigation*, *ninth edition*, *Lodon*, Sweet & Maxwell, 2000.

［美］Miller & Mary K. Kane, *Federal Practice And Procedure*, 2nd *Edition*, 6A Charles A. Wright, Arthur R, 1990.

［德］Musielak, *Grundkurs ZPO*, 5. Aufl, 2000.

［德］Prutting, Anwaltschaft, *Rechtsschutz und Prozeßokonomie. In*: 50 *Jahre freiheilichdemokratischer Rechtsstaat. Vom Rechtsstaat zum Rechtswegstaat*, Baden-Baden, 1999.

［德］Putzo, *Die Vereinfachungsnovelle. Geaetz zur Vereinfachung und Beschleunigung gerichtlicher Verfahren*, NJW 1977.

［德］*Regierungsentwurf zur Vereinfachungsnovelle*, BT - Drucks., 7/2729.

［德］Weth, *Die Zuruckweisung verpateten Vorbringens im Zivilprozeb*, Koln, 1988.

［德］Zeiss, *Zivilprozessrecht*, 9. Aufl, 1997.

［德］Zoller, *ZPO*, 21. Aufl., 1999.

二 论文

［日］安井英俊：《案件解明义务的法律依据与适用范围》，载《同志社法学》2006 年第 7 期。

安伟光：《检察官详解民诉法修改后“全国首例公益诉讼案”办案经过》，载正义网 http://news.jcrb.com/jszx/201707/t20170709_1774502.html。

［日］奥田隆艾：《司法研修所教育及对法学教育的期望》，丁相顺译，载《法律适用》2002 年第 6 期。

白迎春：《严格区分“证明责任”与“提供证据的责任”》，载《前沿》2013 年第 16 期。

白迎春：《证明责任内涵的重新定位》，载《河北法学》2015 年第 6 期。

包冰锋：《多元化适用：证明妨碍法律效果的选择路径》，载《现代法学》2011 年第 5 期。

包冰锋：《民事诉讼证明妨碍制度的法理基础》，载《南通大学学报》（社会科学版）2011 年第 2 期。

包冰锋：《实体与程序之调和：证明妨碍的客观要件探究》，载《证据科学》2013 年第 6 期。

包冰锋：《证明责任之经济分析》，载《西南政法大学学报》2003 年第 4 期。

包冰锋、陶婷：《证据收集程序之保障：文书提出命令制度》，载《南通大学学报》（社会科学版）2010 年第 3 期。

包建华：《论我国“证明责任倒置”规则》，载《东北大学学报》（社会科学版）2012 年第 6 期。

毕玉谦：《“一强多元”模式下的证明责任学说——以克服“规范说”局限性为重心》，载《政法论坛》2011 年第 2 期。

毕玉谦：《关于创设民事诉讼证明妨碍制度的基本视野》，载《证据科学》2010 年第 5 期。

毕玉谦：《关于主观证明责任的界定与基本范畴研究》，载《西南政法大学学报》2008 年第 3 期。

毕玉谦：《解读民事证明责任在语义上的表述与基本属性》，载《法律适用》2008 年第 7 期。

毕玉谦：《举证责任分配体系之构建》，载《法学研究》1999 年第 2 期。

毕玉谦：《民事公益诉讼中的证明责任问题》，载《法律适用》2013 年第 10 期 。

毕玉谦：《试论表见证明的基本属性与应用功能之界定》，载《证据科学》2007 年第 1 期。

别涛：《环境公益诉讼立法的新起点——民诉法修改之评析与环保法修改之建议》，载《法学评论》2013 年第 1 期。

薄晓波：《论我国环境民事公益诉讼中法律责任的完善——以中华环保联合会诉德州晶华公司为例》，载《环境保护》2015 年第 10 期。

［德］布鲁诺·里梅尔施帕赫尔：《控诉审中的事实和证据手段》，载［德］米夏埃尔·施蒂尔纳编《德国民事诉讼法学文萃》，赵秀举译，中国政法大学出版社 2005 年版。

蔡虹：《释明权：基础透视与制度构建》，载《法学评论》2005年第1期。

蔡守秋、张文松：《检察机关在突破环境民事公益诉讼难局中的法律困境与规则建构——基于公益诉讼改革试点方案的思考》，载《中国地质大学学报》（社会科学版）2016年第3期。

蔡先凤：《“康菲溢油案”首启环境公益诉讼的法律焦点问题解析》，载《环境保护》2016年第1期。

蔡章麟：《民事诉讼法上的诚实信用原则》，载杨建华主编《民事诉讼法论文选辑》（上），台湾五南图书公司1984年版。

曹鸿兰：《不必要证据之处理程序问题》，载民事诉讼法研究基金会主编《民事诉讼法之研讨（三）》，台湾三民书局1990年版。

曹明德：《中美环境公益诉讼比较研究》，载《比较法研究》2015年第4期。

柴发邦、李浩：《两种含义举证责任之比较》，载《中国法学》1993年第4期。

常纪文：《美国环境公民诉讼判例法的发展及对我国环境公益诉讼制度改革的启示（二）——兼论环境公益诉讼在国家环境治理中的作用》，载《中国环境监察》2016年第4期。

常纪文：《美国环境公民诉讼判例法的发展及对我国环境公益诉讼制度改革的启示（一）——兼论环境公益诉讼在国家环境治理中的作用》，载《中国环境监察》2016年第3期。

常淑静、韩玲：《举证责任分配自由裁量规则在民事诉讼中的适用》，载《山东审判》2009年第1期。

陈刚：《抗辩与否认在证明责任法学领域中的意义》，载《政法论坛》2001年第3期。

陈刚：《证明责任法与“当面点清”原则评析》，载《法学》2000年第1期。

陈刚：《证明责任概念辨析》，载《现代法学》1997年第2期。

陈刚：《证明责任理论中若干误区之反思》，载《中央政法管理干部学院学报》2000年第2期。

陈刚：《证明责任问题散论》，载《法商研究》1999年第5期。

陈浩：《再论民事诉讼证明责任的转移》，载《政法论丛》2011年第

4 期。

陈磊：《不负证明责任当事人之事案解明义务研究》，载《学术论坛》2016 年第 7 期。

陈磊：《不负证明责任当事人之事案解明义务研究》，载《学术论坛》2016 年第 7 期。

陈亮：《环境公益诉讼激励机制的法律构造——以传统民事诉讼与环境公益诉讼的当事人结构差异为视角》，载《现代法学》2016 年第 4 期。

陈石狮等：《事证开示（discovery）与发现真实》，载民事诉讼法研究基金会主编《民事诉讼法之研讨（五）》，台湾三民书局 1996 年版。

陈贤贵、林志杰：《论不负举证责任一方当事人的事案解明义务》，载《河南财经政法大学学报》2015 年第 6 期。

陈召坤：《举证责任转换若干规则的归纳与应用》，载《山东审判》2015 年第 5 期。

程多威、王灿发：《论生态环境损害赔偿制度与环境公益诉讼的衔接》，载《环境保护》2016 年第 2 期。

褚福民：《事实推定的客观存在及其正当性质疑》，载《中外法学》2010 年第 5 期。

褚福民：《准法律推定——事实推定与法律推定的中间领域》，载《当代法学》2011 年第 5 期。

戴森雄：《民事诉讼有关建构金字塔型诉讼制度重要条文之修正及其评述》，载《台湾本土法学杂志》2003 年第 10 期。

单峰：《公益诉讼权论》，载《河北法学》2007 年第 3 期。

单国军：《民事举证责任倒置研究——兼谈民事举证责任的“正置”》，载《法律适用》2002 年第 2 期。

单红军、王恒斯、王婷婷：《论我国海洋环境公益诉讼的若干法律问题——以“大连环保志愿者协会诉大连中石油公司等案”为视角》，载《环境保护》2016 年第 1 期。

单云涛：《举证责任的免除、举证命题的变更与举证责任的不可转移性》，载《法学研究》1991 年第 5 期。

邓代红、王映辉：《民事诉讼举证责任倒置的若干问题》，载《法学评论》1993 年第 6 期。

［德］迪特尔·莱波尔德：《当事人的诉讼促进义务与法官的责任》，

载［德］米夏埃尔·施蒂尔纳编《德国民事诉讼法学文萃》，赵秀举译，中国政法大学出版社 2005 年版。

丁宝同、张美美：《环境公益诉讼之诉前鉴定机制研究》，载《中国司法鉴定》2014 年第 3 期。

丁朋超：《民事诉讼中的摸索证明论》，载《大连理工大学学报》（社会科学版）2016 年第 2 期。

董伟威：《民事公益诉讼人的法律问题》，载《人民司法》2002 年第 12 期。

杜承秀：《论民事诉讼证明责任判决制度及其适用》，载《学术论坛》2012 年第 1 期。

杜鸣晓：《环境民事公益诉讼司法解释的证据学分析》，载《河北科技大学学报》（社会科学版）2016 年第 3 期 。

杜群、梁春艳：《我国环境公益诉讼单一模式及比较视域下的反思》，载《法律适用》2016 年第 1 期。

段春生：《对民事诉讼举证责任的探讨》，载《法学》1989 年第 11 期。

段后省：《证明责任、证明标准和证明评价的实践互动与制度协调》，载《南京师范大学学报》（社会科学版）2007 年第 3 期。

段厚省：《海洋环境公益诉讼四题初探——从浦东环保局诉密斯姆公司等船舶污染损害赔偿案谈起》，载《东方法学》2016 年第 5 期 。

段文波：《利益裁量与要件规制：美国民事证明责任理论与启示》，载《南京社会科学》2009 年第 3 期 。

段文波：《民事要件事实与民事证明责任分配》，载《学海》2006 年第 5 期。

冯敬尧 ：《环境公益诉讼的理论与实践探析》，载《湖北社会科学》2003 年第 10 期。

付奇艺：《证明责任与举证责任的辨析》，载《温州大学学报》（社会科学版）2014 年第 6 期。

傅贤国：《环境民事公益诉讼证明责任分配研究》，载《甘肃政法学院学报》2015 年第 3 期。

傅郁林：《证明责任的特别规则及其正当性》，载《中外法学》2010 年第 5 期。

［日］高桥宏志：《证据调べについて》（十二），载《法学教室》2002 年第 1 期。

高雁：《环境公益诉讼制度：美国的经验与中国的制度选择》，载《求索》2012 年第 9 期。

巩固：《2015 年中国环境民事公益诉讼的实证分析》，载《法学》2016 年第 9 期。

巩固：《大同小异抑或貌合神离？中美环境公益诉讼比较研究》，载《比较法研究》2017 年第 2 期。

管斌、王全兴：《社会法在中国的界定与意义》，载《经济法论丛》2005 年第 2 卷。

韩波：《论证据收集力强弱与证明责任轻重》，载《证据科学》2009 年第 2 期。

韩海东：《亦谈举证责任》，载《当代法学》1990 年第 2 期。

韩静茹：《民事诉讼证明妨碍问题之反思——理论、实践及制度优化语境下的思考》，载《时代法学》2012 年第 6 期。

韩艳：《我国民事证明责任分配的理性重构——事实真伪不明时法官的抉择》，载《法治研究》2013 年第 9 期。

韩艳：《我国民事证明责任分配规则之正本清源——以“规范说”为理论基础》，载《政治与法律》2014 年第 1 期。

韩志红：《公益诉讼制度：公民参加国家事务管理的新途径——从重庆綦江“彩虹桥”倒塌案说开去》，载《中国律师》1999 年第 11 期。

何家弘：《从自然推定到人造推定——关于推定范畴的反思》，载《法学研究》2008 年第 4 期。

何家弘：《司法证明方式和证据规则的历史沿革——对西方证据法的再认识》，载《外国法译评》1999 年第 4 期。

何乃刚：《试论我国建立民事行政公益诉讼制度的必要性和可行性》，载《华东政法学院学报》2002 年第 6 期 。

侯佳儒：《环境公益诉讼的美国蓝本与中国借鉴》，载《交大法学》2015 年第 4 期。

侯利阳：《举证责任分配理论之重构》，载《北京理工大学学报》（社会科学版）2005 年第 1 期。

胡东海：《民事证明责任分配的实质性原则》，载《中国法学》2016

年第4期。

胡静：《环保组织提起的公益诉讼之功能定位——兼评我国环境公益诉讼的司法解释》，载《法学评论》2016年第4期。

胡学军：《表见证明理论批判》，载《法律科学》2014年第4期。

胡学军：《从“抽象证明责任”到“具体举证责任”——德、日民事证据法研究的实践转向及其对我国的启示》，载《法学家》2012年第2期。

胡学军：《从“证明责任分配”到“证明责任减轻”——论证明责任理论的现代发展趋势》，载《南昌大学学报》（人文社会科学版）2013年第2期。

胡学军：《法官分配证明责任：一个法学迷思概念的分析》，载《清华法学》2010年第4期。

胡学军：《举证妨碍救济制度的重构》，载《甘肃政法学院学报》2013年第3期。

胡学军：《具体举证责任视角下举证妨碍理论与制度的重构》，载《证据科学》2013年第6期。

胡学军：《我国民事证明责任分配理论重述》，载《法学》2016年第5期。

胡学军：《拥抱抑或拒斥：摸索证明论的中国境遇》，载《东方法学》2014年第5期。

胡学军：《证明责任“规范说”理论重述》，载《法学家》2017年第1期。

胡学军：《证明责任虚无主义及其弊害分析——对我国司法实践中证明责任运用情况的实证考察》，载《前沿》2006年第5期。

胡中华：《环境污染侵权责任成立的举证责任分配》，载《法学杂志》2005年第5期。

胡忠惠：《证明责任分配契约探讨》，载《法学论坛》2008年第1期。

黄娟：《对在我国民事诉讼法中确立诚实信用原则的冷思考》，载《法商研究》2001年第6期。

黄永、蒋丽华：《论证明责任在程序上的顺序性》，载《法制与社会发展》2003年第4期。

黄忠顺:《环境公益诉讼制度扩张解释论》，载《中国人民大学学报》2016 年第 2 期 。

惠丛冰:《论环境污染侵权诉讼中因果关系的证明标准——德国环境责任法给我们的启迪》，载《人民司法》2005 年第 5 期。

霍海红:《论证明责任机制的限度》，载《当代法学》2008 年第 3 期。

霍海红:《证明责任：一个“功能”的分析》，载《华东政法学院学报》2003 年第 5 期。

霍海红:《证明责任：一个功能的视角》，载《北大法律评论》2005 年第 1 期。

霍海红:《证明责任概念的分立论——基于中国语境的考察》，载《社会科学》2009 年第 6 期。

霍海红:《证明责任配置裁量权之反思》，载《法学研究》2010 年第 1 期。

［日］吉田大助:《E-ディスカバリーに関する米国連邦民事訴訟規則の改正》，载《国际商事法务》2006 年第 11 期。

纪敏:《全面理解和正确适用证据失权》，载《人民法院报》2006 年 12 月 25 日第 5 版。

纪鹏辉、张营营:《环境公益诉讼证明标准降低之探析——基于近十年环境公益诉讼典型案例的实证分析》，载《山东审判》2014 年第 4 期。

江国华、张彬:《中国环境民事公益诉讼的七个基本问题——从“某市环保联合会诉某化工公司环境污染案”说开去》，载《政法论丛》2017 年第 2 期。

江伟、尹小亭:《民事诉讼举证责任若干问题的思考》，载《政法论坛》1991 年第 2 期。

姜炳俊:《2002 年德国民事诉讼法改革（上诉制度）》，《月旦法学教室》2002 年第 1 期。

姜世明:《迟延提出攻击防御方法之失权》，载姜世明《民事程序法之发展与宪法原则》，台湾元照出版公司 2003 年版。

姜世明:《法官阐明制度发展之评估》，载《台湾本土法学杂志》2007 年第 11 期。

姜世明:《论民事程序之武器平等原则》，载《辅仁法学》2002 年第

3 期。

姜世明:《论民事诉讼法失权规定之缓和与逃避》,载姜世明《任意诉讼及部分程序争议问题》,台湾元照出版公司 2009 年版。

姜世明:《民事诉讼法失权规定之基本要件及其举证责任》,载姜世明《新民事证据法论》,台湾学林出版社 2002 年版。

姜世明:《民事诉讼法新修正——上诉审及其他程序部分》,载《月旦法学教室》2003 年第 5 期。

姜世明:《摸索证明例外性容许之考量因素》,载《月旦法学教室》2006 年第 9 期。

姜世明:《释明之研究——以其证明度为中心》,载《东吴法律学报》2009 年第 1 期。

姜世明:《争点简化协议之效力——着重于其与诉之变更追加等制度之体系冲突》,载《台湾本土法学杂志》2007 年第 5 期。

姜世明:《准备程序之失权及其举证责任》,载姜世明《民事证据法实例研习(一)》,台湾新学林出版公司 2008 年版。

姜亚行:《民事诉讼举证责任理论研究综述》,载《政治与法律》1990 年第 5 期。

[日]金子宏直:《E-DISCOVERYと米国裁判所によるサンクションの問題,》,载《法と経済学学会第 7 回全国大会文集》(2009 年)。

孔德然:《简评民事诉讼中的“举证责任倒置”原则》,载《政治与法律》1992 年第 1 期。

[韩]李时润、金玄卿:《论民事诉讼中的举证妨害行为》,载何家弘主编《证据学论坛》(第三卷),中国检察出版社 2001 年版。

李昌盛:《积极抗辩事由的证明责任:误解与澄清》,载《法学研究》2016 年第 2 期。

李浩:《举证责任倒置:学理分析与问题研究》,载《法商研究》2003 年第 4 期。

李浩:《民事举证责任分配的法哲学思考》,载《政法论坛》1996 年第 1 期。

李浩:《民事诉讼法典修改后的“新证据”——〈审监解释〉对“新证据”界定的可能意义》,载《中国法学》2009 年第 3 期。

李浩:《民事诉讼法修订中的举证责任问题》,载《清华法学》2011

年第 3 期。

李浩:《英国证据法中的证明责任》，载《比较法研究》1992 年第 4 期。

李浩:《证明责任：民事诉讼的脊椎》，载《中国律师》1999 年第 12 期 。

李浩:《证明责任与不适用规范说——罗森贝克的学说及其意义》，载《现代法学》2003 年第 4 期。

李后龙、花玉军、葛文:《再审新证据认定和运用的实证分析》，载《人民司法》2009 年第 21 期。

李劲、吴永科:《检察机关支持社会组织提起环境民事公益诉讼的法律问题研究——基于最高人民法院司法解释的思考》，载《辽宁大学学报》（哲学社会科学版）2015 年第 3 期。

李玲、蒋银华:《在理性有限与法治价值之间——以民事举证责任制度设立之法理念为视角的实证分析》，载《中国地质大学学报》（社会科学版）2007 年第 1 期。

李美燕:《论证明责任的阶段性》，载《北京航空航天大学学报》（社会科学版）2013 年第 4 期。

李天相:《环境公益诉讼原告利益的维度——以环保民间组织为视角》，载《法学杂志》2016 年第 8 期。

李祥琴:《论民事诉讼中的举证责任》，载《法学研究》1990 年第 4 期。

李兴宇:《论我国环境民事公益诉讼中的“赔偿损失”》，载《政治与法律》2016 年第 10 期。

李秀芬:《民事诉讼中证明的种类及证明责任的分配》，载《山东大学学报》（哲学社会科学版）2004 年第 4 期。

李艳芳、吴凯杰:《论检察机关在环境公益诉讼中的角色与定位——兼评检察机关提起公益诉讼改革试点方案》，载《中国人民大学学报》2016 年第 2 期。

李义松、朱强:《新环保法背景下的环境公益诉讼》，载《湖北社会科学》2015 年第 4 期。

李益民、黄道诚:《举证责任的分配与转移》，载《河北法学》1999 年第 5 期。

李友根：《论产品召回制度的法律责任属性——兼论预防性法律责任的生成》，载《法商研究》2011 年第 6 期。

李云波：《侵权方就排除因果关系举证不充分应承担民事责任》，载《人民司法》2015 年第 10 期 。

栗楠：《环保组织发展困境与对策研究——以环境民事公益诉讼为视角》，载《河南大学学报》（社会科学版）2017 年第 2 期。

梁春艳：《我国环境公益诉讼的模式选择》，载《郑州大学学报》（哲学社会科学版）2015 年第 6 期。

梁慧星：《诚实信用原则与漏洞补充》，载《法学研究》1994 年第 2 期。

林文学：《环境民事公益诉讼争议问题探讨》，载《法律适用》2014 年第 10 期。

林钰雄：《德国证据禁止论之发展与特色》，载《律师杂志》第 232 期。

刘芳：《我国环境公益诉讼的现状分析与完善建议》，载《学习与实践》2016 年第 1 期。

刘广林：《证明责任分配之基础：诉讼主张的识别》，载《西南民族大学学报》（人文社会科学版）2015 年第 10 期。

刘海东、徐伟群、尤海东：《举证责任和证明责任》，载《法学》1993 年第 3 期。

刘海鸥、罗珊：《中美环境公益诉讼立法比较研究》，载《湘潭大学学报》（哲学社会科学版）2017 年第 3 期。

刘海洋：《论我国民事公益诉讼之举证责任分配》，载《湖南社会科学》2015 年第 3 期。

刘辉：《民事检察实务中证明责任理论的应用》，载《中国检察官》2009 年第 5 期。

刘磊：《重构民事诉讼证明责任——对“法律要件分类说”的反思性检讨》，载《江苏行政学院学报》2007 年第 6 期。

刘璐、缪宇：《环境污染责任的构成与举证责任的分配——侵权责任法第 8 章“环境污染责任”的理解与适用》，载《政治与法律》2010 年第 5 期。

刘茂林：《也谈宪法学体系的重构——评社会权利分析理论之争》，

载《法学研究》1995 年第 5 期。

刘鹏飞：《修正辩论主义与武器平等的证明责任》，载《证据科学》2014 年第 6 期。

刘萍：《论民事诉讼当事人之诉讼促进义务》，载《天津大学学报》（社会科学版）2010 年第 1 期。

刘庆、秦天宝：《环境公益诉讼中检察机关的权力运行与保障——基于三起典型案例的实证分析》，载《环境保护》2017 年第 9 期。

刘学锋、马黎：《环境民事公益诉讼程序的法院职权干预》，载《人民司法》2014 年第 15 期。

刘学在：《民事公益诉讼原告资格解析》，载《国家检察官学院学报》2013 年第 2 期。

刘雪荣、刘立霞：《论环境污染侵权诉讼中的证明责任》，载《河北法学》2006 年第 10 期 。

刘英明：《环境侵权证明责任倒置合理性论证》，载《北方法学》2010 年第 2 期。

刘玉中：《证据保全之认知与运用》，载《玄奘法律学报》第 2 期。

刘哲玮：《论美国法上的证明责任——以诉讼程序为视角》，载《当代法学》2010 年第 3 期。

龙云辉、段文波：《略论证明责任与主张责任的相互关系》，载《法学评论》2008 年第 3 期。

隆崇东：《浅谈举证责任与证明责任》，载《政法学刊》1991 年第 4 期。

卢风：《西方社会科学方法论中的个人主义与整体主义之争》，载《哲学动态》1993 年第 8 期。

卢佩：《民事诉讼证明责任分配规则实证分析》，载《昆明理工大学学报》（社会科学版）2010 年第 2 期。

卢申玲：《对民事诉讼证明责任分配的实证分析》，载《政治与法律》2005 年第 1 期。

吕太郎：《民事诉讼阐明之理论及其趋向》，载吕太郎《民事诉讼之基本理论（二）》，台湾元照出版公司 2009 年版。

吕忠梅：《环境司法理性不能止于“天价”赔偿：泰州环境公益诉讼案评析》，载《中国法学》2016 年第 3 期。

罗发兴：《环境侵权证明责任的司法实践现状与评析——以60个真实案件为样本分析》，载《北方法学》2015年第1期。

罗飞云：《文书提出义务与我国书证立法的完善》，载《江西社会科学》2007年第10期。

罗丽：《我国环境公益诉讼制度的建构问题与解决对策》，载《中国法学》2017年第3期。

罗筱琦：《证明责任分配与要件事实理论——兼议我国传统民法规范的转换》，载《河北法学》2006年第9期。

骆永家：《新种证据之证据调查》，载《月旦法学杂志》第11期。

骆永家：《证明妨碍》，载《月旦法学杂志》2001年第2期。

骆永家等：《阐明权》，载民事诉讼法研究基金会主编《民事诉讼法之研讨（四）》，台湾三民书局1993年版。

［德］马克斯·福尔考默：《在民事诉讼中引入听审责问》，载［德］米夏埃尔·施蒂尔纳编《德国民事诉讼法学文萃》，赵秀举译，中国政法大学出版社2005年版。

马龙：《论德国民事诉讼中的证明妨碍制度——以德国联邦法院的判例为考察对象》，载《证据科学》2015年第6期。

马栩生、吕忠梅：《环境侵权诉讼中的举证责任分配》，载《法律科学》2005年第2期。

马勇：《从公益诉讼视角看我国环境损害司法鉴定》，载《中国司法鉴定》2016年第1期。

马勇、沈海滨：《环境公益诉讼实践中应关注的几个问题》，载《世界环境》2015年第3期。

马原：《改进民事审判方式，正确执行民事诉讼法》，1994年7月6日在全国民事审判工作座谈会上的讲话。

梅宏：《海洋生态环境损害赔偿的新问题及其解释论》，载《法学论坛》2017年第3期。

孟根巴根：《环境公益诉讼制度的立法现状及其新课题》，载《求是学刊》2016年第2期。

牟爱华：《论罗马法侵权归责原则及其举证责任》，载《求索》2010年第5期。

聂明根：《民事诉讼法上诚实信用原则研究》，载陈光中、江伟主编

《诉讼法论丛》（第 4 卷），法律出版社 2000 年版。

［英］欧文勋爵：《向民事司法制度中的弊端开战》，蒋惠岭译，载《人民司法》1999 年第 1 期。

潘剑锋：《民事证明责任论纲——对民事证明责任基本问题的认识》，载《政治与法律》2016 年第 11 期 。

潘牧天：《民事法律事实与民诉举证责任规则的配置》，载《苏州大学学报》（哲学社会科学版）2009 年第 1 期。

庞小菊、徐英倩：《不负证明责任当事人的事案解明义务》，载《国家检察官学院学报》2015 年第 3 期。

裴苍龄：《构建全面的证明责任体系》，载《法商研究》2007 年第 5 期。

裴苍龄：《再论推定》，载《法学研究》2005 年第 3 期。

裴苍龄、魏虹：《举证责任不能倒置》，载《政治与法律》2007 年第 1 期。

彭海青：《对民事诉讼适用诚信原侧的质疑》，载《东方论坛》2000 年第 4 期。

彭君、胡建伟：《论环境公益诉讼中的法律困境与出路》，载《河北法学》2015 年第 8 期。

齐树洁：《德国民事司法改革及其借鉴意义》，载《人民法院报》2002 年 6 月 4 日。

齐树洁：《诉权保障与当事人适格之扩张》，载《西南民族大学学报》（人文社会科学版）2006 年第 12 期。

齐树洁：《我国公益诉讼主体之界定——兼论公益诉讼当事人适格之扩张》，载《河南财经政法大学学报》2013 年第 1 期。

齐树洁、冷根源：《英国〈1998 年民事诉讼规则〉述评》，载《法学家》2001 年第 2 期。

秦鹏、陈幸欢：《环境公益诉讼中的法院角色、逆向选择与社会结构——以泰州 1.6 亿赔偿案为样本的法社会学分析》，载《西南民族大学学报》（人文社会科学版）2015 年第 5 期。

秦鹏、鄢德奎：《关于环境公益诉讼制度实施的若干思考——基于国内首例跨省界环境公益诉讼案的分析》，载《环境保护》2015 年第 13 期。

秦拓：《也谈举证责任倒置》，载《政治与法律》1992 年第 6 期。

邱联恭：《民事诉讼法修正后之审判实务》，法学丛刊杂志社主编：《跨世纪法学新思维：法学丛刊创刊五十周年》，台湾法学丛刊杂志社2006年版。

邱联恭：《争点整理方法论序（下）——概述其与民事诉讼法有关促进审理集中化修正条文之关联》，载《月旦法学杂志》2000年第5期。

邱联恭等：《民事诉讼审理方式之检讨》，民事诉讼法研究基金会主编：《民事诉讼法之研讨（一）》，台湾三民书局1986年版。

任建新：《充分发回国家审判机关的智能作用，更好地为“一个中心、两个基本点”服务》，1988年7月18日在第十四次全国法院工作会议上的报告。

任宇宁：《环境公益诉讼的逻辑机理及其制度创新》，载《东南学术》2016年第1期。

邵明：《侵权证明责任分配释论》，载《人民司法》2010年第19期。

沈冠伶：《论民事诉讼程序中当事人之不知陈述》，载《政大法学评论》2000年第3期。

沈冠伶：《论民事诉讼法修正条文中法官之阐明义务与当事人之事案解明义务》，载《万国法律》2000年第6期。

沈冠伶：《诉讼权保障与民事诉讼》，载《台大法学论丛》2005年第5期。

沈冠伶：《证据保全制度——从扩大制度机能之观点谈起》，载《月旦法学杂志》第76期。

［日］石渡哲：《民事訴訟法における時機に後れた攻撃防禦方法の失権の根拠》，载《法学研究〔慶応義塾大学〕》1995年第12期。

石春雷：《论环境民事公益诉讼中的生态环境修复——兼评最高人民法院司法解释相关规定的合理性》，载《郑州大学学报》（哲学社会科学版）2017年第2期。

石达理、朱亚滨：《自由心证适用问题研究——以自由心证与证明责任关系为视角》，载《河南社会科学》2013年第8期。

石志泉：《诚实信用原则在诉讼法上之适用》，载杨建华主编《民事诉讼法论文选辑》（上），台湾五南图书公司1984年版。

［日］松原弘信：《当事人对立主义论》，载《熊本大学法学》1999年第1期。

宋朝武:《证明责任倒置新论》，载《证据科学》2007年第1期。

宋世杰:《论举证责任及其科学概念的表述》，载《河北法学》2006年第10期。

宋晓明、刘竹梅、张雪楳:《〈最高人民法院关于审理民事案件适用诉讼时效制度若干问题的规定〉的理解与适用》，载《人民司法》2008年11期。

宋艳菊:《证明责任分配的特殊规则》，载《河南省政法管理干部学院学报》2007年第6期。

苏家成、明军:《公益诉讼制度初探》，载《法律适用》2000年第10期。

苏泽林:《在党的十六届六中全会精神指引下开创人民法院立案审判工作新局面——在全国法院立案审判实务座谈会上的讲话》，载苏泽林主编《立案工作指导》(2006年第2辑)，人民法院出版社2007年版。

孙海涛、赵国栋:《印度环境公益诉讼制度评析及启示》，载《河海大学学报》(哲学社会科学版) 2016年第1期。

孙洪坤:《检察机关提起环境行政公益诉讼的破局及启示》，载《环境保护》2016年第1期。

孙洪坤、翁如强:《论环境公益诉讼证明标准的认定——以“天价环境污染赔偿案”为例》，载《环境保护》2016年第10期。

孙洪坤、张姣:《论环境民事公益诉讼中的调解制度》，载《广西社会科学》2013年第9期。

孙茜:《我国环境公益诉讼制度的司法实践与反思》，载《法律适用》2016年第7期。

孙笑侠:《公、私法责任分析——论功利性补偿与道义性惩罚》，载《法学研究》1994年第6期。

孙义刚、段文波:《民事诉讼中证明责任论争及启示》，载《政治与法律》2007年第6期。

孙远:《论事实推定》，载《证据科学》2013年第6期。

谭嘉臻:《论举证责任倒置制度的适用范围》，载《宁夏大学学报》(人文社会科学版) 2013年第3期。

汤维建:《论民事举证责任的法律性质》，载《法学研究》1992年第3期。

汤维建：《英美法上的证明责任概念》，载《环球法律评论》1993 年第 2 期。

唐力：《有序与效率：日本民事诉讼“计划审理制度”介评》，载《法学评论》2005 年第 5 期。

陶婷：《文书提出命令的适用范围探讨》，载《西南政法大学学报》2008 年第 2 期。

田平安：《论民事诉讼中的证明责任》，载《政治与法律》1985 年第 6 期。

吐火加、包建华、陈宝贵：《论证据调查与证明责任的关系》，载《法律适用》2014 年第 5 期。

王灿发、程多威：《新环境保护法下环境公益诉讼面临的困境及其破解》，载《法律适用》2014 年第 8 期。

王丹锋：《证明责任分配的价值取向》，载《当代法学》2003 年第 9 期。

王福华：《民事诉讼诚实信用原则论》，载《法商研究》1999 年第 4 期。

王嘎利：《环境公益诉讼中科学证据效力之认定》，载《公民与法》（法学版）2015 年第 1 期。

王刚：《“两维度”证明责任分配标准的运用》，载《人民司法》2016 年第 28 期。

王国征：《民事证明责任中的罗森贝克规范说述评》，载《山东社会科学》2008 年第 5 期 。

王国征：《侵权责任法视野下证明责任倒置的适用》，载《湘潭大学学报》（哲学社会科学版）2014 年第 1 期 。

王国征：《证明责任应为一般侵权责任与特殊侵权责任的划分标准》，载《齐鲁学刊》2014 年第 1 期。

王合静：《论当事人之诉讼促进义务》，载《河北法学》2009 年第 6 期。

王甲乙等：《自由顺序主义之检讨》，载民事诉讼法研究会主编《民事诉讼法之研讨（三）》，台湾三民书局 1990 年版。

王雷：《我国民法典中证据规范的配置——以证明责任规范为中心》，载《法商研究》2015 年第 5 期。

王利明：《惩罚性赔偿研究》，载《中国社会科学》2000 年第 4 期。

王倩：《环境侵权因果关系举证责任分配规则阐释》，载《法学》2017 年第 4 期。

王社坤：《环境侵权因果关系举证责任分配研究——兼论侵权责任法第 66 条的理解与适用》，载《河北法学》2011 年第 2 期。

王锡三：《试论举证责任的转换》，载《现代法学》1990 年第 4 期。

王曦、章楚加：《完善我国环境公益诉讼制度的思考》，载《中州学刊》2016 年第 3 期。

王学棉：《事实推定：事实认定困境克服之手段》，载《清华法学》2009 年第 4 期。

王亚新：《民事诉讼中的举证责任》，载《证据科学》2014 年第 1 期。

王亚新：《我国民事诉讼不宜引进“答辩失权”》，载《人民法院报》2005 年 4 月 6 日。

王亚新：《再论“答辩失权”与“不应诉判决”》，载《人民法院报》2005 年 5 月 11 日。

王永明：《论两大法系证明责任理论的差异》，载《求索》2005 年第 3 期。

魏大喨：《第二审新攻击防御方法提出之禁止与缓和——从德、日新法检讨我国新制》，载《月旦法学杂志》2003 年第 5 期。

魏江涛：《民事诉讼举证责任分配原则》，载《现代法学》1990 年第 4 期。

魏庆玉：《摸索证明论》，载《当代法学》2013 年第 2 期。

翁里、王晓：《环境法的民事侵权归责原则和举证责任——兼论环境法民事责任的公平适用》，载《法学评论》2002 年第 4 期。

翁晓斌：《论我国民事诉讼证明责任分配的一般原则》，载《现代法学》2003 年第 4 期。

翁晓斌、王宓：《论我国民事诉讼中根据证明责任规范判决的前提》，载《法律适用》2004 年第 11 期。

吴邦国：《形成中国特色社会主义法律体系的重大意义和基本经验》，载《求是》2011 年第 3 期。

吴从周：《“集中审理原则”实施满五周年再考——着重于回顾其在

德国民事诉讼法史上之起源与在台湾之双重继受》，载杨日然教授纪念文集编辑委员会主编《杨日然教授纪念文集》，台湾元照出版公司 2006 年版。

吴从周：《案件迟延之逆袭——从防止“逃避争点简化协议”与“逃避失权”之角度出发整理与观察相关“最高法院”判决》，载《台湾法学杂志》2009 年第 5 期。

吴从周：《阐明时效抗辩与法官回避——浏览与备忘 2004 年以来德国学说与实务见解的最新发展》，载《台湾本土法学杂志》2005 年第 10 期。

吴从周：《迟误准备程序期日、不预纳诉讼费用与视为合意停止诉讼程序》，载《台湾法学杂志》2008 年第 3 期。

吴从周：《第二审失权与补充第一审之攻击防御方法》，载《台湾本土法学杂志》2006 年第 8 期。

吴从周：《论迟误准备程序之失权》，载《东吴法律学报》2005 年第 3 期。

吴从周：《再论第二审失权与补充第一审之攻击防御方法》，载《台湾法学杂志》2008 年第 12 期。

吴凯杰：《论预防性环境公益诉讼》，载《理论与改革》2017 年第 3 期。

吴满昌、罗薇：《云南环境公益诉讼第一案孰是孰非？——以环境证据为视角》，载《环境保护》2011 年第 14 期。

吴如巧：《摸索证明与民事诉讼证据收集开示的协作》，载《西南政法大学学报》2013 年第 6 期。

吴伟华：《文书提出命令制度司法适用研究》，载《河北学刊 》2015 年第 6 期。

吴伟华、李素娟：《民事诉讼证据收集制度的演进与发展——兼评环境公益诉讼证明困境的克服》，载《河北法学》2017 年第 7 期。

奚玮、余茂玉：《论民事诉讼中的证明妨碍》，载《河北法学》2007 年第 3 期。

夏良田：《证明责任分配法理分析》，载《社会科学家》2009 年第 1 期。

肖爱、李昌杰：《论环境民事侵权诉讼中的举证责任倒置》，载《吉首大学学报》（社会科学版）2011 年第 2 期。

肖建国:《利益交错中的环境公益诉讼原理》,载《中国人民大学学报》2016 年第 2 期。

肖建国:《论民事举证责任分配的价值蕴涵》,载《法律科学》2002 年第 3 期。

肖建国:《书证的真实性及其举证责任》,载《中国审判》2010 年第 7 期。

肖建国、黄忠顺:《环境公益诉讼基本问题研究》,载《法律适用》2014 年第 4 期。

肖建国、宋春龙:《环境民事公益诉讼程序问题研究——以不同环境利益的交织与协调为切入点》,载《法律适用》2016 年第 7 期。

肖建国、谢俊:《诉讼时效证明责任分配问题研究》,载《北京科技大学学报》(社会科学版) 2007 年第 1 期。

肖建华:《回归真实:民事诉讼法的真谛——对〈关于民事诉讼证据的若干规定〉的批判》,载《河南省政法管理干部学院学报》2006 年第 1 期。

肖建华、王德新:《证明责任判决的裁判方法论意义——兼评传统证明责任观之谬误》,载《北京科技大学学报》(社会科学版) 2005 年第 2 期。

肖建华、周伟:《民事证明责任分配体系刍论》,载《北京科技大学学报》(社会科学版) 2009 年第 4 期。

谢文哲、宋春龙:《论主观证明责任的独立品格》,载《天津法学》2014 年第 2 期。

行军安:《环境公益诉讼程序七题》,载《中国律师》2014 年第 8 期。

行军安、李婧:《环境民事公益诉讼证明责任倒置证据规则问题探讨》,载《中国律师》2016 年第 10 期。

熊跃敏:《日本民事诉讼的文书提出命令制度及其对我国的启示》,载《诉讼法论丛》2002 年卷。

徐桂芹:《论环境侵权诉讼证明责任的分配》,载《山东社会科学》2010 年第 8 期。

徐淑琳、冷罗生:《反思环境公益诉讼中的举证责任倒置——以法定原告资格为视角》,载《中国地质大学学报》(社会科学版) 2015 年第

1 期。

徐卫：《论诉讼信托》，载《河北法学》2007 年第 1 期。

徐祥民、张明君：《建立我国环境公益诉讼制度的便捷路径》，载《河北法学》2014 年第 6 期。

徐昕：《英国民事诉讼中的审前程序》，载陈刚主编《比较民事诉讼法》（2001 年卷—2002 年卷），中国人民大学出版社 2002 年版。

徐以祥：《论环境民事侵权的证明责任》，载《现代法学》2002 年第 5 期。

徐以祥、王宏：《论我国环境民事公益诉讼赔偿数额的确定》，载《法学杂志》2017 年第 3 期。

许康定、康均心：《论证明责任》，载《法学评论》1991 年第 4 期。

许可：《要件事实论的实体法基础：证明责任理论》，载《民事程序法研究》2008 年卷。

许尚豪：《证明责任理论的证据语境批判》，载《政治与法律》2016 年第 11 期。

许士宦：《第二审新攻击防御方法之提出》，载许士宦《程序保障与阐明义务》，台湾学林出版社 2003 年版。

许士宦：《法律关系之晓谕义务》，载《台湾本土法学杂志》2007 年第 9 期。

许士宦：《法律见解之表明义务》，载《台湾法学杂志》2008 年第 8 期。

许士宦：《集中审理制度之新审理原则》，载《台大法学论丛》2009 年第 2 期。

许士宦：《民事诉讼上之适时审判请求权》，载《台大法学论丛》2005 年第 5 期。

许士宦：《起诉前证据保全之机能》，载《月旦法学教室》第 1 期。

许士宦：《起诉前之证据保全》，载《台大法学论丛》第 32 卷第 6 期。

许士宦：《诉之变更、追加与阐明》，载《台大法学论丛》2003 年第 3 期。

许士宦：《文书之开示与密匿》，载《台大法学论丛》1999 年第 4 期。

许士宦：《逾时提出攻击防御方法之失权》，载许士宦《程序保障与阐明义务》，台湾学林出版社 2003 年版。

许士宦：《逾时提出之驳回与责问权之行使》，载《月旦法学教室》2003 年第 3 期。

阎朝秀：《司法认知：证明责任的新视角》，载《河北法学》2006 年第 12 期。

颜运秋、杨志华：《环境公益诉讼两造结构模式研究》，载《江西社会科学》2017 年第 2 期。

颜运秋、余彦：《我国环境民事公益诉讼制度的亮点、不足及完善——以 2014 年 12 月最高人民法院通过的“两解释”为分析重点》，载《湘潭大学学报》（哲学社会科学版）2015 年第 3 期。

杨建华：《准备程序失权之效果》，载杨建华《问题研习民事诉讼法（三）》，台湾三民书局 1988 年版。

杨解君、卢淦明：《公益诉讼试点若干重大理论问题探讨——以环境公益诉讼为重点》，载《中国地质大学学报》（社会科学版）2016 年第 6 期。

杨素娟：《论环境侵权诉讼中的因果关系推定》，载《法学评论》2003 年第 4 期。

杨晓玲：《经度与纬度之争：法官运用“经验法则”推定事实——以“彭宇案”为逻辑分析起点》，载《中外法学》2009 年第 6 期。

杨秀清、安永茂：《举证责任的分担及转换》，载《河北法学》1993 年第 5 期。

杨严炎、廖海清：《印度环境公益诉讼制度及实践的启示——以印度恒河环境污染公益诉讼案为例》，载《东方法学》2014 年第 5 期。

叶峰、叶自强：《推定对举证责任分担的影响》，载《法学研究》2002 年第 3 期。

叶名怡：《过错及因果关系推定与证明责任倒置——从事实到价值的思考》，载《北方法学》2007 年第 4 期。

叶自强：《举证责任倒置规则的构成要素与适用》，载《河北法学》2011 年第 5 期。

叶自强：《举证责任的确定性》，载《法学研究》2001 年第 3 期。

叶自强：《我国举证责任概念的模糊性问题》，载《证据科学》2010

年第6期。

叶自强：《英美证明责任分层理论与我国证明责任概念》，载《环球法律评论》2001年第3期。

［日］伊东俊明：《不知陈述的规则（二）》，载《民商法杂志》1998年第6期。

［日］伊东俊明：《证明责任的分配与当事人的事案解明义务》，载《商学研究》2001年第2期。

［日］营野耕毅：《诚实信用原则与禁止权力滥用法理的功能》，傅静坤译，载《外国法译丛》1995年第2期。

于家富、王惠：《环境民事公益诉讼的新趋势及解决之道》，载《环境保护》2016年第1期。

于鹏：《民事诉讼证明妨碍救济与制裁比较研究》，载《法律适用》2013年第12期。

袁琳：《证明责任视角下的抗辩与否认界别》，载《现代法学》2016年第6期。

袁小荣：《举证责任倒置在环境侵权诉讼中的适用》，载《人民司法》2011年第20期。

袁学红：《构建我国环境公益诉讼生态修复机制实证研究——以昆明中院的实践为视角》，载《法律适用》2016年第2期。

袁中华：《证明责任分配的一般原则及其适用——民事诉讼法司法解释第91条之述评》，载《法律适用》2015年第8期。

占善刚：《第三人之文书提出义务初探》，载《华中科技大学学报》（社会科学版）2008年第3期。

占善刚：《论民事诉讼中的当事人之文书提出义务》，载《求索》2008年第3期。

占善刚：《证据协力义务之比较法分析》，载《法学研究》2008年第5期。

占善刚：《证明妨害论——以德国法为中心的考察》，载《中国法学》2010年第3期。

张宝：《环境侵权诉讼中受害人举证义务研究——对侵权责任法第66条的解释》，载《政治与法律》2015年第2期。

张保生：《推定是证明过程的中断》，载《法学研究》2009年第

5 期。

张锋：《环境公益诉讼起诉主体的顺位设计刍议》，载《法学论坛》2017 年第 2 期。

张锋、陈晓阳：《论我国环境公益诉讼制度的构建》，载《山东社会科学》2012 年第 8 期。

张海燕：《推定：事实真伪不明困境克服之优位选择》，载《山东大学学报》（哲学社会科学版）2012 年第 2 期。

张海燕：《推定在书证真实性判断中的适用——以部分大陆法系国家和地区立法为借鉴》，载《环球法律评论》2015 年第 4 期 。

张辉：《论环境民事公益诉讼的责任承担方式》，载《法学论坛》2014 年第 6 期。

张家慧：《当事人诉讼行为与诚实信用原则》，载陈光中、江伟主编《诉讼法论丛》（第 6 卷），法律出版社 2001 年版。

张家骥：《侵权责任法中的举证责任倒置问题——以权利保障方式的不同为分析视角》，载《中国政法大学学报》2012 年第 2 期。

张娇东：《环境公益诉讼困境检视与制度构建》，载《人民司法》2014 年第 17 期。

张丽：《试论民事诉讼中的证明责任》，载《政治与法律》2006 年第 4 期。

张明华：《环境公益诉讼制度刍议》，载《法学论坛》2002 年第 6 期。

张睿：《环境侵权民事诉讼举证责任分配之比较研究》，载《河北法学》2009 年第 3 期。

张弢、王小林：《论我国证明责任理论与制度之重构——评英美证明责任理论和制度的借鉴价值》，载《现代法学》2005 年第 2 期。

张挺：《环境污染侵权因果关系证明责任之再构成——基于 619 份相关民事判决书的实证分析》，载《法学》2016 年第 7 期。

张卫平：《论民事诉讼中失权的正义性》，载《法学研究》1999 年第 6 期。

张卫平：《证明责任倒置辨析》，载《人民司法》2001 年第 8 期。

张卫平：《证明责任概念解析》，载《郑州大学学报》（社会科学版）2000 年第 6 期。

张旭东：《环境民事公益诉讼“三要件”研究》，载《大连理工大学学报》（社会科学版）2015 年第 4 期。

张旭东：《环境侵权因果关系证明责任倒置反思与重构：立法、学理及判例》，载《中国地质大学学报》（社会科学版）2015 年第 5 期。

张晏：《环境公益诉讼的法律适用——基于对环境公益诉讼功能定位的思考》，载《南京工业大学学报》（社会科学版）2016 年第 4 期 。

张永泉：《递进主张事实的证明责任分配——从个案分析入手》，载《法律适用》2005 年第 8 期。

张友好：《论证明妨碍法律效果之择定——以文书提出妨碍为例》，载《法律科学》2010 年第 5 期。

张忠民：《环境公益诉讼被告的局限及其克服》，载《环球法律评论》2016 年第 5 期。

张忠民：《论环境公益诉讼的审判对象》，载《法律科学》2015 年第 4 期。

张梓太：《环境侵权诉讼中原告举证责任减轻原则》，载《法学杂志》1995 年第 2 期。

章武生、张其山：《论证明责任分配规则》，载《河南省政法管理干部学院学报》2000 年第 6 期。

赵晨笑：《环境公益诉讼实践现状与发展的调研分析——以福建涉水生态公益诉讼案件为分析样本》，载《山东审判》2016 年第 6 期。

赵大伟：《证明责任与其功能》，载《江西社会科学》2006 年第 6 期。

赵钢：《仓促的修订 局部的完善——对〈关于修改中华人民共和国民事诉讼法的决定〉的初步解读》，载《法学评论》2008 年第 1 期。

赵钢：《对被告应诉行为的定性分析》，载《法学评论》1999 年第 6 期。

赵钢：《略论我国民事诉讼证据规则之应然体系》，载《法学家》2000 年第 5 期。

赵钢：《论法官对诉讼请求变更事项的告知义务——以〈关于民事诉讼证据的若干规定〉第 35 条为分析基础》，载《法商研究》2005 年第 6 期。

赵钢：《民事诉讼证据制度的新发展——兼述举证时限与证据交换制

度》，载《河南大学学报》（社会科学版）2003年第1期。

赵钢、华桦：《民事诉讼中当事人商定举证期限与法院指定举证期限之应然关系》，载《法学论坛》2004年第6期。

赵钢、刘海峰：《试论证据法上的推定》，载《法律科学》1998年第1期。

赵钢、刘学在：《实务性诠释与学理性批判——〈最高人民法院关于民事诉讼证据的若干规定〉初步研习之心得》，载《珞珈法学论坛》2002年春季号。

赵钢、王杏飞：《论民事司法权中的司法规则创制权》，载《中国法学》2011年第3期。

赵钢、王杏飞：《我国法院调解制度的新发展——对〈关于人民法院民事调解工作若干问题的规定〉的初步解读》，载《法学评论》2005年第6期。

赵钢、占善刚：《论社会主义市场经济条件下我国公民应有的诉讼观念》，载《中国法学》1998年第1期。

赵钢、占善刚：《诉讼成本控制论》，载《法学评论》1997年第1期。

赵小军：《我国民事诉讼中举证责任分配契约研究》，载《证据科学》2016年第6期。

赵信会：《论证明妨碍救济措施之创设——以对英美法律制度的分析为参照》，载《证据科学》2014年第3期。

赵信会：《美国证明妨碍推定的理论与实践》，载《证据科学》2015年第4期。

赵信会、韩清：《民事诉讼证明妨碍制度的构建——以协同主义理论为视角》，载《河北法学》2012年第9期。

赵耀斌：《略论证明责任的法律适用》，载《法学评论》2009年第1期。

赵耀斌：《证明责任适用条件再探讨》，载《岭南学刊》2009年第5期。

郑春笋、李文桥、张吉来：《鉴定不能时的证明责任分析》，载《山东审判》2013年第6期。

郑春笋、李文桥、张吉来：《鉴定不能时的证明责任该如何分配？》，载《中国审判》2014 年第 1 期。

郑少锋、杨敬栓：《环境公益诉讼案件审理中的若干法律疑难问题》，载《山东审判》2014 年第 4 期。

郑世保：《环境民事诉讼举证责任分配之重构》，载《求索》2008 年第 7 期。

郑世保：《事实推定与证明责任——从“彭宇案”切入》，载《法律科学》2010 年第 3 期。

郑显芳：《再论环境侵权行为的举证责任》，载《河北法学》2009 年第 5 期。

周成泓：《论民事诉讼中的摸索证明》，载《法律科学》2008 年第 4 期。

周成泓：《证明责任：徘徊在行为责任与结果责任之间——以民事诉讼为视角》，载《河南财经政法大学学报》2015 年第 1 期。

周成泓：《证明责任的本质：事实真伪不明时的裁判方法论——以民事诉讼为分析对象》，载《学术论坛》2008 年第 8 期。

周翠：《从事实推定走向表见证明》，载《现代法学》2014 年第 6 期。

周翠：《侵权责任法体系下的证明责任倒置与减轻规范与德国法的比较》，载《中外法学》2010 年第 5 期。

周国均：《证明责任与举证责任及其适用》，载《山西大学学报》（哲学社会科学版）2003 年第 3 期。

周珂、林潇潇：《论环境民事公益诉讼案件程序与实体法律的衔接》，载《黑龙江社会科学》2016 年第 2 期 。

周龙：《环境侵权因果关系中原告的举证责任研究》，载《湖湘论坛》2016 年第 5 期。

周团结、张建军：《论民事诉讼举证责任分配与民事责任归责制度的衔接》，载《当代法学》2003 年第 2 期。

周勇、郗华晓：《民事公益诉讼证明责任初探——以环境民事诉讼为视角》，载《中共郑州市委党校学报》2014 年第 4 期。

朱孝彦：《民事诉讼证明责任与证明标准关系新探》，载《河南科技大学学报》（社会科学版）2011 年第 4 期。

朱云：《浅谈举证责任与证明责任异同问题》，载《法学杂志》1992

年第 1 期。

竺效：《论环境民事公益诉讼救济的实体公益》，载《中国人民大学学报》2016 年第 2 期。

最高人民法院诉讼调解规范化研究课题组：《关于人民法院调解工作的调研报告》，载杨润时主编《最高人民法院民事调解工作司法解释的理解与适用》，人民法院出版社 2004 年版。

［德］ Arther T. Von Mehren, *Some Comparative Reflection on First Instance Civil Procedure: Recent Reforms in German Civil Procedure and in the Federal Rules*, 63 Notre Dame L. Rev., 1988.

［英］ Cooper, The Common Law and the Civil Law—A Scot's View, *Harvard Law Review*, Vol. 63, 1950.

［德］ Peter Gottwald, *Simplified Civil Procedure in West Germany*, The American Journal of Comparative Law, Vol. 31, 1983.

［德］ Rolf Bender, *The Stuttgart Model*, *in* 2 *Access To Justice* 433, Mauro Cappelletti & John Weisner Ed., 1979.

［德］ Rudolf B. Schlesinger, Hans W. Baade, *Peter E. Herzog & Edwoed M. Wise*, Comparative Law, 1998.